Hans-Hermann Höhmann

Nichts geht über das *laut denken* mit einem Freunde

SALIER VERLAG

Hans-Hermann Höhmann

Nichts geht über das *laut denken* mit einem Freunde

Beiträge zur Humanistischen Freimaurerei

Salier Verlag · Leipzig

ISBN 978-3-96285-041-8

Originaluausgabe

Umschlaggestaltung: Larissa Sharina, Leipzig
Satz und Herstellung: Salier Verlag, Bosestr. 5, 04109 Leipzig
Druck: CPI buchbücher.de
Printed in Germany

www.salierverlag.de

„Freimaurerei gelingt immer da, wo die Spannung zwischen Idee und Gemeinschaft, zwischen Nachdenken und Handeln, zwischen Verstand und Gefühl, zwischen der Geschlossenheit des Bruderbundes und seiner prinzipiellen Offenheit für neue Menschen, neue Ideen und neue Erfahrungen kraftvoll ausgehalten wird.

— Hans-Hermann Höhmann

Inhalt

Vorbemerkung

„Nichts geht über das *laut denken* mit einem Freunde“, so habe ich diese Veröffentlichung im Anklang an meinen großen Lehrmeister Lessing genannt. Die Schrift enthält Beiträge aus der jüngeren Vergangenheit, in denen ich mich mit den Grundzügen einer Humanistischen Freimaurerei beschäftigt habe. Humanistische Freimaurerei bedeutet für mich eine Freimaurerei, die die Grundzüge von Humanismus und Aufklärung weiterführt, ins Bewusstsein hebt und kritisch reflektiert, um der Praxis der humanitären Freimaurerei der Gegenwart eine tragfähige Grundlage zu bieten. Dabei geht es mir immer wieder um die Reflexion dreier Elemente, die für mich das Wesen der Freimaurerei bestimmen: Freundschaft und Geselligkeit, ethische Grundlage und moralische Orientierung, Symbolik und Ritual. Einen solchen Dreiklang kennt nur die Freimaurerei. Er macht den Reichtum unseres Bundes aus. Er ist das Gut, das es zu bewahren gilt und dessen wir uns nicht zuletzt in Corona-Zeiten nachdrücklich anzunehmen haben.

Die Beiträge sind teilweise im Kontext der freimaurerischen Forschung entstanden, teilweise sind sie auf mein Engagement im Rahmen der Großloge AFuAM zurückzuführen, in der ich seit 2007 das Amt des Redners der Großloge wahrnehmen darf. Natürlich redet ein Redner auch manchmal zu viel, und dann schleichen sich Redundanzen in die Texte, die den Leser gleichsam alte Bekannte begrüßen lassen. All diese Wiederholungen zu eliminieren, hätte bedeutet, den vorliegenden Text völlig neu zu schreiben. Hierfür fehlt mir ganz einfach die Zeit. Auch würden die jeweiligen konkreten Kontexte nicht erkennbar und meine zeitliche und funktionelle Verortung in der Freimaurerei nicht verständlich erkennbar sein. Deshalb habe ich die Beiträge im Wesentlichen in der ursprünglichen Form belassen und Datum und Anlass angegeben, zu dem sie entstanden sind.

Neben grundsätzlichen Fragen, die sich auf die Grundzüge der Humanistischen Freimaurerei beziehen, enthält der Band auch Reflexionen über Zustand und Praxis der Freimaurerei, ausgehend von der Tatsache, dass es neben der „idealen Freimaurerei", von der wir alle träumen und die wir uns alle wünschen, auch eine „zweite Freimaurerei" gibt, die uns immer wieder vor Baustellen führt, in denen wir uns mit engagierten Formen „erster Freimaurerei" zu bewähren haben. Ich versuche deshalb deutlich zu machen, dass es – wie ein Bruder meiner Kölner Loge „Ver Sacrum" einmal so präzise gesagt hat – daher immer wieder der „Freimaurerei *in* der Freimaurerei" bedarf.

Schließlich habe ich immer wieder die Nahtstellen zu Politik und Gesellschaft angesprochen. Dabei stand und steht für mich fest, dass Demokratie und offene Gesellschaft die Rahmenbedingungen unseres Bundes sind und dass der Freimaurer nichts zu tun haben sollte mit Rassismus und völkischem Denken, wie es leider nicht nur in der deutschen Gesellschaft, sondern auch im Freimaurerbund wieder heimisch zu werden droht. Hier gilt es, allen Anfängen nachdrücklich zu wehren.

Mein Dank gilt allen Brüdern, mit denen ich über eine so lange Zeit hinweg „laut mit einem Freunde denken" konnte und deren Vorstellungen mich bereichert haben, auch wenn ich anderer Auffassung war. Und mein besonderer Dank gilt Bruder Bastian Salier, meinem überaus geschätzten Verleger, der den Text auch als eBook auf eine moderne Art dem Leser nahebringt.

Köln, im April 2021
Prof. Dr. Hans-Hermann Höhmann

TEIL 1

Zur Konzeption der Humanistischen Freimaurerei

Die „Zweite Freimaurerei“ und die Pflichtbaustellen von Brüdern, Logen und Großlogen

Beitrag zur 57. Arbeitstagung der Freimaurerischen Forschungsgesellschaft „Quatuor Coronati“, März 2021

Wir alle tragen ein Bild davon in uns, wie Freimaurerei beschaffen sein sollte:

- Heimat soll sie sein für uns Brüder und Schwestern, uns in Freundschaft und Harmonie verbinden, uns zu Selbsterkenntnis, Demut und Bescheidenheit erziehen und uns moralische Orientierung und Lebenssinn vermitteln;
- über dynamische und kreative Logen soll sie verfügen und von Distrikts- und Großlogen repräsentiert werden, die befähigte Leiter haben und handlungsfähig sind im Inneren des Bundes und draußen in der Gesellschaft;
- schließlich aber nicht zuletzt sollen in ihr Rituale praktiziert werden, die für uns Brüder und Schwestern als spirituelle Erlebnisräume wirken, in denen wir uns selbst erfahren und unsere Persönlichkeit entwickeln können.

Alle diese Elemente einer guten, einer bereichernden, einer wünschenswerten Freimaurerei existieren nun gewiss nicht nur in unseren Wunschträumen. Kein Bruder Freimaurer zweifelt daran, dass sich die Freimaurerei durch ihre Geschichte hindurch als Gemeinschaft von Wert und Bedeutung bewährt hat und dass sie für viele Menschen soziale Heimat und Vermittlerin von Lebenssinn und moralischer Orientierung war und ist. Und wir alle schätzen diese eigentliche, diese „Erste Freimaurerei“, wie ich sie nenne, diese Freimaurerei, von der wir hoffen, dass sie als eine wahrhaft „Königliche Kunst“ lebt und wirkt.

Aber, meine Brüder und Schwestern, wenn wir offen sind für das Erfassen freimaurerischer Wirklichkeiten, so wie sie nun einmal sind, so erkennen wir doch immer wieder auch Formen einer freimaurerischen Praxis, die uns verstimmen, ja zuweilen regelrecht erzürnen, und die ich die andere, die uneigentliche, die „Zweite Freimaurerei“ nennen möchte. Darunter verstehe ich – zunächst einmal eher vorläufig als analytisch ausgereift – eine Freimaurerei, die im Widerspruch zu den ideellen Grundlagen des Bundes zum Selbstzweck geworden ist, eine Freimaurerei, die nicht als moralisch erzieherische Arbeit am eigenen Ich und als Bemühen um bessere Verhältnisse im Umfeld des Freimaurers in Erscheinung tritt, sondern die vielmehr als freimaurerische Fehlhaltung präsent ist, als Ausleben nicht kritisch hinterfragter Aktionsbedürfnisse, als Ausweiten von Macht und Einfluss sowie als selbstgefällig-narzisstisches Streben nach persönlichem „symbolischem Kapital“, nach hochtrabenden Anreden, nach eigentlich überflüssigen Orden und so weiter und so fort.

Diese „Zweite Freimaurerei“ ist mit Konflikten verbunden, die die Logenatmosphäre vergiften und nicht selten zu Logenspaltungen führen. Sie ist durch Vereinsmeierei und administrativen Leerlauf gekennzeichnet, sie enttäuscht immer wieder wirklich engagierte Brüder und Schwestern, sie führt zu Austritten und „innerer“ Deckung, d. h. schlichtem Fortbleiben aus der Loge, und trägt zu manchen hartnäckigen Stagnationserscheinungen bei, sowohl auf nationaler als auch auf übernationaler Ebene.

Freimaurerische Befindlichkeiten, „Zweite Freimaurerei", Probleme der Forschung

Die Zeiten, als die Freimaurerei weltweit mehr als 6 Millionen Mitglieder hatte, sind ja längst vorbei, und wir sollten endlich auf unsere liebgewordenen Falschangaben nach innen und außen verzichten. Etwa zweieinhalbmillionen Freimaurer dürften es gegenwärtig noch sein, was allerdings hauptsächlich darauf zurückzuführen ist, dass die Freimaurerei in den USA seit den späten 1950er Jahren über drei Millionen Mitglieder verloren hat und auch in Kanada, Australien und England beträchtlich geschrumpft ist. Allerdings ist auffällig, dass sich die Freimaurereien der Welt sehr unterschiedlich entwickeln. Sie sind jeweils durch spezifische Stärken und Schwächen gekennzeichnet, und es wäre lohnend, diesen Stärken und Schwächen in einer empirisch angelegten Studie international vergleichend nachzugehen.

Die Weichen in Deutschland stehen nach wie vor eher auf Stagnation als auf Dynamik. Die neueste im Jahrbuch 2021 der VGLvD ausgewiesene Zahl der Freimaurer hierzulande bezieht sich auf den 1.1.2019. Sie beläuft sich auf gut 15.300 und liegt damit um knapp 90 Brüder über dem Stand vom 1.1.2014. Während die Mitgliederzahl für die Großloge AFuAM über die genannten fünf Jahre hinweg um ca. 80 Brüder zugenommen hat, wird für die Große Landesloge der Freimaurer von Deutschland im gleichen Zeitabschnitt ein Rückgang um ca. 370 Mitglieder ausge-

wiesen. Die ACGL verzeichnet ein Plus von 285, was wohl zumindest teilweise ein „Asylphänomen“ darstellt.
Eine analytische Aufarbeitung der hinter diesen Zahlen stehenden Entwicklungs- und Strukturprobleme und damit auch von Umfang und Auswirkung der „Zweiten Freimaurerei“ scheint mir dringend erforderlich und sollte häufiger als bisher auch Gegenstand der wissenschaftlichen Arbeit der Forschungsloge „Quatuor Coronati“ sein.

Allerdings ist dies leichter gesagt als getan. Denn eine auf Strukturen und Probleme der Gegenwart konzentrierte Freimaurerforschung steht vor zwei gravierenden Problemen, einem empirischen Problem und einem methodischen.

Der erste Problembereich bezieht sich auf die Schwierigkeiten einer realitätsorientierten Forschung, die gesicherte Informationen über den Status quo der Freimaurerei in Deutschland vermittelt, auf das schlichte, für jedes Beurteilen erforderliche Bescheidwissen über Fakten. Wenn wir ehrlich sind, so müssen wir doch ganz einfach einräumen, dass wir so genau gar nicht wissen, wie die Freimaurerei hierzulande und anderswo eigentlich beschaffen ist. Denn die Freimaurerforschung, die wir betreiben, ist eben nur zum kleineren Teil empirische Gegenwartsforschung und liefert wenig verlässliche Informationen über Struktur und Zustand unseres Bundes. Meistens nähern wir uns deshalb den freimaurerischen Realitäten einfach dadurch an, dass wir sie im Netz unserer Begriffe einfangen und dann eine Freimaurerei für Realität erklären, die es ohne unsere Begrifflichkeiten überhaupt nicht gäbe.

Die gravierenden empirischen Probleme hängen nicht zuletzt mit dem unzureichenden Materialzufluss von der freimaurerischen Basis zusammen. Dieses Material müsste ja vor allem aus den Logen und Großlogen kommen. Doch die Logen sind häufig besorgt, Informationen über Details des Logenlebens und persönliche Befindlichkeiten der Brüder weiterzugeben, und Brüder anderer Logen mischen sich oft auch nicht ein, denn es besteht – neben masonischer Tratschsucht, die es auch gibt – sicher so etwas wie eine maurerische „Familiendiskretion". Informationen aus Ehrengerichtsverfahren, die ja äußerst aufschlussreich wären im Hinblick auf Fehlverhalten und Konfliktsituationen, stehen – und dies sicher zu Recht – allenfalls sporadisch und anekdotisch zur Verfügung, und auch die Leitungen der Groß- und Distriktslogen verhalten sich eher zurückhaltend beim Zur-Verfügung-Stellen relevanter Informationen und scheinen auch nicht selten wenig an den Ergebnissen empirischer Forschung interessiert zu sein, insbesondere, wenn diese Forschung kritische Akzente aufweist. Möglicherweise schätzt man es „höheren Orts" ganz einfach nicht, wenn außerhalb der etablierten Leitungskreise fachliche Expertise für die freimaurerische Praxis entsteht, die eingeschliffene Verwaltungsroutinen stört und mit der die zuweilen eingeschränkte Effizienz oberer Leitungstätigkeit kritisierbar würde.

Wenig wissen wir auch über die Einstellungen der Brüder. Gewiss, wir sprechen miteinander und tauschen uns aus. Aber dieser Austausch ist ja in keiner Weise umfassend. Auch gehen wir in unserer Kommunikation oft nicht freundlich miteinander um und haben aus den gegenwärtigen gesellschaftlichen Prozessen und den sozialen Medien eine Sprachkultur – oder präziser Sprachunkultur – in unsere Internetforen übernommen, an der sich wenig Freimaurerisches erkennen lässt. Ein verlässliches Meinungsbild der Bruderschaft fehlt jedenfalls. Ansätze, ein solches zu ermitteln, sind in der Vergangenheit immer wieder gescheitert. Ich selbst hatte im Rahmen eines gemeinsam mit Prof. Bergmann vor etwa 15 Jahren an der soziologischen Fakultät der Universität Bielefeld durchgeführten Forschungsprojekts zur Struktur der deutschen Gegenwartsfreimaurerei mit meinen Projektkollegen einen detaillierten Fragebogen ausgearbeitet, der die Einstellungen der Brüder zur Freimaurerei in vielen Details sichtbar machen sollte, doch eine entsprechende tatsächliche Befragung scheiterte am Einspruch der Großloge AFuAM.

So muss ich mich in meinem Beitrag nicht zuletzt auf 60 Jahre eigener Beobachtung der Freimaurerei als „actor-spectator" in der Logen- und Großlogenleitung, auf die Ergebnisse meiner bisherigen Forschung und auf viele Gespräche stützen, die ich – gemäß meinem Lieblingsmotto „nichts geht über das laut denken mit einem Freunde" – in der langen Zeit meiner Freimaurerei bei vielen Logenbesuchen im In- und Ausland geführt habe. Das Resultat eines solchermaßen persönlich angelegten Bemühens hat natürlich einen in hohem Maße subjektiven Charakter.

Der neben der unsicheren empirischen Basis zweite Problembereich der freimaurerischen Gegenwartsforschung hat mit der vorherrschenden Unsicherheit und Unerfahrenheit bezüglich adäquater Forschungsmethoden zu tun. Natürlich steht die ganze Fülle der sozialwissenschaftlichen Forschung zur Verfügung. Beginnend mit Georg Simmel und Max Weber, über Niklas Luhmann, Jürgen Habermas, Robert Putnam, Pierre Bourdieu und viele andere liegen zahlreiche methodische Entwürfe und Forschungsgrundlagen vor. Es gibt bis jetzt freilich nicht allzu viele Freimaurerforscher, die diese Ansätze aufgegriffen haben, wenn ihre Zahl erfreulicherweise inzwischen auch zunimmt. Ich selbst habe in der Vergangenheit sowohl mit Putnams Sozialkapital- als auch mit Bourdieus Habituskonzept gearbeitet und meine, damit auch ein Stück vorangekommen zu sein. Heute – im Kontext der „Zweiten Freimaurerei" möchte ich allerdings eine Betrachtung wählen, die weniger die sozialwissenschaftliche Theorie bemüht und sich mehr an der Plausibilität der historischen Erfahrung orientiert, so wie sie insbesondere in den geschichtswissenschaftlichen Arbeiten von Michael Voges, Florian Maurice und Stefan-Ludwig Hoffmann Ausdruck findet. Denn vieles wird von diesen Forschern – oft durchaus verblüffenderweise – für die Anfänge der Freimaurerei so beschrieben und wissenschaftlich erklärt, wie es auch heute noch anzutreffen ist, weil es oft offenbar mehr strukturell bedingt als zeitlich bestimmt gewesen ist.

Also gestatten wir uns zum Aufhellen der Gegenwart ein paar historische Reflexionen:

Kaum hatten die operativen Steinmetze aufgehört, Steine zu bearbeiten und Gebäude zu errichten, kaum waren sie „spekulativ" geworden, schon wollte und musste man wissen, welche Richtungen und Inhalte die Spekulationen der Gentlemen Masons – zuerst in London und Westminster, später auch auf dem europäischen Kontinent und anderswo in der Welt – nun eigentlich haben sollten. Es fehlte ja für die Gegenwart von damals und für die Zukunft, die man gestalten wollte, an einer klar definierten Bauaufgabe. Es existierte in der Freimaurerei von Anfang an strukturell und programmatisch eine gleichsam „fordernde Leere" (Michael Voges), die gefüllt werden musste, und je nach ihren unterschiedlichen Motiven und Interessen, je nach der Art und Weise ihrer Reaktion auf die geistigen Impulse der Zeit und auf die unterschiedliche gesellschaftliche und politische Einbettung der Logen, schufen sich die Freimaurer im 18. Jahrhundert ihre unterschiedlichen masonischen Welten. Das Eigentliche in der Freimaurerei – in meiner Begrifflichkeit die „Erste Freimaurerei" – war dabei nun offenbar so schwer zu bestimmen und so anstrengend zu realisieren, dass sich von Anfang an das Uneigentliche der Freimaurerei in den Vordergrund schob, in meiner Begrifflichkeit eben eine Erscheinungsweise der „Zweiten Freimaurerei".

Die Loge war für die Brüder Freimaurer – so hat es Florian Maurice anschaulich beschrieben und ich folge ihm darin und übernehme Teile seines Textes[1] – eine Welt außerhalb der Welt, aber sie bot – und das gilt ja durchaus bis heute – den Maurern für das, was man für sich in der Welt nicht erhielt, befriedigende Surrogate: Es gab Ämter und Titel, Abzeichen und Patente, Verantwortung und Ansehen, Streitigkeiten und Kabalen. Man war Teil eines Systems von Bedeutungen, das unabhängig von dem der Welt existierte, ihm aber in funktionaler Hinsicht im Wesentlichen entsprach und daher im Ausmaß der Befriedigung, das es gewährte, an dessen Stelle treten konnte. Was immer die Loge an freimaurerischen Inhalten bot, was sie etwa als Ausdruck von Religion und Weltanschauung war, als Sozialform entstand sie vor allem, um den Männern, die sie in sich einband, in einem sich rasch verändernden gesellschaftlichen

1 Maurice, Florian, *„Staat im Staate" oder „Schule der Untertanen"? Die Freimaurerei im Staat des aufgeklarten Absolutismus*, in: H. Reinalter (Hg.), *Aufklärung und Geheimgesellschaften. Freimaurer, Illuminaten und Rosenkreuzer. Ideologie – Struktur und Wirkungen*, Bayreuth 1992

Umfeld neue Lebensinhalte zu verschaffen. Dies galt sowohl für den im Spätabsolutismus in der gesellschaftlichen Hierarchie absteigenden Adel als auch für das sozial aufsteigende Bürgertum. Beide Gruppierungen fanden in der Freimaurerei einen Raum für mannigfaltige Aktivitäten, und viele suchten diesen Raum nicht primär wegen der Freimaurerei und ihrer Inhalte, sondern wegen eben dieser vielfältigen Möglichkeiten, aktiv zu sein und sich in Szene zu setzen. Die Brüder interessierte vor allem, was ihren Interessen entgegen kam: die Beschaffenheit von Graden, hierarchischen Ordnungen und persönlichen Gratifikationen, die Formen der Herrschaft, die Techniken und Regeln der Verwaltung, die Handhabung der Finanzen usw. und so fort.

Es ist von großem Interesse, dass der Gesichtspunkt, die Freimaurerei nur allzu oft für *Zwecke zu instrumentalisieren, die ihren humanistischen Werten eigentlich widersprechen*, auch in dem gerade auch in deutscher Sprache erschienenen Buch des englischen Historikers John Dickie (kein Freimaurer) „The Craft. How the Freemasons Made the Modern World“ mit vielen geschichtlichen Belegen – etwa zum Rassismus Albert Pikes und seiner Südstaaten-Freimaurerei – vertreten wird.

Das bedeutet in meiner heutigen Terminologie: Es gab von Anfang an ein hohes Maß an „Zweiter Freimaurerei“. Die „Erste Freimaurerei“, die „wahre“ Freimaurerei, wie man sie oft genannt hat, war zwar eine große Sehnsucht, die in den Diskursen durchaus präsent war, die aber kaum den von subjektiven Interessen gesteuerten Tätigkeitsdrang der Freimaurer – insbesondere der führenden Freimaurer – erklären kann. Dieser in starkem Maße auf die von ihnen gewünschten sozialen Rollen bezogene Tätigkeitsdrang der

Maurer bestimmte sicher nicht die Einstellung aller Mitglieder, aber er kann – auch hierin folge ich Florian Maurice – den Schlüssel zum Verständnis des Verhaltens derer liefern, die in den verschiedenen Orden und Großlogen die wesentlichen Rollen spielten und diesen einen Großteil ihrer Zeit und ihres Engagements gewidmet haben.

Ignaz Aurelius Feßler beispielsweise führte im Jahre 1804 sein Wirken in der Loge Royal York auf seinen „Trieb zur Geschäftigkeit" zurück, „dem sich sonst keine Betätigungsmöglichkeit bot". „Niemand", so fuhr Feßler fort, „konnte und wollte mich brauchen. Ich stiftete daher Mittwochs- und Humanitätsgesellschaften, und weil diese mich nicht genug beschäftigten, war mir die Aufforderung zur Reformation der Loge Royal York zur Freundschaft willkommen."

Auch Adolph Freiherr Knigge, ebenso in der Freimaurerei wie in verschiedenen anderen geheimen Gesellschaften engagiert, teilt sich in diesem Sinne mit: „Von Jugend auf durch einen unruhigen, spät in mäßige, nützliche Grenzen zu ordnenden Thätigkeits-Trieb angespornt, wurde auch ich früh von der Krankheit unseres Zeitalters, von der Begierde nach geheimen Verbindungen und Orden hingerissen." Es war daher sehr treffend, wenn Knigge seinem 1786 erschienenen „Beitrag zur neuesten Geschichte des Freimaurerordens in neun Gesprächen" ein Wort des römischen Fabeldichters Phaedrus voranstellte, das ins Deutsche übersetzt lautet: „Ein gewisses Völkchen ist beschäftigt, streift ohne Ruhe umher, ist eifrig müßiggängerisch, schuftet wegen nichts, tut viel, ohne wirklich etwas zu tun."

Es mag also auch einer alten strukturellen Problemlage zuzuschreiben sein, wenn es in der Freimaurerei heutzutage viele Fehlentwicklungen gibt, die wir im Allgemeinen der Gesellschaft „da draußen“ zuschreiben, die aber immer schon zu den prägenden Elementen der inneren Logenbefindlichkeit gehört haben.

In diesem Sinne möchte ich hinweisen auf:

- Relativismus im Verhältnis zu traditionellen Werten; masonische Kleinkriminalität, Schmuddeligkeit im Zugriff auf freimaurerisches Vermögen (schon Knigge hatte von „Eingriffen untreuer Schatzmeister in die Cassen“ gesprochen);
- Verfehlen notwendiger Standards im Umgang miteinander; Ausweitung einer unguten Aggressions-, Konflikts- und Schimpf-Kultur – oder besser Unkultur –, nicht zuletzt in den Foren des Internets;
- Sich Ausbreiten dessen, was man das „Stammtisch-Syndrom“ nennen könnte: statt redlichem, intellektuell anspruchsvollem Diskurs uninformierte, vorurteilsbehaftete Medien-, Politik- und Politikerschelte und hinneigen zu Tratsch und masonischem Smalltalk, neuerdings immer häufiger durchsetzt mit völkischen Parolen;
- Erlebnis- (bzw. Unterhaltungs-)orientierte Einstellung: Logen-, Ritual-, Grad- und System-„Hopping“, Freimaurerei à la carte;
- Unzureichende Sorgfalt bei Auswahl von und im Umgang mit Kandidaten; nicht immer gelungenes Präsentieren von Loge und Freimaurerei im Schaufenster Internet; Einstellung eines: „Wer sich meldet, der wird genommen“; missionarisches Werben bei gleichzeitig geringem freimaurerischem Wissen;

- Immer mal wieder spannungsreiches Verhältnis zwischen der prinzipiell dreigradigen humanitären Freimaurerei und Systemen, die höhere Grade bearbeiten (wie etwa der AASR). Hier sollte eine strikte Neutralität praktiziert werden. Bruderschaftliche Vereinigungen haben sich in die Praxis der humanitären Logen nicht einzumischen, sollten auf Werbeveranstaltungen («Friedensarbeiten») verzichten und auch nicht das von der *Freimaurerischen Ordnung* der Großloge verbürgte Recht der Logen in Frage stellen, die Mitgliedschaft in freimaurerischen Vereinigungen, die in anderen als den drei Basisgraden Lehrling, Geselle und Meister arbeiten, für ihre Mitglieder auszuschließen;
- Schwächen bei den organisatorischen Einheiten des Aufbaus der Freimaurerei, die den Logen übergeordnet sind, den Distrikts-, Provinzial- und Großlogen insbesondere. Hier gibt es gewiss auf der einen Seite Leitungscharisma und eindrucksvolle Gestaltungskraft, auf der anderen Seite aber auch konzeptionelle Irritation und Führungsschwäche. Hin und wieder entstehen gar Ämterkartelle, deren Mitglieder nicht der Versuchung widerstehen, formelle, satzungsgemäße Entscheidungsstrukturen zu umgehen und Großlogenleitung im Stil von „Küchenkabinetten" zu betreiben.

Pflichtbaustellen von Brüdern, Logen und Großlogen

Wenn wir nun gegen die genannten Schwachstellen, die vorgestellten Erscheinungsformen der „Zweiten Freimaurerei" vorgehen wollen, so sehe ich sieben Baustellen, auf denen wir uns zu beschäftigen haben. Dabei bezieht sich meine Einschätzung primär auf die humanitäre Freimaurerei, insbesondere, was die Arbeit an der freimaurerischen Konzeption betrifft, doch die meisten der Aufgabenfelder, die ich benenne, haben großlogenübergreifenden Charakter, und wir können uns sicher noch darüber austauschen, was allgemeinen Charakter hat. Die sieben Baustellen oder dringlichkeitshalber *Pflichtbaustellen* sind – ich benenne sie zunächst, um sie dann ausführlicher zu behandeln:

1. Der Bruder (entsprechend die Schwester)
2. Die Loge
3. Die Konzeption der Freimaurerei
4. Das Ritual
5. Die Organisation
6. Die Außendarstellung
7. Das Wirken in der Gesellschaft.

Baustelle 1: Der Bruder

Natürlich beginnt alles mit der Arbeit am Menschen. Denn wenn der Meister danach fragt, welche Bausteine wir zum Tempelbau der Humanität benötigen, so erhält er im Ritual meiner Loge die Antwort: „Menschen, Menschen immer neue Menschen." Und das bedeutet nicht primär neue Mitglieder, sondern vor allem Brüder und Schwestern, die im Sinne einer moralisch orientierten Ausrichtung innerlich neu werden, die mit „Leidenschaft und Augenmaß" (Max Weber) am Rauen Stein der eigenen Person arbeiten und sich darum bemühen, einen freimaurerischen Habitus zu entwickeln.

Freimaurerischer Habitus meint ein Bündel menschlicher Eigenschaften, mit dem wir das assoziieren, was wir für die Freimaurerei wesentlich erachten, wie insbesondere

- die Fähigkeit zu Selbsterkenntnis, Selbstkritik und Demut;
- den Verzicht auf Selbstinszenierung und ungezügelten Narzissmus;
- die Abkehr von Rassismus, Nationalismus und völkischem Denken;
- das Streben nach Toleranz, Gelassenheit, Mitmenschlichkeit, Interesse füreinander, Offenheit und Gesprächsfähigkeit;
- die dynamische Balance zwischen der Fähigkeit, Konflikte auszutragen und der Bereitschaft, sie durch Versöhnung zu überwinden;
- das tätige Sich-Einsetzen für andere im Sinne von Hilfsbereitschaft und wirklich spürbarer Anteilnahme

Ein so beschaffener freimaurerischer Habitus ist – wenn aus „Zweiter“ wieder „Erste“ Freimaurerei werden soll – unverzichtbar. Er ist – bei aller Gebrochenheit – auch eine alte freimaurerische Zielvorstellung. Der Gedanke, dass Freimaurerei vor allem Habitus-Strukturierung bewirken soll, taucht schon früh in der Geschichte des Bundes auf und ist regelmäßiger Bestandteil von Texten und Ritualen.

Als frühes Beispiel möchte ich eine Rede des Londoner Freimaurers Martin Clare von 1735 zitieren. Clare war als Meister v. Stuhl der „Lodge of Friendship“ sowie als Großaufseher und deputierter Großmeister der Londoner Großloge seinerzeit durchaus ein Maurer von Rang.

> *„Die innerliche, geistige Höflichkeit drückt sich im allgemeinen im äußerlichen Benehmen aus ... aber der wesentlichere Teil der Höflichkeit liegt tiefer als das Äußere und ist jenes allgemeine Wohlwollen, jene anständige Hochachtung und persönliche*

Wertschätzung für jedermann, die uns warnt, in unserem Benehmen anderen gegenüber Geringschätzung, Missachtung oder Nachlässigkeit zu zeigen ... Dieser Teil der Höflichkeit ist, mit einem Worte gesagt, eine geistige Gesinnung, die im Benehmen sichtbar wird.“

Eine schöne Beschreibung von Freimaurerei, meine Brüder und Schwestern, der wir gern zustimmen und die wir habituell in uns festmachen sollten: Freimaurerei ist eine geistige Gesinnung, die im Benehmen sichtbar wird.

Ein Letztes noch zum Kontext Habitus. Habitus als Inbegriff von Wahrnehmen, Denken, Entscheiden und Handeln ist eine *langfristig gewachsene* Kategorie. Habitus ist nur schwer veränderbar. Für die Auswahl neuer Mitglieder ließe sich infolgedessen überspitzt formuliert empfehlen, nur den, der *habituell bereits erkennbar Freimaurer* ist, zum Bruder Freimaurer aufzunehmen! Auf alle Fälle gilt es, bei der Auswahl von Kandidaten die folgende Feststellung Pierre Bourdieus zu beherzigen: „Wer den Habitus einer Person kennt, der spürt oder weiß intuitiv, welches Verhalten dieser Person versperrt ist.“ Auf die Loge angewendet, hieße dies: Um zu wissen, was die Loge von einem neuen Mitglied *nicht* erwarten kann, muss sie seinen Habitus kennen und bei ihrer Aufnahmeentscheidung beachten, sonst bleiben die Erwartungen auf beiden Seiten unerfüllt und Enttäuschung ist programmiert. Daraus folgt: Mitgliederauswahl ist notwendigerweise ein langer, qualitätsorientierter Prozess – und kein „Hoppla, jetzt erhöhen wir mal schnell unsere Mitgliederzahl“.

Baustelle 2: Die Loge

Die Loge ist das Zentrum der freimaurerischen Praxis. Eine in sozialer, ethisch-moralischer und ritueller Hinsicht harmonisch und kreativ wirkende Loge ist Grundvoraussetzung einer gelingenden Freimaurerei. Deshalb ist das Bemühen um eine wirksame „Logenbaukunst“ für die Loge eine conditio sine qua non. Für weitere Überlegungen dazu möchte ich fünf Formen der Logenpraxis unterscheiden, die vielfach sicherlich auch schon erfolgreich umgesetzt werden, die jedoch weiteres Nachdenken lohnen:

- die *soziale Praxis*, die in der Pflege von Freundschaft und Geselligkeit besteht;
- die *kulturelle Praxis*, die gleichsam als Beitrag zur Säule der Schönheit auf gemeinsames ästhetisches Erleben angelegt ist;
- die *diskursethische Praxis*, die nach den Inhalten der Freimaurerei, nach Werten und Orientierungen des Freimaurers und nach den humanitären Herausforderungen der Gegenwart fragt;
- die *karitative Praxis*, die darin besteht, finanziell zu helfen, vielleicht aber auch einmal gemeinsam etwas Praktisch-Konkretes in Angriff zu nehmen;
- schließlich die *rituelle Praxis*, die darin besteht, das Ritual auf nachdrückliche Weise gemeinsam als spirituellen Erfahrungsraum zu erleben.

All diese Formen der Logenpraxis gehören zusammen, wenn das Logenleben interessant und attraktiv sein soll. Denn es gehört ja auch zur Realität der Loge, dass sie in Konkurrenz steht zu vielen anderen Formen der Unterhaltung. Vor allem aber muss die Loge eine Kultur des persönlichen Ausgleichs und der menschlichen Offenheit entwickeln. Die erforderliche Atmosphäre der Freundschaft kann leicht gestört werden, wenn Egoismus und Rechthaberei sich ausbreiten, und schnell erfolgt dann der Umschlag von „Erster" in „Zweite" Freimaurerei. Um diese zu verhindern, ist auch eine wirksame, auf Integration und Förderung von Freundschaft angelegte *Kultur der Bürgschaftsübernahme* erforderlich. Gerade bei der heutzutage dominierenden Rekrutierung neuer Mitglieder über das Internet, bedarf es verantwortungsbewusster Bürgen, die sich schon eine Zeitlang vor der Aufnahme um den Suchenden kümmern, damit die Bruderschaft der Loge – ich habe ja schon darauf hingewiesen, wie wichtig dies ist – den Habitus des Suchenden rechtzeitig gründlich kennenlernt.

Ein letzter Gesichtspunkt zur Baustelle Loge: Kommunikation zwischen Männer- und Frauenlogen. Meines Erachtens ist dafür prinzipiell ein guter Zustand erreicht: Wir erkennen uns freimaurerisch an, d. h., wir stehen als Freimaurer und Freimaurerinnen auf der gleichen initiatischen Grundlage und wir kooperieren auf vielfältige Weise miteinander. Aber es herrscht viel Ängstlichkeit im Hinblick auf die Frage, wie weit wir dabei gehen sollen. Meine Auffassung ist diese: Die Männerlogen und Frauenlogen in Deutschland wollen Männer- und Frauenlogen bleiben und keine gemischten Logen sein, und es gibt gute Gründe für diese Einstellung. Das heißt, dass die Initiationsräume, die Aufnahmen, Beförderungen und Erhebungen, nach wie vor zu trennen sind. Tempelarbeiten sonstiger Art, Festarbeiten etwa, könnten aus meiner Sicht dagegen durchaus gemeinsam durchgeführt werden, auch mit maurerischer Bekleidung. Ich weiß, dass ich mit dieser Auffassung einen Stein ins Wasser werfe und vielleicht ein Regencape benötige, um mich gegen die Spritzer der Verärgerung zu schützen, aber nur am Ufer stehen und träumen, wäre m. E. in dieser, wie in vielen anderen Fragen der deutschen Gegenwartsfreimaurerei, keine adäquate Haltung.

Baustelle 3: Das Konzept

Was ist der Inhalt der Freimaurerei? Er ist nicht einheitlich für alle Großlogen und daher stets eine Herausforderung zur Toleranz. In der Geschichte des Bundes hat es, wie wir ja schon sahen, immer zahlreiche konkurrierende Inhalte gegeben, und die Einheit des Bundes, die daneben schon immer Ideal und Ziel des Strebens gewesen ist, bestand stets mehr in der Vorstellung als in der Realität. Dies gilt ja auch für die deutsche Freimaurerei der Gegenwart, in der humanitäre und christliche Formen nebeneinander stehen und sich zusätzlich die liberal-laizistische Freimaurerei des Grand Orient de France auszubreiten versucht, was unlängst zu einer m. E. übertriebenen und überflüssigen Aufgeregtheit in der deutschen Bruderschaft geführt hat.

Jede Form von Freimaurerei ist für die Entwicklung ihres Konzepts verantwortlich. Das Konzept der humanitären Freimaurerei, mit dem ich mich stets besonders beschäftigt habe, versteht sich in der Tradition des Humanismus und der Aufklärung. In ihm sind die Logen *Wertegemeinschaften und weder Glaubensgemeinschaften noch esoterische Zirkel.*

Was nun deutlich gemacht werden muss, und worüber weder innerhalb der humanitären Freimaurerei noch in der sie umgebenden Gesellschaft Zweifel bestehen sollten, sind die Prinzipien, die Humanismus und Aufklärung für die Gegenwart begründen. Mir scheinen dabei die folgenden, in sieben Thesen zusammengefassten *Grundsätze für die Freimaurerei* von besonderer Bedeutung:

- Leben, Wohlergehen, Freiheit und Glück *jedes einzelnen Menschen* sind Ziel und Maßstab des individuellen wie des gesellschaftlichen Handelns.
- Anerkennung der Menschenwürde erfordert *Toleranz, Demokratie und soziale Gerechtigkeit* sowie den unbedingten *Verzicht auf Rassismus und völkisches Denken*;
- Ausrichtung von Denken und Handeln am Maßstab der *Redlichkeit, Vernunft und Wahrheitssuche* ist Grundelement jeder menschlichen Orientierung.
- Förderung der *schöpferischen Kräfte* des Menschen ist Grundlage dafür, dass die Arbeit an der eigenen Persönlichkeit und an den vielfältigen Baustellen in der Gesellschaft vorangebracht werden kann.
- *Friede mit der Natur und nachhaltiger Umgang mit ihren Ressourcen* sind Bedingungen menschlichen Daseins in industriegesellschaftlichen Verhältnissen.
- Wertschätzung von *Reichtum und Vielfalt der Kulturen der Welt* und Orientierung an der alten freimaurerischen Hoffnung, „dass das menschliche Geschlecht *eine Bruderkette* werde“, sind Grundlagen einer stabilen internationalen Friedensordnung.
- Und schließlich: Auch heute hat das *Prinzip Aufklärung* zu gelten, verbunden freilich mit der Einsicht, dass nur eine *reflektierte Vernunft* und eine *selbst-kritische Aufklärung* als tragfähige Grundlagen menschlicher Lebensführung und sozialer Gestaltungsprozesse tauglich sind. Wissen und Vernunft dürfen *nicht rein instrumentell* zum Wirken kommen, sie sind *mit Verantwortung* zu verbinden.

Diese sieben Orientierungen, die mehr pragmatischen als systematischen Charakter besitzen, die den Charakter von Themen tragen für eigene diskursive Variationen, bestimmen nun freilich nur den Rahmen für freimaurerisches Denken und Handeln. Diesen Rahmen gilt es im Diskurs der Brüder zu füllen, und auch hierzu mag das von Lessing empfohlene „*laut denken* mit einem Freunde" für den Maurer von heute eine vorzügliche Methode sein.

Was meine Begrifflichkeit der „Ersten" und der „Zweiten" Freimaurerei betrifft, so wäre es nun freilich abwegig, alle anderen Konzepte als das humanitäre als einer uneigentlichen, einer „Zweiten" Freimaurerei zugehörig zu betrachten. Es ist aber erforderlich, das eigene Verständnis von Freimaurerei klar von anderen abzugrenzen und auf den hierzulande oft anzutreffenden „masonischen Mischmasch" zu verzichten, der auf eine in Deutschland chronische, aber verfehlte Einheitssehnsucht zurückzuführen ist. Und es ist weiter erforderlich, damit aufzuhören, gegen die jeweils andere Form der Freimaurerei vorschnell mit dem Vorwurf der Irregularität vorzugehen. Freimaurerei lebt von der Freiheit der Gedanken. Sie braucht Spielräume für Weiterentwicklung. Gewiss benötigt Freimaurerei gleichzeitig feste Grundlagen, aber diese Grundlagen müssen von den Brüdern und Schwestern durch Diskurs und Konsens und nicht durch übergestülpte Regeln bestimmt werden. Formen der Denunziation wegen angeblicher Irregularität, auf die wir in der deutschen Gegenwartsfreimaurerei gelegentlich stoßen, auch in der Praxis der VGLvD, sind durch und durch unerfreulich und spielen sicher hinüber in bedenkliche Formen einer „Zweiten Freimaurerei".

Baustelle 4: Das Ritual

Die Logen der Freimaurer bieten einen *auf Symbole und Rituale gegründeten spirituellen Wahrnehmungs-, Handlungs- und Erfahrungsraum*, in dem die Ziele und Ideen des Freimaurerbundes *im Bewusstsein und im Habitus* der Brüder verankert werden. Das Ritual ist keineswegs die ganze Freimaurerei, doch es ist das, was Freimaurerei von anderen Bünden mit humanitärer Einstellung unterscheidbar macht. Auf der Grundlage der jeweiligen Form von Freimaurerei und daher durchaus auf verschiedene Weise lehrt das Ritual *durch Symbole, Metaphern und rituelle Handlungen* und rundet so die soziale und diskurs-ethische Praxis der Loge durch eine die Gesamtperson des Bruders erfassende und verändernde *spirituelle Dimension* ab. Initiationen, performatives Sprechen und Handeln sowie mimetisches Lernen sind hierbei die wesentlichen Elemente.

Das Ritual lässt die Werte des Bundes, die wechselseitigen Beziehungen der Brüder sowie die Chancen für die eigene innere Entwicklung *sinnlich und emotional* erfahren.

Das Ritual *öffnet das Bewusstsein des Maurers* für ein Wahrnehmen bisher verborgen gebliebener Schichten der Persönlichkeit. Dadurch vermittelt es nicht nur Denkanstöße, sondern es wird auch zum Medium der Selbsterfahrung und der Selbstentwicklung.

Allerdings: Das Ritual besitzt *keinen Offenbarungscharakter*, es vermittelt *keine Heilslehren* und es hat *keine magische Qualität*. Zuletzt und ganz deutlich: Das Ritual *begründet keine Religion* und es sollte auch *keine ersatzreligiösen Funktionen* übernehmen. Ihr betont *säkularer Charakter* bedeutet vielmehr, dass sich eine humanistisch orientierte Freimaurerei sowohl gegenüber der christlichgnostischen Tradition des Bundes als auch gegenüber hermetisch-esoterischen Mythen skeptisch verhält. Einer christlichen Freimaurerei ist die in meiner Sicht unverzichtbare Eigenschaft verloren gegangen, *Brücken zwischen den Menschen unterschiedlicher Religion und Weltanschauung* zu bauen, und was die Esoterik betrifft, so können freimaurerische Rituale zwar auch in der Humanistischen Freimaurerei esoterisch verstanden werden und die Freimaurerei kann Ort esoterischer Diskurse sein. Die Beschäftigung mit Esoterik *als einer Denktradition und überlieferten religiösen Sichtweise* bedeutet aber nicht, dass die Verheißung einer Entschlüsselung geheimer Codes und „verlorener Symbole" im Mittelpunkt der Freimaurerei und ihrer Rituale stehen dürfte. Mit einer Freimaurerei à la Dan Brown und den damit verbundenen obskuren Bilderwelten ginge jeder Anspruch auf Ernsthaftigkeit verloren.

Wie die freimaurerische Konzeption hat auch das Ritual feste Grundlagen, die mit der Tradition der jeweiligen Großloge verbunden sind. Doch sollte auch das Ritual offen für Weiterentwicklungen sein. Dabei hätten – meiner Auffassung nach – den Logen mehr Gestaltungsspielräume zuzukommen. Die Großloge sollte endlich einen umfassenden Ritualdiskurs initiieren und sich mit Ritualkontrollen zurückhalten.

Wenn wir von „Zweiter Freimaurerei" im Hinblick auf das Ritual sprechen wollen, so müssen wir vor allem an die Ritual*praxis* denken. Denn diese entspricht nicht immer den Anforderungen der Wirksamkeit des Rituals. Das Ritual ist spiritueller Erfahrungsraum, das Ritual trennt uns von der profanen Umwelt, das Ritual ist aber auch ein Fließen, das uns trägt, und das gestört wird, wenn seine Elemente – wie

Sprechen, Schweigen, Sich-Bewegen und Musik – nicht sorgfältig aufeinander abgestimmt werden.

Deshalb gilt es, das Ritual einerseits leicht zu nehmen, damit es schweben kann, es andererseits aber auch ernst zu nehmen und immer wieder einzuüben, damit die rituelle Atmosphäre mit ihrer ganzen Nachdrücklichkeit ungestört erhalten bleibt.

Baustelle 5: Organisation

Die Organisation der Loge ist wichtig und steht zu Recht ja auch im Zentrum vieler logenübergreifender Seminare. Deshalb bedarf es an dieser Stelle nicht vieler weiterer Worte. Wichtig ist nur, immer wieder einzusehen, dass Organisation nicht zum Selbstzweck werden darf. Bei der historischen Hinführung zur „Zweiten Freimaurerei" im ersten Teil meines Beitrags konnte gezeigt werden, wie leicht sich das persönliche Interesse vor die freimaurerischen Inhalte schiebt. Persönliche Spannungen und Zerwürfnisse in der Loge werden oft nicht durch Lösung der Konflikte und Versöhnung beendet, sondern durch die Spaltung der Loge und die Gründung neuer Bauhütten. Ganz wesentlich ist deshalb, dass der Freimaurer lernt, dass es Wichtigeres gibt in der Loge als die Rolle, die er selbst darin spielt, und dass er seinen Mitbrüdern schon zugestehen muss, dass diese auch einmal einen anderen Bruder als Meister vom Stuhl für geeigneter halten als ihn selbst.

Problematisch zum Stichwort *Baustelle Organisation* ist nicht zuletzt die Struktur der VGLvD. Was 1958 zu ihrer Gründung geführt hat, ist immer noch ungeklärt. Vermutlich war es ein starker internationaler Druck, mehr von schwedischer als von englischer Seite, und der Ehrgeiz einiger AFuAM-Brüder, Spitzenpositionen in der neuen Ordnung einzunehmen. Jedenfalls entspricht die Struktur der VGLvD nicht den Anforderungen, die „eigentlich“ an eine Großloge zu stellen sind: Sie hat kaum Brüder als unmittelbare Mitglieder, sie verfügt über kein Ritual im eigentlichen Sinn und sie hat mit dem Konvent eine Vertretung der Bruderschaft, die über keinerlei nennenswerte Vollmachten verfügt und einen rein akklamatorischen Charakter besitzt. Die Stimmverteilung im Senat entspricht nicht den Mitgliederstärken der Großlogen und die Senatsmitglieder können sich gegenseitig blockieren. Bruder Jens Oberheide hat die VGLvD einmal als Vernunftehe gekennzeichnet. Ich würde eher von einer „Unvernunft-Ehe“ sprechen, die nicht erforderlich ist, um das zu erreichen, was gewiss wünschenswert ist: das Zusammenwirken der deutschen Freimaurer an der Logenbasis der Freimaurerei, denn das können die Logen ganz gut selbst. Da die VGLvD aber kaum aufzulösen ist, muss alles getan werden, um ihr Wirken so bescheiden und vernünftig wie möglich zu gestalten. Und hierzu brauchten wir wirklich einmal einen klärenden, bruderschaftsweiten Diskurs. Bei diesem Diskurs sollte auch erörtert werden, warum die Zusammenarbeit der Großlogen stets vorwiegend repräsentativ und oft feierlich hohl ist und in keiner Weise konzeptionell weiterhilft. Ich habe es beispielsweise als recht peinlich empfunden, dass die weitaus beste Ansprache beim Jubiläumstreffen der deutschen Freimaurer 2017 im Sprengelmuseum in Hannover von einem profanen Politiker, Prof. Rolf Wernstedt, ehemaliger niedersächsischer Kultusminister und Präsident des Niedersächsischen Landtages gehalten wurde, während die Beiträge der freimaurerischen Würdenträger arg enttäuschten.

Baustelle 6: Die Außendarstellung
Die Darstellung der Freimaurerei in der Öffentlichkeit ist gerade in und nach der Corona-Krise von großer Bedeutung für unseren Bund. Die Probleme der Zeit erfordern eine „neue Ernsthaftigkeit", die wir im Inneren entwickeln und in der Gesellschaft verdeutlichen müssen. Dabei haben wir von den Freimaurer-Images oder Außenbewertungen der Freimaurerei auszugehen, mit denen wir es heutzutage zu tun haben, um uns dann zu fragen, auf welche Weise die Freimaurer darauf reagieren sollten.

Vielleicht lassen sich für diese Images acht wichtige Vertreter-Gruppen unterscheiden:

- Da sind *erstens* die *Anhänger alter und neuer Verschwörungsmythen*, die das „Objekt ihrer Begierde" – die bösen Freimaurer und ihre Bundesgenossen – keinesfalls verlieren wollen, mit denen man kaum diskutieren kann, um die herum jedoch Aufklärung seitens der Freimaurerei erforderlich ist.
- Da sind *zweitens* die nicht wenigen Menschen, die auf irgendeine Weise immer noch *Denkvorstellungen und Befürchtungen des Volksaberglaubens* anhängen, woraus dann eine diffuse Abwehrhaltung und Berührungsangst gegenüber der Freimaurerei resultiert. Ich erzähle dazu gern eine selbsterfundene Anekdote: Ein Wohltätigkeitsbuffet des Rotary-Clubs? „Prächtig, da gehen wir hin." Eine ebenso wohltätige Reibekuchenbude der Freimaurer? „Nein danke, lieber nicht, man kann schließlich nicht wissen, was die da alles hineinbacken." Da gilt es für die Freimaurer nur, mit schlichter bürgerlicher Normalität zu überzeugen.

- Da sind *drittens* die Kirchen, die – wie die katholische – entweder wissen, aber nicht mögen, wie die *Freimaurerei es mit der Religion hält*, oder die es – wie die evangelische – bei allem Wohlwollen doch noch etwas genauer wissen will: Hier sollte die Freimaurerei auf redlich-seriöse Weise gesprächsbereit sein, zuvor allerdings das Verhältnis zwischen Freimaurerei und Religion in ihren eigenen Kolonnen sorgfältig klären.
- Da ist *viertens* die *Wissenschaft*, die sich mehr und mehr mit der Freimaurerei beschäftigt und die Unterstützung verdient, wie und wo immer Freimaurer dazu in der Lage sind. Die externe Freimaurerforschung ist das Gewissen der Freimaurerei, weil sie hilft, Eigenverdunkelungen zu überwinden und sich selbst besser zu erkennen.
- Da sind *fünftens* die *Vertreter der Politik, des Staates und der Kommunen*, die der Freimaurerei meist wohlgesinnt sind und deren redliche und offene Gesprächspartner Großlogen und Logen zu sein haben.
- Da sind *sechstens* die *Medien*, in denen angemessen vertreten zu sein, Freimaurer sich auf seriöse Weise bemühen sollten, wobei im Hinblick auf die Welt der bunten und bewegten Bilder Zurückhaltung am Platze ist. Arkandisziplin heute sollte nicht zuletzt bedeuten, sich in der Öffentlichkeit nicht lächerlich zu machen.
- Da ist *siebtens* die *intellektuelle, die kulturelle Öffentlichkeit*, die Öffentlichkeit gesellschaftlich relevanter Diskurse. Hier sollten sich die Freimaurer um gehaltvolle Präsenz bemühen. Wenn sie etwas zu sagen haben, dann sollten sie es auch sagen, denn besser, als die Stim-

men anderer zu prämieren, wäre es, mit eigener Stimme im gesellschaftlichen Diskurs vernehmbar zu sein.

- Schließlich und *achtens* ist da so etwas wie die *Gesellschaft im Allgemeinen*, die u. a. aus den Menschen zusammengesetzt ist, die in die Logen kommen und fragen, wer die Freimaurer sind und was sie zu sagen haben, und die vielleicht in den Logen als zukünftige Brüder mittun wollen.

Nicht zuletzt in der Kommunikation mit diesen Menschen käme es darauf an, sich der eigenen maurerischen Identitäten klarer bewusst zu werden und ein deutliches Bild davon zu vermitteln, was Freimaurerei ist und was sie nicht ist. Gerade die „Suchenden“ müssen rechtzeitig erkennen können, dass es unterschiedliche Formen und Verständnisse von Freimaurerei gibt, die der Redlichkeit halber nicht verwischt werden und nicht erst *nach* der Aufnahme sichtbar werden dürfen.

Letztlich noch etwas, was für mich von besonderer Wichtigkeit ist: Jede Definition und jede öffentliche Darstellung der Freimaurerei, die vom Ritual ausgeht, muss in die Irre führen. Ritualpräsentationen in der Öffentlichkeit, die freimaurerische Bilderwelten zur Schau stellen ohne den Kontext von Freundschaft und Geselligkeit, von Ethik und Moral in den Vordergrund zu stellen, verfälschen den Charakter des Freimaurerbundes – jedenfalls aus der Sicht eines Freimaurers, der sich in der Tradition von Humanismus und Aufklärung versteht. Das freimaurerische Ritual ist *Bestandteil eines Gesamtsystems*, das es in sich aufgenommen hat, um Freundschaft und Moral im Menschen habituell zu verankern. Es ist Menschenwerk, es ist nicht mit göttlicher Offenbarungskraft ausgestattet, es ist nicht Element einer

Ersatzreligion, trage sie christlichen, trage sie esoterischen Charakter. Aus einem solchen Verständnis ergibt sich: Erst eine klare und vernünftige Gesamtdarstellung der Freimaurerei erlaubt es, sinnvoll über das Ritual in der Öffentlichkeit zu sprechen, wobei auf die Präsentation missverständlicher Bilderwelten und – was die Brüder Freimaurer betrifft – auf schurzbekleidete Auftritte in der Öffentlichkeit – soweit es immer geht – verzichtet werden sollte. Der Freimaurer muss einsehen, dass zwischen öffentlicher Präsenz und Enthüllungssucht ebenso Grenzen vorhanden sind wie zwischen Selbstrespekt und Narzissmus. Diese Grenzen dürfen im Interesse einer gedeihlichen Entwicklung unseres Bundes nicht überschritten werden.

Baustelle 7: Das Wirken in der Gesellschaft

Beim Wirken in der Gesellschaft, das in und nach der Corona-Krise an Bedeutung gewonnen hat, gibt es eine doppelte Verantwortung: die des einzelnen Freimaurers und die der Freimaurerei als Gruppe.

Einfach im Prinzip, wenn auch mühsam in der Durchführung, ist die Sache für die einzelnen Mitglieder des Bundes. Der einzelne Freimaurer kann und soll sich engagieren, wo und wie es seiner an freimaurerischen Wertvorstellungen orientierten konkreten sozialen und politischen Philosophie entspricht. Denn wie immer wir uns dem Sittengesetz, dem Leben, dem Frieden, der Gerechtigkeit und der Toleranz verpflichtet fühlen, wir unterscheiden uns in der konkreten Festlegung. Sich festlegen, parteiisch sein, kann folglich in vielen politischen Bereichen immer nur der einzelne Freimaurer. Das Freimaurerische dabei ist dann das Ethos, das er mitbringt, die Fähigkeit zum Dialog, das Wissen um die Perspektivität der individuellen Überzeugung, die Pflicht zu wohlgemessenem, wohlproportioniertem Denken und Handeln, die Bereitschaft, sich immer wieder aus eigenen Vorurteilen herauszudenken.

Was bleibt der Freimaurerei als Gruppe, was bleibt etwa einer Loge oder der Großloge?

Es bleibt zunächst die gemeinsame Aktion da, wo alle Brüder übereinstimmen, weil die Werte unseres Bundes so gründlich in Frage gestellt werden, dass es keinen „Bund der Ungleichgesinnten“ mehr geben darf, was vor allem für den Einsatz für Demokratie, „Offene Gesellschaft“ und umfassende Toleranz gilt. Es bleibt die Loge als Forum für das Gespräch der Brüder über Probleme der Gesellschaft, über ethische und soziale Fragen. Es bleibt das Gespräch mit der Öffentlichkeit. Insbesondere kann und soll sich die lebendige Loge einbringen in das Leben ihrer Stadt. Sie kann zum Forum toleranter Auseinandersetzung um die Lösung örtlicher Probleme werden. Sie kann Plattform sein für das Benennen menschlicher Missstände und für die Suche nach konstruktiven Ansätzen, diese Missstände zu überwinden.

Logen können sich als Gruppen engagierter Bürger, aber auch selbst manch brennender sozialer Probleme annehmen. Die Zahl der Aufgaben ist Legion. Eine neue und akute ist die Eingliederung der zu uns kommenden und bei uns bleibenden Migranten aus anderen Ländern. Hier zu helfen, hier Toleranz einzufordern, wäre eine Aufgabe, die den Brüdern das Gefühl gemeinsamer Verantwortung vermittelt und zudem der Öffentlichkeit zeigt, dass Freimaurer nicht nur schöne Lieder und Reden, nicht nur gehaltvolle

Diskurse, sondern auch praktische Hilfe anzubieten haben. Ehrenamtliches Engagement in der Gesellschaft ist nicht nur vonnöten, sondern auch möglich.

Zum Schluss: Freimaurerei kann vieles sein und ist auch in der Geschichte des Bundes vieles gewesen. Freimaurer können sich allein für Geselligkeit und Brauchtumspflege, für Königliche Kunst als Spiel entscheiden – dann allerdings dürfen sie nicht gleichzeitig mit klingendem Spiel unter den Bannern von Toleranz, Humanität und Brüderlichkeit paradieren.

Freimaurer können den Sinn ihres Bundes vorrangig in der Welt des Rituellen suchen und durch die Hierarchie der Grade klettern – dann allerdings hätten sie sich davor zu hüten, dem Typus der esoterischen Sekte allzu nahe zu kommen.

Es steht den Freimaurern auch offen, den oft zu weiten Mantel ihrer ethischen Ansprüche zu verkleinern – dann freilich droht biedermännische Bedeutungslosigkeit.

Freimaurer können sich aber auch darum bemühen, durch mehr konzeptionelles Profil und eine überzeugende Praxis in diesen weiten Mantel selbstgesetzter Ansprüche hineinzuwachsen.

Auf alle Fälle müssen Freimaurer redlich sein und sagen, was sie sind und was sie wollen. Und sie müssen ihre Baustellen erkennen und an die Arbeit gehen. Dabei gilt es auch, Impulse und Kritik von außen aufzunehmen und für eine dynamische Weiterentwicklung des Freimaurerbundes zu nutzen. Die Freimaurerei braucht intellektuelle Auseinandersetzung wie die Luft zum Atmen. Gern wird in den Logen gesagt, Tradition hieße nicht, Asche zu bewahren, sondern Feuer weiterzugeben. Feuer aber entsteht durch Reibung, und Reibung entsteht an den Schnittstellen, an denen die inneren Entwicklungen der Freimaurerei auf die Herausforderungen durch die Gesellschaft stoßen.

Auf der Suche nach einer „humanistischen“ Freimaurerei für die Gegenwart – Funktionale und inhaltliche Aspekte einer „Philosophie“ der Freimaurerei

Vortrag, gehalten auf der 43. Arbeitstagung der Freimaurerischen Forschungsgesellschaft „Quatuor Coronati“, Frankfurt am Main, 9. März 2013

Die „fordernde Leere“ der Freimaurerei

Am Beginn der Philosophie – so heißt es – steht das Staunen, und mit einem Staunen beginnt auch das Nachdenken über die Freimaurerei. Denn nicht nur für ihre Umwelt in Kirche, Kultur und Gesellschaft, sondern auch für die eigenen Jünger stellte die Freimaurerei von Anfang an ein Geheimnis dar, das es zu entschlüsseln galt. Wo kam sie her? Was war ihre Aufgabe? Welche war ihre richtige Form? Welchen Inhalt sollten ihre Rituale haben? Aus sich selbst heraus konnte die Freimaurerei diese Fragen nicht beantworten, war sie doch von Anfang an *inhaltlich und formal* weitgehend unbestimmt und befand sie sich doch seit Beginn in einem *raschen Prozess der Differenzierung*. Gewiss: Der Bund wies und weist durch seine Geschichte hindurch eine Reihe von zentralen Merkmalen auf, die ihn als Freimaurerei konstituieren und von anderen Assoziationen unterscheidbar machen.[2]

2 Detailliert hierzu Höhmann, Hans-Hermann: *Freimaurerei in Deutschland: Ein Überblick im Kontext von Geschichte,*

Zu diesen *Merkmalen freimaurerischer Grundstruktur* gehören insbesondere

- die *abgeschlossene*, durch verschwiegene Rituale geschützte, in der Regel *männerbündische Gruppe*;
- *der initiatische Charakter* des Bundes mit der Praxis der von Gradstufe zu Gradstufe führenden Übergangsriten;
- die *Bausymbolik*
- sowie ein *Kanon von Werten*, der um unterschiedliche, teils hermetisch-esoterische, teils christlich-gnostische, teils aufklärerisch-humanistische Begrifflichkeiten wie Erkenntnis, Gottesfürchtigkeit, Menschenliebe, Brüderlichkeit, Vernunft und Toleranz kreist, auf „Einübung" dieser Werte im verschwiegenen Milieu der Loge setzt und die Logengruppe hierdurch als positive innere Gegenwelt zu den verschiedenen „profanen" äußeren Welten konstituiert und abgrenzt.

Was aber die *Herkunft der Freimaurerei*, die *Ausgestaltung der Rituale*, die *organisatorischen Strukturen des Bundes, seine Gradhierarchien* sowie seine *konkreten Aufgaben und Zwecke* betraf, so existierte von Anfang an eine zur Auffüllung einladende, gleichsam „fordernde" Leere (Michael Voges).

Bei allen wiederkehrenden und übereinstimmenden Strukturen war Freimaurerei – so Monika Neugebauer-Wölk – stets auch „ein Raum, in dem vieles möglich war"[3].

---

internationalen Entwicklungen und freimaurerischen Konzeptionen, in: ders.: *Freimaurerei. Analysen, Überlegungen, Perspektiven*, Bremen 2011, S. 21 f.

3 Neugebauer-Wölk, Monika: *Einführung* zu Maurice, Florian: *Freimaurerei um 1800. Ignaz Aurelius Feßler und die Reform der Großloge Royal York in Berlin*, Tübingen 1997, S. XVIII.

In diesem Raum entwickelten sich mannigfaltige Spielarten des Bundes, teils hermetisch-*esoterischer*, teils *christlicher,* teils *aufklärerisch-ethischer* Orientierung, teils mit *einfachen*, teils mit *weit aufgefächerten Gradstrukturen*, teils mit *hierarchischen*, teils mit *demokratischen* Entscheidungsstrukturen. Kritik war allgegenwärtig, Reformen standen immer wieder auf der Tagesordnung, und im Grunde genommen befindet sich die Freimaurerei bis heute *auf der Suche nach ihrer eigenen Identität.*

Die voneinander abweichenden Interessen der Brüder Freimaurer und ihrer Logen, die unterschiedliche soziale und kulturelle Einbettung der Freimaurerei, das verschiedene Ausmaß, in dem die Logenwirklichkeit den Wertvorstellungen und Ambitionen der einzelnen Freimaurer entsprachen, sowie die unterschiedliche Intensität, mit der „deutungsmächtige" Brüder Übereinstimmungen oder Abweichungen von der „eigentlichen, echten, ursprünglichen Freimaurerei" postulierten, hatte Auswirkungen auf Mitgliedschaft und Entwicklung des Bundes.

Einerseits veranlassten mannigfaltige Enttäuschungen immer wieder prominente Brüder, die Freimaurerei zu verlassen, in der sie oft sehr aktiv tätig gewesen waren. Andererseits entwickelten sich unterschiedlich ausgerichtete Reformen, die sich an verschiedenen „Modellen" orientierten und im Rahmen vielfältiger *„Ontologien"* und *„Philosophien"* der Freimaurerei, d. h. mehr oder weniger konsistent ausgestalteten *Gesamtkonzepten* begründet wurden.

Der Begriff „Philosophie" ist freilich nicht ohne Einschränkungen zu verwenden. Er ist vieldeutig und hat neben seinen „harten", akademisch-wissenschaftlichen Zuschreibungen auch viele „weiche" Konnotationen, in denen er an

Profil verliert und allgemeinere Bedeutungen wie „Wesensbestimmung“, „Grundkonzept“ oder „Identität“ annimmt. Und es ist in diesem weiteren Sinne, wenn – der Sache nach oder expressis verbis – seit dem Ende des 18. Jahrhunderts von „freimaurerischer Philosophie“ die Rede ist. Wenn etwa Lessing das „Einsehen und Erkennen, was und warum die Freimaurerei ist, wann und wo sie gewesen, wie und wodurch sie befördert oder gehindert wird“ zur Aufgabe seiner „wahren Ontologie der Freimaurerei“ erklärt, so beschreibt er avant la lettre die Absicht einer freimaurerischen Philosophie im zuvor skizzierten Sinne.

„Auf die tabula rasa der Freimaurerei etwas zu schreiben, was ihrer würdig ist ...“

In Zeiten von Krisen freimaurerischer Systeme und der dadurch ausgelösten Suche nach neuen Formen der Freimaurerei wurde der Bedarf an Modellen und ihrer analytischen Begründung besonders dringlich.

Nicht zuletzt im Zerfallsprozess der Strikten Observanz, der mit der Krise der Adelswelt im Spätabsolutismus und mit dem Übergang von der ständischen zur bürgerlichen Gesellschaft an der Wende zum 19. Jahrhundert zusammenfiel, kam es nicht nur zu neuen Formen der Freimaurerei. Auch neue Konzepte zur Frage, *was denn die Freimaurerei überhaupt für eine Funktion habe*, wurden erörtert, und es dürfte methodisch wie inhaltlich lohnend sein, vor allem den Erörterungen, die an der Wende vom 18. zum 19. Jahrhundert – oft im Anschluss an oder unter Bezugnahme auf Gotthold Ephraim Lessings *Ernst und Falk. Gespräche für*

Freymäurer (1778, 1780)[4] – geführt wurden, erneut nachzugehen. Viele Namen kennzeichnen diesen „klassischen" Freimaurerdiskurs, dessen Niveau kaum je wieder erreicht wurde, der freilich auch ein typisch deutscher Diskurs gewesen ist: Lessing, Herder, Fichte, Krause, Schröder und Feßler, um nur einige Beispiele zu geben, gehören zu den bestimmenden Wortführern.

Der „klassische Freimaurerdiskurs" hat mindestens sechs übereinstimmende Bezugspunkte, die – nebenbei bemerkt – für alle Ansätze einer „Philosophie der Freimaurerei" bis in die Gegenwart hinein bestimmend sind:

- Erstens die *Faszination der Freimaurerei*, die alle Autoren nicht loslässt;
- zweitens die *Vielfalt, ja der desolate Zustand der Freimaurerei* in der zweiten Hälfte des 18. Jahrhunderts, der den Bund vor die Alternative Untergang oder Neukonzeption und Reform stellt;
- drittens die Überzeugung, dass ein über alle institutionellen Manifestationen hinausgehendes und von historischen Deformationen freies *Wesen der Freimaurerei*, eine *eigentliche* Freimaurerei existiert;
- viertens das Gefühl der *Formbarkeit der Freimaurerei* (mit Fichtes Worten: der Wunsch „auf die tabula rasa der Freimaurerei etwas zu schreiben, was ihrer würdig ist");

4 Die interessanteste Edition, die hier Verwendung findet, ist: *Gotthold Ephraim Lessing, Ernst und Falk mit den Fortsetzungen Johann Gottfried Herders und Friedrich Schlegels*, hrsg. und mit einem Nachwort versehen von Ion Contiades, Frankfurt am Main 1968, S. 9-57.

- fünftens das Bestreben, *Freimaurerei in den Kontext des jeweils eigenen Denkens* einzufügen und
- sechstens der Umstand, dass in allen Konzepten das *Ritual eine einerseits eingeschränkte und andererseits neubestimmte Rolle* spielt.

Die Teilnehmer am Diskurs geben nun unterschiedliche Antworten in Bezug auf Institution und Funktion der Freimaurerei, die bis heute interessant und vor allem für die *Begründung einer humanistischen Freimaurerei* von großer Bedeutung geblieben sind. Denn so sehr die Autoren bezüglich der Inhalte und der Funktionen der Freimaurerei im Einzelnen voneinander abweichen, sie stehen *alle in der aufklärerischen und kaum in der hermetisch-esoterischen Tradition* der Freimaurerei, die sie alle – oft expressis verbis – überwinden wollen –, und sie wenden sich auch alle direkt oder implizit *gegen die Hierarchie der hohen Grade.*

Den Entwürfen im Einzelnen kann ich heute nicht nachgehen. Ich möchte mich vielmehr auf einige Erläuterungen zu Lessing und Fichte beschränken, denn diese beiden Autoren sind bis in die Gegenwartsfreimaurerei hinein von prägender Bedeutung geblieben – oder vielleicht besser: sie verdienten es, mit ihren konzeptionellen Vorgaben Einfluss auf die Gestaltung der Gegenwartsfreimaurerei zu nehmen.

Beide beschäftigen sich sowohl mit inhaltlichen als auch mit institutionellen Aspekten der Freimaurerei. Für *Gotthold Ephraim Lessing* bleibt Freimaurerei auch als Institution von Bedeutung, doch ihre Funktion geht über die Institution hinaus und ist bei Weitem wichtiger, beruht Freimaurerei für Lessing doch „im Grunde nicht auf äußerlichen Verbindungen, die so leicht in bürgerliche Anordnungen ausarten; sondern auf dem gemeinschaftlichen Gefühl sympathisierender Geister". Auch Lessing ist von der Faszination der Freimaurerei gefesselt. Auch er kritisiert die konkrete Form des Bundes, dessen „heutiges Schema ihm gar nicht zu Kopfe" will. Auch ihn fordert heraus, die Wesenheit der Freimaurerei auf den bestimmten Begriff einer *wahren Ontologie* zu bringen und aufzuzeigen, „was und warum die Freimaurerei ist, wenn und wo sie gewesen, wie und wodurch sie befördert oder gehindert wird". Er tut dies – vor allem, aber nicht nur in *Ernst und Falk* – als Anwalt einer aufgeklärten Menschlichkeit und Vertreter einer Kultur der Vermittlung, die Grenzen überschreitet, deren Medium und Ziel Freundschaft und Menschenliebe sind und die sich in einem offenen Prozess der Wahrheitssuche realisiert.

Johann Gottlieb Fichte bleibt – 20 Jahre später und mitten im Reformprozess der Großen Loge Royal York formulierend – am stärksten einer institutionell verfassten Freimaurerei verhaftet.[5] Ihm geht es um die Frage, ob es einen überzeugenden Zweck für die Loge gibt, und er antwortet mit dem Hinweis auf den Auftrag der Loge, „durch Ausgehen von der Gesellschaft und Absonderung von ihr ... die Nachteile der Bildungsweise in der größeren Gesellschaft wieder aufzuheben und die einseitige Bildung für den besonderen Stand in die gemein menschliche Bildung, in die allseitige des ganzen Menschen, als Menschen zu verschmelzen". Funktion der Freimaurer-Gesellschaft sei es, über den Zweck der Menschheit nachzudenken, diesen Zweck zum *gedachten* Zweck der Freimaurerei zu machen,

5 Fichte, Johann Gottlieb: *Philosophie der Maurerei. Briefe an Konstant*, hrsg. von Thomas Held, Düsseldorf und Bonn 1997.

daran zu arbeiten, sich von allen „Standes und Gesellschaftsunarten zu entwöhnen" und dafür zu sorgen, dass Weisheit, Stärke und Schönheit in der „Klarheit des Kopfes und der Rechtschaffenheit des Herzens" zusammenfinden können. Diesen Bildungsauftrag erfüllt die Freimaurerei durch die Zusammensetzung ihrer Mitglieder und durch die Kommunikation, die diese miteinander aufnehmen:

> *„Hier treten Männer aus allen Ständen frei zusammen und bringen die Bildung, die jeder nach seiner Individualität in seinem Stande erwerben konnte, auf einen Haufen. Jeder bringt und gibt, was er hat: der denkende Kopf bestimmte und klare Begriffe, der handelnde Mann Fertigkeit und Leichtigkeit in der Kunst des Lebens, der Religiöse seinen religiösen Sinn, der Künstler seinen künstlerischen Enthusiasmus. Aber keiner gibt es auf dieselbe Weise, wie er es in seinem Stande erhalten hat und in seinem Stande fortpflanzen würde. Jeder läßt gleichsam das Einzelne und Spezielle liegen und holt das heraus, was es als Resultat in seinem Inneren gewirkt hat; er bestrebt sich, seinen Beitrag so zu geben, daß er an jedes Mitglied der Gesellschaft gelangen könne; und die ganze Gesellschaft bemüht sich, dieses sein Bestreben zu unterstützen und eben dadurch seiner bisher einseitigen Bildung allgemeine Brauchbarkeit und Allseitigkeit zu geben. In dieser Verbindung empfängt jeder in demselben Maße, als er gibt; gerade dadurch, daß er gibt, wird ihm gegeben, nämlich die Fertigkeit, geben zu können."*

Menschen mit ihren verschiedenen Potenzialen in Freundschaft zusammenzuführen und unter Respekt vor der jeweiligen Individualität die innergesellschaftlichen und zwischengesellschaftlichen Grenzen zu überwinden, die dem Aufbau einer humanen Gesellschaft im Wege stehen: So gehaltvoll wie von Lessing und Fichte sind diese Gedanken als Ziele der Freimaurerei kaum je zum Ausdruck gebracht worden.

Die Relativität des Rituellen

Interessant ist nun, dass – wie bereits angedeutet – das freimaurerische Ritual in keinem dieser Konzepte eine inhaltlich bestimmende Rolle spielt. Allen Autoren geht es um eine jeweils *anders fokussierte Aufgabe oder Funktion* von Freimaurerei, die um Begrifflichkeiten wie Freundschaft, Bildung, Ethik, moralische Verpflichtung, Überwindung von Vorurteilen kreist. Religion und Esoterik treten in den Hintergrund. Rituale sind sekundär und folgen den Ideen nach. Auf Ernsts Frage: *„Die Freimaurerei wäre nichts Willkürliches? – Hat sie nicht Worte und Zeichen und Gebräuche, welche alle anders sein können und folglich willkürlich sind?“*, lässt Lessing Falk antworten: *„Das hat sie. Aber diese Worte und Zeichen und diese Gebräuche sind nicht die Freimaurerei.“*

Ganz deutlich und expressis verbis wird dieses *Primat des Konzepts gegenüber dem Ritual* von Ignaz Aurelius Feßler betont, dem für einige Jahre in der Großen Loge Royal York zur Freundschaft beheimateten Berliner Freimaurer-Reformer.

In einer sog. „Vorerinnerung“ zu den neuen Ritualen der Großen Loge vom 5. Dezember 1800 schreibt Feßler:

„Es ist bei den meisten Freimaurern an richtige maurerische Einsichten gar nicht zu denken, solange man nicht mit allen möglichen Nachdrucke und einigem Erfolge dem Wahn entgegen arbeitet, als wäre das Wesen und der Zweck des Freimaurerordens in den Ritualen zu suchen und zu finden; solange man nicht die Verfassung des Ordens … als die einzige wahre und sichere Erkenntnisquelle des Ordenzweckes anerkannt und angenommen hat. Die maurerischen Rituale und Grade sind nur Nebensache, die sich ungefähr zum Orden und zur Freimaurerei so verhalten, wie Zitierungen und Gebetsformeln zu Kirche und Religion."

Feßler fährt dann fort:

„Weil aber der Freimaurer nicht nur Verstand, sondern auch Herz und Gefühl hat, so muss auch etwas da sein, welches dasjenige, was der rührige, kalte Verstand erkannt hat, dem Herzen und den Gefühlen näher legt. Hieraus ergibt sich das Kriterium für alle möglichen maurerischen Rituale. Sie sollen … nicht feierliche Versprechungen einst mitzuteilender wichtiger Geheimnisse sein, sondern … auf die edlen Gefühle des Menschen berechnete Zeremonien und Formeln, durch welche der vom Verstande erkannte Endzweck dem Herzen der Brüder näher gelangen und das selbe für ihn erwärmet und begeistert wird."

Das Ritual ist nicht Ursprung von Erkenntnis sondern eine spirituelle Praxis, mittels derer der kognitiv bestimmte Zweck des Bundes im Habitus des Freimaurers verankert und zur Quelle von ethischer Motivation und zwischenmenschlicher Wärme wird.

So sehr nun Lessing, Fichte und andere Diskursteilnehmer in der Folgezeit immer wieder zitiert und apologetisch in Anspruch genommen wurden – Lessing avancierte ja geradezu zum Heros der humanitären Freimaurerei in Deutschland: Für die Praxis der Logen und Großlogen, insbesondere auch für Umgestaltungen und Reformen, haben ihre Ansätze nur eine geringe Rolle gespielt. Dies hat einmal damit zu tun, dass – wie bereits angedeutet – die Freimaurerei, *wie sie wirklich war*, für die Teilnehmer der Diskurse oft viel weniger interessant war, als die *Freimaurerei ihrem Wesen* nach, und vom *Nachdenken* über eine eigentliche Freimaurerei *bis hin zu Konzepten* für konkrete Reformen hätte oft ein allzu weiter Weg zurückgelegt werden müssen. Dazu kommt, dass konzeptionelle Denker mit innovativen Konzepten bis in die Gegenwart hinein bei den administrativen Leitern des Bundes meist wenig beliebt sind, stören sie doch deren Machtambitionen und Verwaltungsroutinen. Schließlich kommt hinzu, dass – es war schon die Rede davon – für Autoren wie Lessing und Fichte das für viele Freimaurer im Zentrum des Bundes stehende Ritual allenfalls am Rande interessant war.

Geht man jedoch nicht von der Wesenheit, sondern von der Praxis der Freimaurerei aus, und sucht man nach Konzepten, die für Weiterentwicklung und Reform bedeutend sind, so wäre der Fokus freilich *auf die Freimaurerei insgesamt* zu richten mit allen ihren sozialen, ethisch-moralischen und rituellen Elementen.

Inhaltliche Bestimmung und kritische Funktion einer „Philosophie der Maurerei“

Diese Komplexität versucht nun mein sehr bescheidener Versuch zu berücksichtigen, eine „Philosophie“ (in Anführungszeichen), vielleicht besser ein *Gestaltungskonzept für die Freimaurerei der Gegenwart* zur Diskussion zu stellen, weil mir scheint, dass nicht nur die *Vorstellungen* von der Freimaurerei sowohl im Inneren des Bundes als auch in der Darstellung nach außen unklar und widersprüchlich sind, sondern auch die *institutionellen und rituellen Strukturen* selbst. Zu einer „Philosophie“ im Sinne eines positiven Entwurfes, wie Freimaurerei heute sein könnte und sein sollte, käme noch eine weitere nützliche Funktion philosophischer Reflexion: das *kritische Nachdenken* über Widersprüche und Ungereimtheiten der Freimaurerei, die sich in und mit ihrer Geschichte entwickelt haben und dem Freimaurerbund teilweise bis heute inhärent geblieben sind, ohne ausreichend wahrgenommen, erörtert und überwunden zu sein.

Hierzu gehören:

- die Spannung zwischen *mystisch-esoterischen, christlichen und aufklärerischen Elementen* der Freimaurerei;
- die Widersprüche zwischen den unbestreitbar *religiösen Elementen* der Freimaurerei und dem Postulat, weder als *Nebenkirche* noch als *Religionsersatz* zu fungieren;
- die Spannung zwischen *Geheimnis und Öffentlichkeit*;
- die Reibungen, ja Widersprüche zwischen *rationalen, archaischen, mythisch-legendären und historisierenden Elementen* in den freimaurerischen Ritualen;

- die Spannung zwischen *eingeforderter Egalität und mannigfaltigen Hierarchien* („Grad-, Titel- und Ordensnarzissmus");
- die Widersprüche zwischen *universellen Wertvorstellungen* und der (zumindest zeitweiligen) Praxis einer *Nichtaufnahme bestimmter Menschengruppen* (Juden, Frauen, Afroamerikaner);
- der unterschiedliche *Grad der Übereinstimmung* der Mitgliedsgroßlogen der VGLvD mit den international üblichen Regeln für freimaurerische Inhalte und institutionelle Strukturen („Regularitätsgefälle" innerhalb der VGLvD).

Dazu gilt es, jene Spannungen selbstkritisch zu bearbeiten, die aus der freimaurerischen Praxis, d. h. aus der des Öfteren wenig überzeugenden Umsetzung der Freimaurerei in die Praxis der Logen und Großlogen resultieren, wie insbesondere:

- die immer wieder aufbrechenden Widersprüche zwischen *hohen Idealen und dem Menschlich-Allzumenschlichen* persönlicher Schwächen und moralischer Entgleisungen sowie
- der Abstand zwischen dem beträchtlichen *philosophisch-intellektuellen Niveau*, das die Freimaurerei für sich beansprucht, und dem *nicht selten eher oberflächlichen und unreflektierten Charakter* der in und zwischen den Logen geführten Diskurse.

Insgesamt findet der kritische Freimaurer ein weites Feld für Reflexion und Aufklärung über seinen eigenen Bund. Ein solches kritisches Aufarbeiten von Missständen und Fehlentwicklungen ist mit einer positiven Grundeinstellung zur Freimaurerei durchaus zu vereinbaren. Im Gegenteil: Gerade ein Ernstnehmen der Freimaurerei im Sinne eines Ausschöpfens ihrer Potenziale *erfordert die kritische Konfrontation*, und es ist durchaus misslich, dass sich gerade in der deutschen Freimaurerei heutzutage viele Denkbeschränkungen, ja regelrechte Tabus angehäuft haben, die dazu führen, dass „um des lieben Friedens willen" viele „Wischi-Waschi-Positionen" hingenommen werden. Dabei käme es doch darauf an, sich um intellektuelle Klarheit und Redlichkeit zu bemühen und die Chance zu nutzen, gerade durch den *brüderlichen Geist kritischer Auseinandersetzungen* Wert und Eignung der Freimaurerei als Medium eines toleranten menschlichen Miteinanders nachhaltig unter Beweis zu stellen.

„Humanistische Freimaurerei" als Gestaltungskonzept für die Gegenwart

Ich erwähnte den Zusammenhang zwischen Freimaurerdiskurs und Krise der Strikten Observanz. Auch heute ist der Freimaurerbund unverkennbar in der Krise. Weltweit sind ihre Mitgliederzahlen regelrecht eingebrochen – zwischen 1960 und 2010 von 6 auf 2 ½ Mio. –, und in Deutschland herrscht Stagnation auf einem relativ niedrigen Niveau.[6]

6 S. hierzu ausführlich Höhmann, Hans-Hermann: *Auf Dauer in der „Zweiten Liga"? Quantitäts- und Qualitätsprobleme der deutschen Freimaurerei vor dem Hintergrund internationaler Entwicklungen. Überlegungen und Materialien für die 42. QC-Arbeitstagung in Essen, 13./14. Okt. 2012*, in: *TAU, Zeitschrift der Forschungsloge QUATUOR CORONATI, Bayreuth, Heft II*, 2012, S. 7-25.

Gewiss:

- Man lobt – sofern man nicht Anhänger kruder Verschwörungsideologien ist – die Freimaurerei aufgrund ihrer *Beiträge zur europäischen und US-amerikanischen Ideen- und Kulturgeschichte.*
- Man stellt örtliche Museen für freimaurerische Ausstellungen zur Verfügung.
- Man öffnet die Rathäuser für öffentliche Repräsentation und Begegnung mit der Politik und
- man schätzt und würdigt die *Bürger Freimaurer*, die Stadtgeschichte und Stadtkultur eindrucksvoll bereichert haben (und auf die u. a. viele Straßennamen verweisen).

Doch meistens hat es damit sein Bewenden. Die Kluft zwischen Respekt vor der Freimaurerei und der Bereitschaft, einer Loge als Mitglied beizutreten, bleibt weit geöffnet. Vor allem Vertreter von Eliten – im Sinne von Personen, die sich in politischen, wirtschaftlichen, gesellschaftlichen, wissenschaftlichen und künstlerischen Spitzenpositionen befinden – halten sich meist von einer Logenmitgliedschaft fern. Es herrscht ein diffuses Gemisch von Vorurteilen, Halbwissen und Berührungsängsten vor sowie von nachhaltigen Zweifeln, ob die Qualität der heutigen Freimaurerei in Deutschland den Maßstäben der immer wieder beschworenen vergangenen Größe entspricht.

Betrachtet man die Realität der deutschen Gegenwartsfreimaurerei, so werden verschiedene Modelle erprobt und angeboten:

- *Konventionelle Freimaurerei*, Freimaurerei, wie sie immer war, bestimmt durch traditionelle Gestaltungspraxis und rituelle Routine;

- Versuche mit Formen einer *Renaissance von Esoterik und Hermetik* (in gewisser Weise der *Einzug Dan Browns* in die Freimaurerei);
- *christliche Freimaurerei* im Sinne der Ordensfreimaurerei der Großen Landesloge der Freimaurer von Deutschland, vom Ordensmeister des Systems jüngst gekennzeichnet als „christliche Einrichtung, in der sich Christen verschiedener Bekenntnisse in ihrer Lebens- und Glaubensauffassung bestätigen“[7];
- sowie das *Humanitäre System der Freimaurerei*, das sich an den Traditionen von Humanismus und Aufklärung orientiert.

Für mich hängen zukünftige gesellschaftliche Ausstrahlung und letztlich auch die Überlebensfähigkeit der Freimaurerei davon ab, inwieweit es gelingt, das *humanistische Konzept der Freimaurerei* auf eine nachhaltige Weise zu entwickeln und zu praktizieren. Ich frage daher danach, was die *Hauptelemente* einer solchen, durch Konzept und Praxis gegenwartstauglichen Freimaurerei sind und wie sich für Maurer und Maurergruppe eine im Inneren praktizierbare und nach außen vermittelbare humanistische Identität der Freimaurerei begründen lässt.

Grundzüge und Prinzipien

Zunächst: Auch eine solche, modern akzentuierte Freimaurerei ist durchaus *traditionsbewusst*. Sie geht davon aus, dass sich Freimaurerei nur aus ihrer Geschichte heraus le-

7 Klauss, Joachim: *Die christliche Grundlage der Freimaurerei*, in: *Zirkelkorrespondenz*, 141. Jahrgang, Februar 2013, S. 8.

gitimieren kann, wobei sie bewusst an die *Traditionen von Humanismus und Aufklärung* anknüpft. Zu ihren Grundüberzeugungen gehört,

- dass Leben, Wohlergehen, Freiheit und Glück *jedes einzelnen Menschen* Ziel und Maßstab des individuellen wie des gesellschaftlichen Handelns sind,
- dass die Anerkennung der *Menschenwürde* anderer wie der eigenen Würde zu den Grundbedingungen menschlicher Kultur gehört,
- dass die *schöpferischen Kräfte* des Menschen gefördert werden müssen, um die Arbeit an der eigenen Persönlichkeit und der Gesellschaft voranzubringen,
- dass Denken und Handeln von *Redlichkeit, Wahrheitssuche und Vernunft* begleitet werden müssen und
- dass auch in der Gegenwart Aufklärung erforderlich ist, doch dass erst eine *reflektierte Vernunft und eine selbstkritische Aufklärung* zu tragfähigen Grundlagen menschlicher Lebensführung und sozialer Gestaltungsprozesse werden können.

Das bedeutet gleichzeitig, dass sich eine humanistisch orientierte Freimaurerei gegenüber hermetisch-esoterischen und gnostisch-christlichen Traditionen der Freimaurerei und den damit verbundenen hierarchischen Formen skeptisch verhält. Gewiss können freimaurerische Rituale auch in der humanistischen Freimaurerei esoterisch verstanden werden, und die Freimaurerei kann Ort esoterischer Diskurse sein. Die Beschäftigung mit Esoterik als einer Denktradition und überlieferten religiösen Sichtweise bedeutet jedoch nicht, dass die Verheißung einer Entschlüsselung geheimer Codes und „verlorener Symbole“ im Mittelpunkt freimaurerischer Rituale stehen dürfte.

Als Beispiel für eine solche aus der Tradition überlieferte *humanistische Wertorientierung und Ritualkonzeption* kann die folgende, in performative Sprechfolgen gefasste Aufgabenstruktur dienen, die den Worten und dem Sinne nach auf dem Ritual Friedrich Ludwig Schröders beruht und die Erwartungen an die Initiation des Freimaurers mit folgenden Markierungen begleitet:[8]

- Festigung einer sittlichen Grundeinstellung des Menschen.
- Anmahnung der Erfüllung moralischer Pflichten.
- Aufforderung zur Suche nach Wahrheit, insbesondere über die eigene Person.
- Beseitigung von Irrtümern, die der Humanität im Wege stehen.
- Überwindung von Vorurteilen.
- Selbsterziehung zu aufgeklärten und verantwortungsbewussten Menschen.
- Konzentration auf die Schätze des Geistes und des Herzens und auf keine andere Würde als diejenige, die ein Mensch sich selbst zu geben vermag.

Entscheidend ist für Schröder die Übereinstimmung in den Werten, zu denen sich der Freimaurer bekennt. Andere Forderungen nach Übereinstimmung, insbesondere solcher religiöser Art dürfen in der Loge keine Bedeutung haben. Schröder im Wortlaut:

> *„Wir sind hier also bloß Menschen; wir suchen weiter nichts, als was alle Menschen suchen soll-*

8 Schröder, Friedrich Ludwig: *Ritual des Lehrlings-Grades der unter der Constitution der großen Provinzial Loge von Hamburg und Niedersachsen arbeitenden gerechten und vollkommenen Freimaurer-Logen (1801).*

ten; kennen kein anderes Gesetz, als das, was alle Menschen verbindet; keine andere Richtschnur, als unsere Rechtschaffenheit; keine andere Würde, als die der Mensch sich selbst gibt. Alles, was wir sonst sind und suchen und glauben und haben, lassen wir vor der Türe unserer Versammlung zurück."

Vierfaches Selbstverständnis

Fasst man die Grundzüge einer Freimaurerei, die einerseits traditionsorientiert ist, andererseits jedoch ihre Akzente unmissverständlich im Sinne von Aufklärung und Humanismus setzt, zusammen, so finden diese in einem *vierfachen Selbstverständnis* ihren Ausdruck, wobei sich die genannten Aspekte gleichrangig miteinander verbinden:

1. Auf der Basis einer in der Loge eingeübten *Kultur der Mitmenschlichkeit* ist Freimaurerei Pflege von Geselligkeit. Die Logen der Freimaurer sind *Freundschaftsbünde*, die Menschen miteinander verbinden wollen.
2. Die Logen der Freimaurer sind *ethisch orientierte Gemeinschaften*, in denen gemeinsam nachgedacht werden kann, um Wege zu Lebenssinn und Motivation für moralisches Handeln ausfindig zu machen.
3. Die Logen der Freimaurer bieten einen *auf Symbole und Rituale gegründeten spirituellen Wahrnehmungs-, Handlungs- und Erfahrungsraum*, in dem die Ziele und Ideen des Freimaurerbundes im Bewusstsein und im Habitus der Brüder verankert werden.
4. Durch die Zusammenfassung der drei vorgenannten Elemente in einem ganzheitlichen Vereinigungskonzept wird Freimaurerei zu einer *Lebenskunst der Praxis*, die

freundschaftliches Miteinander und ethisch-moralische Daseinsorientierung durch Symbole und Rituale in der Gemeinschaft der Loge sowohl rational erfassbar als auch emotional erlebbar macht.

Freimaurerei ist nach diesem Konzept keineswegs primär Kultgemeinschaft, wie immer wieder postuliert wird. Die Logen sind vielmehr ethisch orientierte menschliche Gemeinschaften, in denen sich humanistische Gesinnung und humanitäre Praxis im Sinne einer auch im Alltag tauglichen Lebenskunst entfalten können. Gewiss spielen die Rituale dabei eine Rolle, aber die Rituale sind nicht die Freimaurerei.

Freundschaft, ethische Orientierung, Ritual: Ein paar Stichworte jeweils dazu:[9]

Freimaurerei will ein *Freundschaftsbund* sein, der über alle weltanschaulichen, politischen, nationalen und sozialen Grenzen hinweg Menschen miteinander verbindet. Die Freimaurer folgen damit ihrer speziellen Tradition, Trennendes zu überwinden, Gegensätze abzubauen, Verständigung und Verständnis zu fördern sowie Menschen zu verbinden, die sich nach Herkunft und Interessenlage sonst nicht begegnen würden. Gerade in der heutigen Zeit sind durch Spezialisierung und Funktionsteilung der modernen Berufs- und Arbeitswelt, durch die Aufspaltung der Gesellschaft in Menschen, die Arbeit haben, und solche, die arbeitslos sind, durch die vielfältigen Migrationsprobleme sowie durch die Ausdifferenzierung des Konsum- und Freizeitverhaltens neue Schranken zwischen den Menschen entstanden.

9 Ausführlich hierzu Höhmann, Hans-Hermann: *Freimaurerei in Deutschland*, a.a.O., S. 37-50.

Demgegenüber sollen die auf Freundschaft gegründeten Logen Stätten menschlicher Begegnung über alle sozialen und politischen Schranken hinweg sein.

Als *ethisch orientierter Bund* ist Freimaurerei wertverpflichtet und zwar im Sinne einer *wirklich praktizierten Moral*. Der Bund entwickelt zwar kein eigenes ethisches System und versucht nicht, ethische Überzeugungen in politische Programme zu übertragen. Dennoch gibt die Freimaurerei mit ihren Wertpositionen Humanität, Brüderlichkeit, Freiheit, Gerechtigkeit, Friedensliebe und Toleranz Orientierungen für das Denken und Handeln ihrer Mitglieder vor. Im Vergleichen von Realität und Wertmaßstab, in stammtischfernen analytischen Anstrengungen, im gemeinsamen Nachdenken über adäquate Lösungswege und in kritischer Selbstaufklärung sollen Verhaltensweisen und Umgangsstile eingeübt werden, die ein Umsetzen ethischer Überzeugungen in die moralische Lebenspraxis des einzelnen Freimaurers heutzutage bewirken.

Hierzu können Orientierungen dienen, von denen mir die folgenden kurz umrissenen besonders wichtig sind:

1. die *humanitäre* Orientierung: Zentrale Werte der Freimaurerei sind Würde und Glückseligkeit jedes einzelnen Menschen;
2. die *demokratische* Orientierung: Freimaurer gehen davon aus, dass Würde und Glückseligkeit des Menschen sich aller Erfahrung nach am besten in der politischen Freiheit demokratisch verfasster Systeme sichern lassen;
3. die *soziale* Orientierung: Freimaurer sind der Überzeugung, dass Würde und Freiheit des Menschen ohne Bemühen um soziale Gerechtigkeit nicht verwirklicht werden können;

4. die *multikulturelle* Orientierung: die Menschen der Welt sind kulturell unterschiedlich geprägt, Freimaurer sehen in dieser Vielfalt der Kulturen eine Quelle sozialer und spiritueller Bereicherung;
5. die *ökologische* Orientierung: Freimaurer stimmen darin überein, dass ohne Friede mit der Natur menschliches Dasein unter industriegesellschaftlichen Bedingungen nicht möglich ist;
6. die *globale* Orientierung: Alle Politik ist heute an globalen Maßstäben, symbolisch ausgedrückt an der freimaurerischen Idee der Weltbruderkette, zu messen und
7. die *rationale* Orientierung: Freimaurer gehen davon aus, dass handlungsleitende Orientierungen in der Welt kritisch-rationale Diskurse und wissenschaftliche Herangehensweisen erfordern.

Diese sieben Orientierungen, die erweitert werden können, sind nicht dogmatisch, aber auch nicht beliebig. Sie repräsentieren gleichermaßen den minimalen Konsensrahmen, ohne den ethisch verantwortliches individuelles wie gesellschaftliches Handeln unter den komplexen Bedingungen der Welt von heute und morgen nicht möglich ist und ohne den die Gesellschaft auseinanderfällt. Meine Absicht ist dabei, Erörterungsebenen anzubieten, die aus freimaurerischem Wertbewusstsein hervorgehen, ohne die für politisches Entscheiden und Handeln erforderlichen inhaltlichen Auffüllungen vorzunehmen. Denn diese müssen dem Diskurs und der individuellen Entscheidung vorbehalten sein. Stichwort Diskurs: Die Sinnhaftigkeit der aufgezeigten „Orientierungen“ sollte sich nicht zuletzt auch dadurch bewähren, dass es „um sie herum“ im Gespräch der Logen und Großlogen und in der freimaurerischen Publizistik nach innen und nach außen gelingt, die humanistischen Dimensionen deutlich zu machen, die das Denken und Handeln des Freimaurers in der Gegenwart bestimmen.

Schließlich *Loge als ritueller Werkbund*. Wie schon gesagt: Das Ritual ist keineswegs die ganze Freimaurerei, doch es ist das, was Freimaurerei von anderen Bünden unterscheidbar macht. Es besitzt keinen Offenbarungscharakter, vermittelt keine Heilslehren und hat keine magische Qualität. Es begründet keine Religion und sollte auch keine ersatzreligiösen Funktionen übernehmen. Es ist ein *spezifisches Medium der Kommunikation*. Es vermittelt Denkanstöße, es öffnet das Bewusstsein des Maurers für ein Wahrnehmen bisher verborgen gebliebener Schichten der Persönlichkeit, es lehrt durch Symbole und rituelle Handlungen und rundet so die soziale und diskursethische Praxis der Loge durch eine die Gesamtperson des Bruders erfassende spirituelle Dimension ab.

Spirituelle Dimension der Freimaurerei

Die *spirituelle Dimension* der Freimaurerei kann, aber muss in keiner Weise religiös oder gar esoterisch begriffen werden. Innerhalb einer sich humanistisch verstehenden Freimaurerei ist die vom Ritual vermittelte Spiritualität ein komplementärer Faktor zu Freundschaft und ethischer Orientierung. Zur Spiritualität des Freimaurers gehört vor allem die Motivation, sich mit Sinn- und Wertfragen des Daseins, der Welt und der Menschen und besonders der eigenen Existenz und seiner Selbstverwirklichung im Leben zu beschäftigen. Das Ritual setzt hierfür den Rahmen und vermittelt immer wieder neue Impulse, die auch außerhalb des Rituals weiterwirken können und auf Dauer die Reflektiertheit und geistige Offenheit des Freimaurers generell fördern. Eine so erlebte Spiritualität führt zur Erfahrung geistig-emotionaler Qualitäten wie Liebe, Mitgefühl, Verantwortung, Sorge für andere, Geduld, Toleranz, Demut, Vergebung, Zufriedenheit und Harmonie, alles Aspekte des Lebens und der menschlichen Wahrnehmung, die über eine rein materialistische Sicht der Welt hinausgehen, ohne notwendigerweise den Glauben an eine übernatürliche Wirklichkeit oder ein göttliches Wesen vorauszusetzen. Auch zu einer *säkular verstandenen* Spiritualität des Freimaurers gehört es, sich mit Sinn- und Wertfragen des Daseins zu beschäftigen, mit der Beschaffenheit der Welt und den Lebensmöglichkeiten der Menschen und besonders mit der eigenen Existenz und seiner Selbstverwirklichung im Leben sowie in der Vorbereitung auf den Tod.

Die Abfolge der drei Grade der Freimaurerei und die dazu gehörenden Übergangsriten der *Aufnahme, Beförderung und Erhebung* spiegeln wechselnde Lebenssituationen. Die in sich abgeschlossenen und auf sinnvolle Weise nicht erweiterbaren Gradstufen, mit denen es in der Humanistischen Freimaurerei definitiv sein Bewenden hat, schaffen Raum für Reflexion über sich verändernde existenzielle Befindlichkeiten des Menschen und bieten symbolisch-rituelle Anstöße dazu an:

- *Lehrling* zu sein bedeutet zu beginnen, heißt, sich seiner selbst bewusst zu werden, sich zu vergegenwärtigen, über welche Ressourcen man verfügt, zu wissen, was man will und an welchen Leitvorstellungen man sich orientiert.

- *Geselle* zu sein meint, sich in seinem aktuellen Lebenslauf aktiv zu verorten, sich in der Welt zu orientieren, Beziehungen zu anderen Menschen aufzunehmen und mit ihnen innerhalb und außerhalb der Freimaurerei gemeinsam zu handeln.
- *Meister* werden heißt, den Verlauf des bisherigen Lebens kritisch anzunehmen, sein Ende zu bedenken, die Konfrontation mit Lebenskrisen und Tod auszuhalten und angesichts der Transzendenz neue Möglichkeiten zu erkennen.

Besitzt die Loge ein hohes Maß an Ritual*kultur*, so wird sie leicht vermitteln können, was ein freimaurerisches Ritual zu leisten vermag:

- *Ruhe, Nachdenklichkeit* und *Offenheit für spirituelle Erfahrungen* zu fördern,
- *ethische Erziehung* durch Symbole und rituelle Handlungen zu bewirken,
- die Möglichkeit von *Entwicklung und Veränderung* durch den gemeinsamen Mitvollzug der Initiation neuer Brüder und der anderen beiden „Übergangsriten" unseres Ritualsystems, der Beförderung in den Gesellen- und der Erhebung in den Meistergrad, zu eröffnen,
- eine *kreative Öffnung aller Sinne* durch die Multimedialität des Rituals zu erleben, (beispielsweise spielen ja auch Musik, Körperinszenierungen und Sprechkultur innerhalb der Ritualgestaltung eine große Rolle)

  und schließlich, aber nicht zuletzt
- Impulse zur *Auseinandersetzung mit menschlichen Grenzerfahrungen* wie insbesondere dem Tod zu geben.

Zur Ritualkultur einer humanistischen Freimaurerei gehört für mich auch der eindeutige Primat der alten symbolischen Grade der Freimaurerei: Lehrling, Geselle und Meister. Dieser Primat ist nicht nur Bestandteil meiner grundsätzlichen Überzeugung, sondern auch Ergebnis meiner praktischen maurerischen Erfahrung.

Wie schon zuvor hervorgehoben: Durch die Zusammenfassung der drei vorgenannten Elemente in einem *ganzheitlichen*, einem *integralen* Konzept wird Freimaurerei zu einer *Lebenskunst der Praxis*, die freundschaftliches Miteinander und ethisch-moralische Daseinsorientierung durch Symbole und Rituale in der Gemeinschaft der Loge rational erfassbar und emotional erlebbar macht.

Dimension Lebenskunst

Worum geht es einer Lebenskunst, die nicht oberflächlich, die vielmehr reflektiert, ja vernünftig sein will? Und warum ist der Beitrag einer Humanistischen Freimaurerei bei der Suche nach einem Übungsfeld oder gar einer „Schule" für Lebenskunst so wichtig? Wie schon definiert: Lebenskunst gilt der Verwirklichung eines gelingenden, erfüllten Lebens mittels einer selbstbestimmten, als sinnvoll empfundenen Lebensführung. Lebenskunst geht es wie der Freimaurerei um ein Streben nach Maß und Mitte, um gelingende Kommunikation sowie um Einübung und Habitualisierung.

Vor allem Kommunikation und Habitualisierung sind von großer Bedeutung für eine Freimaurerei, die vom Menschen ausgeht und dem Menschen dienen will.

Stichwort *Kommunikation*: Der Lebenskunst wie der Freimaurerei geht es darum, *Beziehungen herzustellen und Umgangsstile zu entwickeln*:

- Stile des *Umgangs mit sich selbst* wie Selbstrespekt, verbunden mit Selbsterkenntnis und Selbstkritik,
- Stile des *Umgangs mit anderen Menschen*: Mitmenschlichkeit, tolerantes Verstehen ohne Unterwerfung und Symbiose, Zusammenarbeit,
- Stile des *Umgangs mit den Dingen der Welt*: Verantwortung übernehmen für Gesellschaft und Umwelt, schließlich
- Stile des *Umgangs mit Transzendenz*, was letztlich meint, im Hinblick auf letzte Fragen Frieden zu finden.

Stichwort *Einübung und Habitualisierung*: Konzepte und Ratgeber der Lebenskunst, Philosophien der Lebenskunst gar führen nur dann zu einer *Praxis* des gelingenden, erfüllten Lebens, wenn sie eingeübt, wenn sie habitualisiert werden. Dies fällt freilich schwer, denn die Menschen bringen einen Habitus mit, dessen Übereinstimmung mit einem Habitus der Lebenskunst, d. h. einem Habitus, der Lebenskunst möglich macht, rein zufällig wäre. Folglich ist Einübung erforderlich, Lebenskunst muss verlässlich werden, sie darf nicht bei jedem Hindernis flüchtig sein.

Zum Abschluss: Wie erfolgt die Einübung des Freimaurers in Lebenskunst heute?

Für Lebenskunst als Praxis verfügt die Loge über fünf gleichermaßen wichtige Formen einer durch Ausübung einübenden Praxis:

- Die *soziale Praxis* der Freimaurerei, bei der unterschiedliche Menschen in der Loge zusammengeführt werden: Sich als Freund bewähren.
- Die *Praxis ethisch orientierter Diskurse*, bei denen es um ein Ausloten der Spannungen zwischen Wertvorstellungen und gesellschaftlichen Realitäten und das Ver-

mitteln von Impulsen zum moralischen Handeln geht: Gründlich denken, besonnen handeln.

- Die *karitative Praxis*: Auch materielle Hilfe für andere ist ein Aspekt freimaurerischer Lebenskunst.
- Die *ästhetische Praxis*: Die Freimaurer hätten sich (auch) an der Säule der Schönheit zu versammeln und die oft vergessene ästhetische Dimension ihres Bundes in Geselligkeit, Nachdenken und Ritual nachhaltig wiederzuentdecken.
- Schließlich die *rituelle Praxis*, die darauf beruht, Symbole und symbolische Handlungen auf das Ich des Bruders und die Logengruppe einwirken zu lassen und einen spirituellen Wahrnehmungs- und Erfahrungsraum zu schaffen.

Zum Schluss

Freimaurerei kann vieles sein und ist auch in der Geschichte des Bundes vieles gewesen. Freimaurer können sich allein für Geselligkeit und Brauchtumspflege, für Königliche Kunst als Spiel entscheiden – dann allerdings dürfen sie nicht gleichzeitig mit klingendem Spiel unter den Bannern von Toleranz, Humanität und Brüderlichkeit paradieren. Freimaurer können den Sinn ihres Bundes vorrangig in der Welt des Rituellen suchen und durch die Hierarchie der Grade klettern – dann allerdings hätten sie sich davor zu hüten, dem Typus der esoterischen Sekte allzu nahe zu kommen. Es steht den Freimaurern auch offen, den oft zu weiten Mantel ihrer ethischen Ansprüche zu verkleinern – dann freilich droht biedermännische Bedeutungslosigkeit.

Freimaurer können sich aber auch darum bemühen, durch mehr konzeptionelles Profil und eine überzeugende Praxis in diesen weiten Mantel selbstgesetzter Ansprüche hineinzuwachsen. Auf alle Fälle müssen Freimaurer redlich sein und sagen, was sie sind und was sie wollen. Und sie sollten den Mut aufbringen, tabufrei zu diskutieren. Und zwar mit Argumenten und nicht mit administrativen Verfügungen. Freimaurerei braucht intellektuelle Auseinandersetzung wie die Luft zum Atmen.

Spiritualität, Esoterik, Religion Wo steht die Humanistische Freimaurerei?

Beitrag in „Humanität. Das Deutsche Freimaurermagazin", Nr. 5, 2019

Die Beziehungen zwischen Spiritualität, Esoterik und Religion auf der einen und Freimaurerei auf der anderen Seite sind von großer Bedeutung für das Selbstverständnis unseres Bundes und für sein Verhältnis zum öffentlichen Raum. Hier herrscht immer noch viel Unklarheit vor, und es ist hohe Zeit, sich des Komplexes Religion und der damit verbundenen Zusammenhänge offen anzunehmen. Schieben wir den fälligen Religionsdiskurs weiter auf, so droht Schaden für die humanitäre Freimaurerei in Deutschland, die sich doch immer wieder darauf beruft, in der Tradition von Humanismus und Aufklärung zu stehen.[10]

10 So z. B. ihr Großmeister, Prof. Dr. Stefan Roth-Kleyer, auf der Homepage der Großloge AFuAM von Deutschland: *„Die Großloge der Alten Freien und Angenommenen Maurer von Deutschland ist mit ihren fast 10.000 Mitgliedern die mitgliederstärkste deutsche Großloge. Ihre Mitglieder stehen in der Tradition des Humanismus und der Aufklärung und bekennen sich zu Würde, Freiheit und Selbstbestimmung des Menschen. Sie vereint geistig und menschlich aufgeschlossene Männer unterschiedlicher weltanschaulicher, religiöser und politischer Überzeugungen. Wichtig ist, den Freimaurerbund als Einheit von tragender Idee, verbindender Gemeinschaft*

Ich möchte meine Grundeinstellung zum Kontext *Spiritualität, Esoterik, Religion* im Folgenden umreißen und beginne thesenhaft mit sechs, meine Sichtweise pointierenden Feststellungen:

- Freimaurerei ist *spirituell.*
- Freimaurerei ist *nicht Esoterik*, kann aber *Forum esoterischer Diskurse* sein.
- Freimaurerei ist *keine Religion*, sie ist eine *Wertegemeinschaft und keine Glaubensgemeinschaft im religiösen Sinn.*
- Auf der anderen Seite wäre es gleichermaßen falsch und irreführend, den Begriff des „Religiösen" allzu strikt von der Freimaurerei fernzuhalten. Im Sinne der Religionssoziologie *religiös, aber weder Religion noch religiöse Vereinigung*, so ließe sich pointiert formulieren.
- Die Brüder einer Loge müssen die Freiheit haben, die persönlichen und gruppenspezifischen *Mischungsverhältnisse von Spiritualität, Esoterik und Religiosität* im gemeinsamen Erleben, im Nachdenken und im Diskurs herauszufinden und zu praktizieren.
- Die Großlogen der VGLvD stimmen in ihrer Einstellung zur Religion nicht überein. Hierzu sind eindeutige Klarstellungen erforderlich, und es muss *nach innen und außen Transparenz* hergestellt werden.

---

und symbolischer Ausdruckskraft zu verstehen, hierin liegt ihre Besonderheit gegenüber allen anderen Zusammenschlüssen mit verwandten Zielsetzungen", https://www.afuamvd.de, aufgerufen am 30.03.2019./

Freimaurerei und Spiritualität

Spiritualität, wie ich sie verstehe, ist die mehr oder minder bewusste Beschäftigung mit Sinn- und Wertfragen des Daseins. Spiritualität umfasst die besondere Lebenseinstellung eines Menschen, der sich auf die Suche begibt nach Lebenssinn und Orientierung. Innerhalb einer sich humanistisch verstehenden Freimaurerei ist die vom Ritual vermittelte Spiritualität ein komplementärer Faktor zu Freundschaft und ethischer Orientierung. Zur Spiritualität des Freimaurers gehört vor allem die Motivation, sich mit Sinn- und Wertfragen des Daseins, der Welt und der Menschen und besonders der eigenen Existenz und seiner Selbstverwirklichung im Leben zu beschäftigen.[11] Das Ritual setzt hierfür den Rahmen und vermittelt immer wieder neue Impulse, die auch außerhalb des Rituals weiterwirken können und auf Dauer die Reflektiertheit und geistige Offenheit des Freimaurers generell fördern. Die Formel des leitenden Meisters „Die Loge ist geöffnet" kann ja nichts anderes bedeuten als Bewusstsein, Empfindungen und Gemüt des Bruders für neue Erfahrungen zu öffnen. Dann kann sich ereignen, was Friedrich Nietzsche mit den Worten beschreibt: „Die größten Ereignisse — das sind nicht unsre lautesten, sondern unsre stillsten Stunden."[12]

---

11 Vgl. Sponsel, Rudolf: *Spiritualität. Eine psychologische Untersuchung*, http://www.sgipt.org/wisms/gb/spirit0.htm, zuletzt aufgerufen am 09.12.2015.

12 Nietzsche, Friedrich Wilhelm: *Also sprach Zarathustra. Ein Buch für Alle und Keinen. Werke, Kritische Gesamtausgabe*, Berlin 1968, S. 165.

Spirituelle Bedürfnisse sind gemüthafte Bedürfnisse: sie reflektieren das Verlangen nach Sinn, Ziel, Halt, Ordnung, Trost, Mut im Leben. Wie alle geistigen Bedürfnisse, die zur Natur des Menschen gehören, können sie eine religiöse und eine nicht-religiöse Antwort finden. Jedenfalls ist es sachlich falsch und intellektuell unredlich, bereits diese Bedürfnisse selbst religiös zu vereinnahmen und mit Hilfe eines weitgefassten, funktionalistischen Religionsbegriffs jeden Sinnsucher zum Gottsucher zu mystifizieren.

Eine „offen" erlebte Spiritualität führt zur Erfahrung geistig-emotionaler Qualitäten wie Liebe, Mitgefühl, Verantwortung, Sorge für andere, Geduld, Toleranz, Demut, Vergebung, Zufriedenheit und Harmonie, alles Aspekte des Lebens und der menschlichen Wahrnehmung, die über eine rein materialistische Sicht der Welt hinausgehen, ohne notwendigerweise den Glauben an eine übernatürliche Wirklichkeit oder ein göttliches Wesen vorauszusetzen.

Auch zu einer *säkular verstandenen* Spiritualität des Freimaurers gehört es, sich mit Sinn- und Wertfragen des Daseins zu beschäftigen, mit der Beschaffenheit der Welt und den Lebensmöglichkeiten der Menschen und besonders mit der eigenen Existenz und seiner Selbstverwirklichung im Leben sowie in der Vorbereitung auf den Tod.

Das Ritual bekräftigt die für Bund und Brüder unverzichtbaren Gestaltungsprinzipien der Freimaurerei – *Weisheit, Stärke und Schönheit* –, die dem Freimaurer allerdings nicht zufallen, sondern erarbeitet werden müssen.

- *Weisheit* meint wertbezogene Vernunft, intellektuelle Klarheit, Redlichkeit der geistigen Vermittlung, Reflektiertheit, skeptisches Hinterfragen, Erkennen der eigenen Grenzen, Bescheidenheit, Besonnenheit, Wissen darum, dass törichtes Daherreden und Provozieren um jeden Preis nicht nur die eigene Würde beschädigt, sondern auch Diebstahl der begrenzten Lebenszeit anderer ist.

- *Stärke* bedeutet Tatkraft, bedeutet das konstruktive Vermögen, Ideen auch umzusetzen. Weisheit allein reicht nicht aus, Sinn genügt nicht, wenn nicht sinnvoll *gehandelt* wird. „Es gibt nichts Gutes, außer man tut es", so kurz und knapp beschied bekanntlich Erich Kästner die wortreich Ausufernden.
- Wie die Stärke, so ist neben der Weisheit auch die *Schönheit* unverzichtbar als Gestaltungsprinzip des Freimaurerbundes und Maßstab für den brüderlichen Habitus, als Prinzip, das ausgehend vom Ästhetischen, von der apollinischen Dimension, von der Schönheit der Symbole und Rituale, von der Musik im Tempel und bei der Tafel hinüberreicht zur *Lebenskunst und Lebenskultur*, worin sich ja Freimaurerei – wenn sie gelingt – als „Königliche Kunst" erst vollendet.

Noch einmal: Spiritualität bedeutet die Bereitschaft zur Reflexion über Grundfragen menschlicher Existenz, die Grundsolidarität mit anderen Menschen, die Empfänglichkeit für die Sphäre des Moralischen, die Verbundenheit mit dem Bereich des Ästhetischen, die Offenheit für das Schöne. Das freimaurerische Konzept der „Lebenskunst" ist ohne Spiritualität nicht denkbar. Zu einer ganzheitlichen – Verstand und Gefühl umschließenden – Art von Spiritualität gehört auch das Gespür für die Wirkungskraft von Metaphern, Symbolen und Ritualen und deren nichtsprachlichen, visuellen und multimedialen Ausdruck. Freimaurerische Spiritualität beinhaltet die Fähigkeit, gleichzeitig mit

Gedanken und Gefühlen wahrzunehmen, und heißt nicht zuletzt, die kognitiven Qualitäten des Emotionalen zuzulassen. Wichtigstes Medium für spirituelle Erfahrungen in der Freimaurerei ist das Erlebnis eines kreativen Rituals, denn das Ritual ist die Inszenierung aller Sinne und Wertvorstellungen des Freimaurers: Verstand, Gefühl und Körperlichkeit werden gleichermaßen angesprochen und im wahrsten Sinne des Wortes *in Bewegung gebracht.*

Freimaurerei und Esoterik

Der Begriff der „Esoterik“[13] ist sowohl innerhalb der wissenschaftlichen Forschung als auch im Rahmen öffentlicher Kontroversen umstritten. Stehen sich in der akademischen Diskussion ideengeschichtliche, sozialgeschichtliche und diskursive Zugriffe auf „Esoterik“ gegenüber, so bestimmen seit etwa zwanzig Jahren in der breiten Öffentlichkeit die unterschiedlichsten Schlagworte das Bild: „New Age“, „Sekten“, „Jugendreligion“, „Okkultismus“ usw. Während eine von den Medien beherrschte Öffentlichkeit „Esoterik“ meist vage mit „New Age“ gleichsetzt, versucht die religionswissenschaftliche Forschung seit den 1990er Jahren zu einem differenzierteren Verständnis zu gelangen.

---

13 Dies und das Folgende nach von Stuckrad, Kocku: *Die Esoterik in der gegenwärtigen Forschung: Überblick und Positionsbestimmung,* http://www.zeitenblicke.de/2006/1/Stuckrad, abgerufen am 01.02.2019. Kocku von Stuckrad ist Professor für Religionswissenschaft an der niederländischen Reichsuniversität Groningen.

Entscheidenden Anteil an der Profilierung der Esoterikforschung hat der französische Religionswissenschaftler Antoine Faivre. Seit den 1980er Jahren setzte er sich intensiv mit der Religionsgeschichte der Renaissance und der Neuzeit auseinander und erarbeitete ein Verständnismodell des Esoterischen, das mehrere Traditionslinien und Disziplinen systematisch zusammenfasst. Dazu gehören einerseits die „okkulten Künste“ Astrologie, Alchemie und Magie, deren Wurzeln in der Antike zu suchen sind, die jedoch seit dem fünfzehnten Jahrhundert kulturell neu positioniert wurden; hinzu kommen das neuplatonische und hermetische Denken sowie die Kabbalah, die als antikes Geheimwissen galt und mit philosophischen Anschauungen verknüpft wurde. Die Zusammenhänge jener Traditionslinien wurden schon in der Frühen Neuzeit erkannt und mit dem lateinischen Begriff „philosophia perennis“ („Ewige Philosophie“) belegt. Mit diesem Begriff verband sich der Anspruch, einer Wahrheit auf der Spur zu sein, die älter als alle historischen Religionen ist und die in verschiedenen Disziplinen auf je eigene Art ihren Ausdruck findet.

Nach *Antoine Faivre*[14] ist Esoterik eine historisch nachweisbare Denkform, die durch sechs Eigenschaften oder Komponenten bestimmt werden kann, die in unterschiedlicher Gewichtung innerhalb eines weiten historischen und empirischen Kontextes nachweisbar sind. Vier davon sind „wesentlich“, und zwar in dem Sinn, dass ihr gleichzeitiges Auftreten eine notwendige und hinreichende Bedingung da-

14 *Ein neues Feld europäischer Religionsgeschichte. Antoine Faivre gibt Auskunft zur Esoterikforschung*, http://www.zeitenblicke.de/2006/1/Interview/, abgerufen am 01.02.2019.

für darstellt, dass ein gegebenes Untersuchungsmaterial zur „Esoterik" zu rechnen ist. Zu diesen vier kommen weitere hinzu, die Faivre als sekundär, d. h. als nicht grundlegend bezeichnet, deren Vorkommen im Verein mit den vier anderen allerdings häufig ist.

Die vier grundlegenden (Komponenten) von Esoterik sind die folgenden:

1. Die *Entsprechungen*: Esoterik geht davon aus, dass zwischen allen Teilen des sichtbaren und unsichtbaren Universums symbolische und reale Entsprechungen bestehen. Die Natur, sogar das Universum, ist der Schauplatz wechselseitiger Abspiegelungen.
2. Die *lebende Natur*: Esoterik beinhaltet die Idee einer Natur, die in all ihren Teilen als wesentlich lebendig angesehen, erkannt und erfahren wird.
3. Das Prinzip von *Imagination und Vermittlung*: Es ist die „Imagination" oder Einbildungskraft, die es ermöglicht, Mittler, also Symbole und Bilder, zum Zweck der Erkenntnis zu verwenden, die Hieroglyphen der Natur ... zu entschlüsseln, die Idee der Entsprechungen in konkrete Praxis umzusetzen und die zwischen der göttlichen Welt und der Natur vermittelnden Wesenheiten zu entdecken, zu schauen und zu erkennen.
4. Die Erfahrung der *Transmutation*: Das Wort „Transmutation" entstammt der alchemistischen Literatur. Ohne diesen vierten Bestandteil würden alle drei zuvor genannten kaum über die Grenzen einer spekulativen Spiritualität hinausgehen. Voll wirksam werden sie erst durch Transmutation, durch eine „zweite Geburt", durch eine hierdurch erleuchtete Erkenntnis.

In Faivres Sicht gesellen sich nun diesen vier grundlegenden Komponenten zwei weitere hinzu, die nicht unabdingbare Bestandteile seiner Esoterik-Definition sind, aber häufig im Verein mit den vier anderen Elementen auftreten – und, so ergänze ich, eine besondere Bedeutung für manche Formen der Hochgradfreimaurerei gewonnen haben.

Diese beiden Komponenten sind:

5. Die *Konkordanzbildung*, die sich dadurch auszeichnet, dass nach gemeinsamen Nennern zwischen verschiedenen Esoterik-Traditionen gesucht wird, in der Hoffnung, durch ihre Zusammenführung eine „Erkenntnis“ höheren Ranges zu erreichen, und
6. die *Transmission*, die Auffassung, dass esoterischen Lehren auf vorgezeichneten Wegen (etwa durch Rituale) und unter Einhaltung bestimmter Stadien (etwa durch Grade) vom Meister an seine Schüler weitergegeben werden können.

Nach Kocku von Stuckrad handelt es sich bei der Esoterik nicht um eine eigenständige „Tradition“ oder „Strömung“ europäischer Geschichte, sondern um ein analytisches Konstrukt moderner Forschung, und so ließe sich im Grunde auch keine „Geschichte der Esoterik“ schreiben.[15] Dennoch bestehe in der Wissenschaft weitgehend Einigkeit darüber, dass die folgenden Themenfelder und religiösen Kontexte für die Esoterik als zentral zu bezeichnen sind:

1. Wissensansprüche, die auf *„Gnosis“ (gr. „Wissen“) im Sinne absoluter Erkenntnis* abheben, insbesondere die

15 von Stuckrad, Kocku: *Die Esoterik in der gegenwärtigen Forschung: Überblick und Positionsbestimmung*, http://www.zeitenblicke.de/2006/1/Stuckrad, abgerufen am 01.02.2019.

Rezeption antiker Gnosis in Neuzeit und Moderne sowie der Bezug auf Hermes Trismegistos (Hermetismus);

2. die so genannten *„okkulten Wissenschaften"* (insbesondere Astrologie und Alchemie);
3. *mystische Traditionen* in Judentum, Christentum und Islam (insbesondere Kabbalah und Sufismus sowie deren Rezeption in der Christlichen Kabbalah);
4. der *Neuplatonismus der Renaissance*, der mit den Ideen einer „theologia prisca", einer „Urtheologie", und einer „philosophia perennis", einer ewigen Philosophie verbunden wurde. Die „theologia prisca" geht davon aus, dass es ein gemeinsames Urwissen von der Wahrheit Gottes gibt, dessen Träger der Ägypter Hermes Trismegistos, der Perser Zoroaster, der Hebräer Mose und andere waren;
5. die *christliche Theosophie*, die von der Bedeutung individueller göttlicher Eingebungen im Rahmen eines inneren „geistigen Schauens" ausgeht;
6. die *initiatischen Gemeinschaften* (wie die Rosenkreuzer und die Freimaurer, hier insbesondere die Hochgradfreimaurerei des amerikanischen „Schottischen Ritus");
7. die *Bewegungen im Umfeld der Theosophischen Gesellschaft*, die 1875 von Helena Blavatsky und anderen in New York gegründet wurde und die beträchtlichen Einfluss auf nachfolgende esoterische Bewegungen genommen hat;
8. Teile der als *„New Age"* bezeichneten religiösen Bewegung nach 1960.

Die vorstehend aufgezeigten Darlegungen Antoine Faivres und Kocku von Stuckrads lassen nun – vor allem in historischer Perspektive – zweifellos Beziehungen zwischen

Freimaurerei, vor allem ihren Hochgradsystemen, und Erscheinungsformen der Esoterik erkennen. Allerdings ergeben sich aus meiner Sicht dabei auf drei für die Freimaurerei wichtigen Bedeutungsfeldern beträchtliche Spannungen, die nicht folgenlos bleiben können und die mit den gleich zu erörternden Stichwörtern „freimaurerische Inhalte und Organisationsformen“, „Verhältnis Esoterik – Christentum“ sowie „Einschätzung der Freimaurerei in der Gesellschaft“ umrissen werden können.

Zunächst machen es die Ideen und Strukturen einer in der Tradition von Humanismus und Aufklärung stehenden Humanistischen Freimaurerei unmöglich, sich auf eindeutige Weise als „esoterisch“ zu verstehen oder gar den Versuch zu unternehmen, in ihre Ritualstruktur die ganze Fülle oft sehr heterogener Esoterikelemente aufzunehmen. Dies würde ganz einfach ihren humanistisch-aufklärerischen Kern beschädigen und zu einem dem Ansehen der Freimaurerei abträglichen Durcheinander der Formen und Ideen führen.

Dazu kommt, dass eine „esoterische“ Freimaurerei auch in organisatorischer Hinsicht zu sehr bedenklichen Konsequenzen führen kann. Nur ein Beispiel dafür: Manly Palmer Hall, Mitglied des 33. Grads des AASR in den USA, fasst die freimaurerische Sendung, wie er sie versteht, in seinem Buch „The Lost Keys of Freemasonry“ folgendermaßen zusammen:[16]

> *„The Masonic order is not a social organization, but truly is composed of those who have banded themselves together to learn and to apply the principles of mysticism and the occult rites.“*

16 Hall, Manly P.: *The Lost Keys of Freemasonry*, ursprünglich 1923.

Und an anderer Stelle:

> *„Es gibt tausende von Maurern, die nur dem Namen nach Brüder sind, denn ihre Unfähigkeit, die Ideen ihrer Kunst zu verstehen, macht sie sprachlos gegenüber den Lehren und Zwecken der Freimaurerei. Eine wahrhafte Maurerei erst gewährt den Schlüssel zum Tempel und ohne diesen Schlüssel kann keines seiner Tore geöffnet werden. Erst wenn dies besser verstanden und gelebt wird, wird die Freimaurerei erwachen und das solange vorenthaltene Wort aussprechen. Die spekulative Zunft wird operativ werden und das alte, lange verborgene Wissen wird aus den Ruinen des Tempels auferstehen als die größte spirituelle Wahrheit, die je den Menschen enthüllt wurde."*[17]

Dies ist gelinde gesagt, eine bedenkliche Ideologie, die außerhalb des Bundes zu Recht großes Misstrauen erregt und nur allzu leicht den Eindruck erweckt, es handele sich bei der Freimaurerei um eine esoterische Sekte. Ein solches Verständnis unseres Bundes wäre für mich als einem durchaus spirituellen, aber doch eindeutig aufklärerisch-ethisch orientierten Freimaurer nicht akzeptabel. Und ganz allgemein und deutlich gesagt: Alle analytischen Überlegungen und alle empirischen Beobachtungen der gesellschaftlichen Realität machen deutlich – ja überdeutlich –, dass nur eine eindeutig auf Humanismus und Aufklärung gestützte Freimaurerei auf Dauer überlebensfähig ist.

---

17 Ders.: *The Lost Keys of Freemasonry*, New York 2006 (ursprünglich 1923), zitiert nach Höhmann, Hans-Hermann: *Freimaurerei. Analysen, Überlegungen, Perspektiven*, Bremen 2011, S. 331.

Nicht nur zwischen Esoterik und Freimaurerei, sondern auch zwischen Esoterik und Christentum bestehen gravierende Spannungen, die sich immer wieder im Verhältnis der Kirchen zur Freimaurerei niederschlagen. Monika Neugebauer-Wölk, emeritierte Professorin für die Geschichte der Frühen Neuzeit an der Martin-Luther-Universität Halle-Wittenberg, hat den Hintergrund dieser Spannungen deutlich gemacht:

> „*Stellt man ... die Frage nach den strukturellen Unterschieden* [zwischen Esoterik und Christentum; H.-H. H.], *so bietet der elitäre Charakter esoterischer Glaubensgewissheit einen guten Ausgangspunkt, um die Relevanz der Unterschiede zum Christentum deutlich zu machen. Die religiöse Grundkonzeption des Christentums besitzt im Gegensatz zur Esoterik kein hierarchisch geordnetes Menschenbild, dessen Strukturen sich vom Zugang zum heiligen Wissen ableiten. Prinzipiell ist die Offenbarung für alle Menschen dieselbe und ist auch allen zugänglich. Es gibt keine höhere Offenbarung, die dem Nicht-Wissenden verschlossen wäre; es gibt keine privilegierte Heilsweisheit. Wunder, d. h. Überschreitungen der regulären Funktionsweisen der Natur, sind im Christentum nur auf der Basis göttlichen Wirkens möglich, d. h. Wunder tut Gott, nicht der Magus. Ja, man kann darüber hinausgehen und formulieren, dass der Begriff des ‚Wunders' überhaupt nur im religiösen Horizont des Christentums Sinn macht, esoterisch dagegen nicht. Es hat nichts ‚Wunderbares', also Irreguläres, wenn der Weise Blei in Gold verwandelt,*

Kontakt zu Engeln oder Toten aufnimmt, wenn er die Zukunft kennt, sondern es ist das erwartbare Resultat höheren Wissens und höherer Kompetenz und entspricht den Funktionszusammenhängen von Makro- und Mikrokosmos. Es ist das Wissen um die verborgenen Qualitäten aller Dinge, das Gestaltungsmacht verleiht, und dieses Wissen ist das Wissen Adams vor dem Sündenfall. Der Christ kann den Folgen der Erbsünde nur durch die Gnade Gottes und das Heilswerk seines Sohnes entgehen. Der Esoteriker ist immer auf dem Weg, dieses Ziel durch Erkenntnis zu erreichen."[18]

Will man den skizzierten Spannungen zwischen Esoterik, Christentum und Freimaurerei endgültig und ein für alle Mal entgehen, so hilft wiederum nur die humanistisch-aufklärerische Form und Praxis der Freimaurerei, in der Freimaurerei ganz eindeutig *Wertegemeinschaft* und nicht *Glaubensgemeinschaft* oder *esoterische Sekte* ist.

Das von mir bisher zu Freimaurerei und Esoterik dargestellte bzw. zitierte macht meine folgende zusammenfassende These plausibel:

Die Freimaurerei bietet zwar Platz für esoterische Diskurse, doch eine explizit esoterische Freimaurerei wäre höchst bedenklich und zwar (1) wegen der Konsequenzen für die konzeptionellen, rituellen und organisatorischen Strukturen der Freimaurerei und (2) wegen unnötiger Konflikte mit Religion und Kirche.

18 http://www.zeitenblicke.de/2006/1/Neugebauerwoelk/index_html, aberufen am 04.02.2019.

Freimaurerei und Religion

Wie eingangs festgestellt, bedarf das Verhältnis zur Religion aus der Sicht einer sich humanistisch verstehenden Freimaurerei dringend der Klärung. Als Teilnehmer am gegenwärtigen Religionsdiskurs in der deutschen Freimaurerei möchte ich, zwecks weiterer Diskussion, meine Sicht der Beziehungen zwischen Freimaurerei und Religion in sechs Thesen folgendermaßen umreißen.[19]

1. Freimaurerei ist eine *ethisch orientierte Vereinigung und keine Religion*, und sie will auch *keinen Ersatz für eine Religion* bieten, denn sie vermittelt kein Glaubenssystem und kennt weder sakramentale Heilsmittel noch Theologie und Dogma. Auf der Internetseite der Vereinigten Großloge von England heißt es dazu auch durchaus zustimmungsfähig: „Freemasonry does not seek to replace a Mason's religion or provide a substitute for it. It deals in a man's relationship with his fellow man, not in a man's relationship with his God." Dass die Freimaurerei für manchen Bruder den *Charakter einer Ersatzreligion* angenommen hat, bedeutet nicht, dass eine solche Funktion von ihr angestrebt würde.
2. Die Freimaurer haben und brauchen auch *keinen gemeinsamen Gottesbegriff*. Die symbolische Präsenz eines „Großen Baumeisters aller Welten" in ihren Ritualen darf nicht mit den verschiedenen Gottesver-

19 Siehe hierzu auch meinen umfangreichen Beitrag *Von Gott und der Religion – Zum Religionsdiskurs in der deutschen Freimaurerei*, in: Höhmann, Hans-Hermann: *Freimaurerei. Analysen, Überlegungen, Perspektiven*, Bremen 2011, S. 179-197.

ständnissen der Religionen verwechselt oder gar gleichgesetzt werden.

3. Das *Symbol* des „Großen Baumeisters“ stellt vielmehr das *umfassende Symbol für den Sinn der freimaurerischen Arbeit* dar und ist als solches vom Freimaurer zu respektieren. Denn ethisch orientiertes Handeln setzt die Anerkennung eines sinngebenden Prinzips, eines die Unverbindlichkeiten des Alltags transzendierenden „höheren Seins“ voraus, das – weltanschaulich bestimmt oder empirisch gefunden – Verantwortung begründet und auf das die Ethik des Freimaurers letztlich rückbezogen ist. Das Symbol des „Großen Baumeisters“ deutet den transzendenten Bezug des Freimaurers an, ohne ihn auszufüllen, wobei Transzendenz auch als eine immanente, nicht auf einen religiösen Glauben bezogene Transzendenz, als „ein „Übersichhinausgehen innerhalb des Seins des Menschen“ – so der Philosoph Ernst Tugendhat[20] – verstanden werden kann. In diesem Sinne ist auch die Bibel im Kontext der Freimaurerei kein Buch der Offenbarung, sondern ein *moralisches Symbol*. Zugleich enthält die Bibel den *Kernmythos* des Bundes, den Bau des symbolischen Tempels der Humanität. Wenn sie im Verlauf des Rituals aufgeschlagen wird, sollte sie – dies ist meine Sicht dazu – daher da aufgeschlagen werden, wo von Salomos Tempelbau die Rede ist (1. Könige 6, 2. Chronik 3).
4. Die freimaurerische *Tempelfeier ist kein Gottesdienst*. Das Brauchtum des Bundes soll vielmehr menschliches

---

20 Tugendthat, Ernst: *Anthropologie statt Metaphysik, Teil I*, 2. Auflage, München 2010, S. 14 f.

Miteinander, ethische Lebensorientierung und emotionale Spiritualität durch Symbole und rituelle Handlungen in der Gemeinschaft der Loge darstellbar, erlebbar und erlernbar machen.

5. Als ethisch orientierte Gemeinschaft ist Freimaurerei *offen für Menschen aller Glaubensbekenntnisse und Weltanschauungen* und auch für Menschen ohne Glaubensvorstellungen im herkömmlichen Sinne. Ob Gläubige, Agnostiker oder Atheisten: Unabdingbar ist allerdings, dass sie mit den im Diskurs gefundenen *ethischen Überzeugungen und moralischen Prinzipien des* Freimaurerbundes übereinstimmen und zu aktiver *Wertschätzung seiner symbolisch-rituellen Ausdrucksformen fähig* sind.
6. Aufgrund einer solchen Festlegung und Abgrenzung kann das Verhältnis zu den großen christlichen Kirchen – wie zu Religion und Religionsgemeinschaften generell – *entspannt und selbstbewusst entwickelt* werden, zumal an zwei bedeutsame Gemeinsamkeiten von Freimaurerei und Kirchen zu erinnern ist: die gemeinsamen Wurzeln in der europäischen Kultur- und Geistesgeschichte sowie die Verpflichtung zum ethischen Handeln, insbesondere zu praktischer Mitmenschlichkeit.

Auf einen wichtigen Gesichtspunkt möchte ich noch verweisen: Im Hintergrund meiner Überlegungen und Abgrenzungen stehen Begriffe von Religion und Religiosität, die *Glaubensinhalte und religiöse Funktionen auseinanderhalten* und die ihren Ursprung in der Religions*soziologie* haben.

Talcott Parsons etwa, einer ihrer wichtigsten Vertreter, sieht die Aufgabe des Religiösen darin, kulturelle Werte und

Normen durch Rekurs auf eine letzte Wirklichkeit – Parsons spricht von „ultimate reality" – lebendig und verbindlich zu halten.[21] Das was Parsons „Rekurs auf eine letzte Wirklichkeit" nennt, ist nun aber nichts anderes als das, was der Begriff Religion jenseits aller ihrer konkreten Erscheinungsformen und Glaubensinhalte meint, nämlich Rückbindung an und Vertrauen auf eine sinnspendende Ordnung. Genau das aber will Freimaurerei leisten: die Herstellung eines tragfähigen, das bloß materielle Sein transzendierenden Sinn- und Wertbezugs, der freilich spezifisch religiöser Rückbindungen oder eines Glaubens an Gott im traditionellen Sinne nicht bedarf.

Auch der Soziologe Thomas Luckmann stellt die konstruktive gesellschaftliche Rolle der Religion in den Vordergrund, indem er auf deren Potenzial bei der Krisenbewältigung und bei der Stabilisierung der Gemeinschaft in Phasen sozialer Umbrüche hinweist. Religiosität ist für Luckmann eine anthropologische Konstante, die sich in der Moderne nur neue Formen der Repräsentation sucht und nicht – wie die Säkularisierungsthese behauptet – verschwindet. Luckmann hat im Rahmen seiner Religionssoziologie Aufgabe und Wirkungsweise der Religion als „Einübung … in ein das Einzeldasein transzendierendes Sinngefüge" bezeichnet.[22]

---

21 Trevino, A. Javier (Ed.): *Talcott Parsons today. His theory and legacy in contemporary sociology*, Langham/Md. and Oxford 2001.

22 Luckmann, Thomas: *Religion in der modernen Gesellschaft*, in: Wössner, J. (Hrsg.): *Religion im Umbruch: soziologische Beiträge zur Situation von Religion und Kirche in der gegenwärtigen Gesellschaft*, Stuttgart 1972, S. 13 -15, hier S. 5.

Bei aller Ablehnung der Religionseigenschaft der Freimaurerei im Sinne eines inhaltlich definierten Glaubens wäre es folglich gleichermaßen falsch und irreführend, den Begriff des „Religiösen“ allzu strikt von der Freimaurerei fernzuhalten. Im Sinne der Religionssoziologie *religiös, aber weder Religion noch religiöse Vereinigung*, so ließe sich pointiert formulieren.

Noch einmal: Freimaurerei ist kein Heilsweg, sondern ein Weg zur Bewährung im Hier und Jetzt. Ein Weg – es gibt viele andere. Die Gleichzeitigkeit des Respekts vor Religion und des Verzichts auf Nachahmung von Religion und/oder Einmischung in Religion kann die Freimaurerloge zu einer Gemeinschaft machen, in der sich gläubige Menschen ganz verschiedener Religionen mit religiös skeptischen, ja ungläubigen Menschen auf der Grundlage verpflichtender Werte freundschaftlich miteinander verbinden. Hierin sollten Freimaurer eine integrierende Kraft sehen, die zu dem beitragen kann, worauf es heutzutage ankommt: die moderne (oder postmoderne) Gesellschaft mit all ihren Auflösungs- und Spaltungstendenzen auf der Basis einer gemeinsamen Wertbasis zusammenzuhalten. Damit wäre letztlich auch der unglückliche „Streit um den Atheismus“ für die humanitäre Freimaurerei überwunden.

„Der echte Ring vermutlich ging verloren" – Freimaurerei im Prozess der Differenzierung und das Problem der Regularität

Vortrag auf der 44. Arbeitstagung der Freimaurerischen Forschungsgesellschaft „Quatuor Coronati" in Hannover, 26./27. Oktober 2013

Auf der Suche nach dem Inhalt der Freimaurerei

Das Problem der Regularität in der Freimaurerei, die Frage somit, *welcher Ring an der Hand des Bruders der echte sei*, ist so alt wie die Freimaurerei selbst. Kaum hatten die operativen Steinmetze aufgehört, Steine zu bearbeiten und Gebäude zu errichten, kaum waren sie „spekulativ" geworden[23], schon wollte und musste man wissen, welche Richtungen und Inhalte die Spekulationen der Gentlemen Masons – zuerst in London und Westminster, später auch auf dem europäischen Kontinent und anderswo in der Welt – nun eigentlich haben sollten. Es fehlte ja für die Gegenwart von damals und für die Zukunft, die man gestalten wollte, an einer klar definierten Bauaufgabe. Es existierte strukturell und programmatisch eine gleichsam „fordernde Leere" (Michael Voges), die gefüllt werden musste, und

23 Die Mitglieder der Steinmetzgilden und Bauhütten hatten schon immer spekuliert, sie hatten allerdings nicht nur spekuliert, sondern auch „wirklich", d. h. operativ gebaut, und dieses tatsächliche Bauen war jetzt weggefallen.

je nach ihren unterschiedlichen Motiven und Interessen, je nach der Art und Weise ihrer Reaktion auf die geistigen Impulse der Zeit und auf die unterschiedliche gesellschaftliche und politische Einbettung der Logen, schufen sich die Freimaurer im 18. Jahrhundert ihre unterschiedlichen masonischen Welten.

Historische Erinnerung, weltanschauliche Neuorientierung und gesellschaftlicher Wandel waren die für Begründung und Dynamik der Freimaurerei an der Wende zum 18. Jahrhundert bestimmenden Faktoren.[24] „Historische Erinnerung" bedeutete Erinnerung an die europäischen Religions- und Bürgerkriege des 16. und 17. Jahrhunderts, die bei Bevölkerung und Eliten zu schmerzlichen Verlusten geführt und einen großen Toleranzbedarf sowie eine tiefe Sehnsucht nach Brückenschlägen zwischen den religiös und politisch zerstrittenen Parteien zur Folge gehabt hatten. „Weltanschauliche Neuorientierung" meint den vielschichtigen Prozess der Säkularisierung, Individualisierung und Autonomisierung, der im 18. Jahrhundert mit Macht einsetzte und einen tiefgreifenden Wandel von Sinnstrukturen und Weltdeutungen mit sich brachte. Dieser Prozess auf der Ebene des Bewusstseins ging – Stichwort „gesellschaftlicher Wandel" – mit tiefgreifenden Veränderungen der sozialen und ökonomischen Verhältnisse einher. Die zunehmende standesmäßige und berufliche Differenzierung der Gesellschaft, die funktionale und soziale Polarisierung in der Adelswelt,

24 Vgl. hierzu ausführlich Höhmann, Hans-Hermann: *Freimaurerei in Deutschland: Ein Überblick im Kontext von Geschichte, internationalen Entwicklungen und freimaurerischen Konzeptionen*, in: Ders.: *Freimaurerei. Analysen, Überlegungen, Perspektiven*, Bremen 2011, S. 18 ff.

das allmähliche Entstehen von Bürgertum und modernen kapitalistischen Wirtschaftsformen, das erhöhte Bildungsangebot, die Urbanisierung sowie die sich unter dem Vorzeichen des europäischen, vor allem des britischen Kolonialismus auch international, ja interkontinental verstärkende räumliche Mobilität: all das führte dazu, dass Menschen aus ihren traditionellen Bindungen und sozialen Verankerungen gelöst wurden und auch in der Wahrnehmung ihres eigenen Selbst über Generationen hinweg praktizierte Deutungsmuster ablegen mussten.

Diese Veränderungen führten nicht nur zu Verunsicherungen, ja ausgesprochenen Krisen. Sie ließen auch eine ausgeprägte Neigung entstehen, neue Einstellungs-, Bindungs- und Verhaltensoptionen aufzuspüren und zu nutzen. Es entwickelte sich eine Nachfrage nach neuen Formen von gesellschaftlichen Vernetzungen, nach neuen Formen von „sozialem Kapital", und so wurde das 18. Jahrhundert zur *Epoche der Assoziationsbildung und Geselligkeit*.[25]

Die Freimaurerei erwies sich nun offensichtlich als eine besonders attraktive Form neuer gesellschaftlicher Einbindung. Dies resultierte ebenso aus der breiten Nutzbarkeit des Bundes für die Befriedigung vieler unterschiedlicher sozialer, religiöser, weltanschaulicher und politischer Bedürf-

25 Dieser Prozess ist oft beschrieben worden. Für eine frühe Studie siehe Simmel, Georg: *Soziologie der Geselligkeit, Verhandlungen des Ersten Deutschen Soziologentages vom 19.-22. Oktober 1910 in Frankfurt a. M.*, in: *Schriften der Deutschen Gesellschaft für Soziologie I.*, Tübingen 1911, S. 1-16. Für England vgl. Clark, Peter: *British Clubs and Societies 1580–1800. The Origins of an Associational World*, New York 2000 mit einem Beitrag über die Freimaurerei, ebenda S. 309-349.

nisse wie aus der Möglichkeit, die Logen und Logensysteme durch Veränderungen weiter zu entwickeln und an konkrete Bedürfnisse anzupassen.

Es waren vor allem vier Funktionen, welche die Freimaurerei rasch zu einer an Mitgliedern starken gesamteuropäischen sozialen und kulturellen, zugleich stark differenzierten Bewegung werden ließen und ihre Inhalte bestimmten:[26]

- die *soziale Funktion*, Menschen über Standesgrenzen hinweg als „bloße Menschen" (Lessing), als Mitmenschen, als Menschenbrüder zusammenzuführen und ihnen neue gesellschaftliche Netzwerke, neue Geltungs- und Selbstverwirklichungsmöglichkeiten, auch Chancen für eine eindrucksvolle Selbsterhöhung durch Grade und Orden sowie neue Formen von Geselligkeit und Unterhaltung anzubieten[27];
- die *religiös-spirituelle Funktion*, Menschen durch ein

26 Höhmann, Hans-Hermann, a.a.O., S. 19.

27 „*Wir sitzen als Brüder beim vollen Glas im wirren Zeitendrang. / Wir plaudern über dies und das bei fröhlichem Liedesklang. / D'rum lebe vorerst die Geselligkeit, Die allem Trübsinn wehrt, / Und Eintracht und Herzinnigkeit, Die jegliche Freude vermehrt.*" Diese Zeilen stammen aus einem Trinklied der Freimaurerloge „Zu den drei Degen", deren Haus auf dem Jägerberg in Halle heute Sitz der „Leopoldina" ist. Die Geheimgesellschaften des 18. Jahrhunderts, wie die Freimaurer, boten eine besondere Form des geistigen Austausches im Schutz spezifischer Rituale, was auf breite adelige und bürgerliche Kreise sehr anziehend wirkte, aber nur eine Spielart neuartiger gesellschaftlicher Kommunikation in dieser Epoche darstellte (*Geselligkeit und die „Freyheit zu philosophieren". Halle im Zeitalter der Aufklärung*, www.halle.de, aufgerufen am 03.11.2013.)

neues, aber auf alten Wurzeln beruhendes Symbolsystem eine optimistisch-positive Einstellung zu sich selbst, zum Kosmos und zur Transzendenz zu vermitteln und die im 18. Jahrhundert weit verbreitete Unzufriedenheit mit dem etablierten Kirchentum zu kompensieren, weshalb die Kirchen bald die religiöse Konkurrenz der Logen spürten und mit Verurteilungen der Freimaurerei reagierten;

- die *ideell-geistesgeschichtliche Funktion*, Menschen dazu aufzufordern, die eigene Vernunft zu nutzen, sich am autonomen Gewissen zu orientieren und im Sinne eines „nichts geht über das *laut denken* mit einem Freunde“ (Lessing) den Diskurs über die Ideen der Aufklärung zu führen;

sowie schließlich

- die *politische Funktion*, Menschen in den Logen der absolutistisch verfassten Gesellschaft einen unabhängigen „Moralischen Innenraum“ (Reinhart Koselleck) zu bieten, in dem im Vorgriff auf die kommenden bürgerlichen Revolutionen das „Geheimnis der Freiheit“ als „Freiheit im Geheimen“ erlebt werden konnte.[28]

28 *„Scheinbar ohne den Staat zu tangieren, schaffen die Bürger in den Logen, diesem geheimen Innenraum im Staate, in eben diesem Staat einen Raum, in dem – unter dem Schutz des Geheimnisses – die bürgerliche Freiheit bereits verwirklicht wird. Die Freiheit im geheimen wird zum Geheimnis der Freiheit.“* Koselleck, Reinhart: *Kritik und Krise. Ein Beitrag zur Pathogenese der bürgerlichen Welt*, Freiburg München 1979, S. 60.

„Wie werden sie je in einem Punkt zusammentreffen?“

Es kann nicht überraschen, dass dieses ja durchaus nicht homogene Bündel von Funktionen und Motiven bald zu *mannigfaltigen Veränderungen und Verzweigungen* der Freimaurerei geführt hat. Freimaurerei im Singular hat es zu keiner Zeit gegeben und sie existiert bis heute nicht. Es gab und gibt immer nur den Plural der verschiedenen Freimaurereien, mit allen Schwierigkeiten, die aus dem Wunsch resultierten, sich gleichzeitig kräftig voneinander zu unterscheiden und trotzdem als Einheit zu empfinden.

Adolph Freiherr Knigge, Zeitzeuge und Mitgestalter als Freimaurer, Illuminat und kritischer Geist, beschrieb die zerklüftete masonische Landschaft im kontinentalen Europa der 2. Hälfte des 18. Jahrhunderts folgendermaßen:[29]

> *„Man weiß, dass es Freymaurer-Systeme gibt, deren ganze Verfassung auf politische Pläne und Einwirkung in die Staaten beruht; man weiß, dass es andere gibt, die dergleichen Operationen als schädlich und unerlaubt verbannen.*
>
> *Man weiß, dass es Systeme gibt, welche die Einführung einer natürlichen allgemeinen Religion zum Endzweck haben, und selbst die Lehre Jesu nach*

29 *Versuch über die Freymaurerey, oder Von dem wesentlichen Grundzwecke des Freymaurer-Ordens; von der Möglichkeit einer Vereinigung seiner verschiedenen Systeme und Zweige; von derjenigen Verfassung, welche diesen vereinigten Systemen die zuträglicheste seyn würde; und von den Maurerischen gesetzen. Aus dem Französischen des Br. B. *** übersetzt durch den Br A.R. v. S. 1785 (5785)*, S. VI—VIII.

dieser Art erklären; man weiß, dass es andere gibt, welche die Aufrechterhaltung der geoffenbarten christlichen Religion zum Grundpfeiler machen.
Man weiß, dass es Systeme gibt, welche speculative Wissenschaften zum Gegenstand des Ordens machen; man weiß, dass andere die Grenzen der Maurerey auf mögliche Tätigkeit zum Guten einschränken.
Man weiß, dass jene besondere Überlieferungen in der Hieroglyphen-Sprache (zu entdecken glauben), wo diese nur nach conventionellen Zeichen zu Beförderung grösserer Vereinigung suchen, folglich jene in den Geheimnissen die Hauptsache, diese (in ihnen) nur (einen) Mittelzweck finden.
Man weiß, dass einige Systeme, alles was gut und edel ist, als einen Gegenstand des Ordens ansehen; andere hingegen nur einen einzigen, bestimmten, speciellen Zwecke nachzustreben (für) rathsam halten; dass einige die möglichste Ausbreitung suchen; andere sich auf eine kleine bestimmte Zahl einschränken.
Jedes dieser Systeme muss natürlicherweise in der Art, ihre Zöglinge zu bilden, in ihren Aufnahmen, in der Wahl der Mitglieder, in ihren Reden und Handlungen und in den Mitteln, welche sie wählen, einen Weg einschlagen, der oft dem schnurgerade entgegen ist, worauf andre wandeln.
Wie werden sie je in einem Punkt zusammentreffen?"

Die Feststellungen, die Knigge hier in Bezug auf die kontinentaleuropäische, insbesondere die deutsche Freimaurerei für die zweite Hälfte des 18. Jahrhunderts trifft, sind ebenso aktuell geblieben wie die Fragen, die er daran anschließt und deren Relevanz für die Gegenwart jetzt zu erörtern ist.

Differenzierung bis zur Gegenwart: Drei große Gruppierungen

Im Hinblick auf die Weltfreimaurerei entstanden durch den beschriebenen Differenzierungsprozess im 19. Jahrhundert zumindest drei große (in sich wiederum teilweise beträchtlich differenzierte) Typen von Freimaurerei, die bis heute das Erscheinungsbild des Bundes bestimmen:

- Die *ethisch-symbolische Freimaurerei*, die in der Welt dominiert und vor allem von der englischen und amerikanischen Freimaurerei sowie von vielen kontinentaleuropäischen Großlogen, darunter auch von der *Großloge der Alten Freien und Angenommenen Maurer von Deutschland* (GL AFuAM vD) repräsentiert wird. Zu dieser Gruppe gehören von den gegenwärtig insgesamt 2,5 – 3 Mio. Freimaurern weltweit[30] ungefähr 95 % der Logenmitglieder. Die Freimaurerei dieser Gruppe ist religiös offen, verlangt kein Bekenntnis zum Christentum, setzt als Bedingung für die Mitgliedschaft allerdings die Anerkennung eines „höchsten Wesens" bzw. „Seins" („supreme being") sowie die Präsenz eines „Heiligen Buches" (im christlichen Kulturkreis die Bibel) als *Sym-*

30 Die immer noch oft anzutreffende Angabe von 6 Mio. ist stark überhöht, da die Zahl der Freimaurer seit den 1970er Jahren vor allem in den USA sowie in England, Australien/Neuseeland und Kanada um mehr als 3 Mio. zurückgegangen ist.

bole für den transzendenten Bezug des Menschen voraus. Innerhalb der ethisch-symbolischen Freimaurerei gibt es allerdings beträchtliche Differenzierungen. Es existieren liberalere Spielarten und solche mit einer formal und inhaltlich stark konservativen Orientierung. Dabei lassen sich wiederum Gruppierungen mit einem stärker aufklärerisch-humanistischen Profil von solchen mit einer stärker esoterischen oder einer stärker konventionell-bürgerlichen traditionell religiösen Ausrichtung unterscheiden.

- Die *christliche* Freimaurerei, die das Bekenntnis zur Lehre Jesu Christi zur Voraussetzung der Mitgliedschaft gemacht hat, und die vor allem von den Großobödienzen der skandinavischen Länder (Schweden, Norwegen, Dänemark, Island) sowie hierzulande von der Großen Landesloge der Freimaurer von Deutschland (GLL FvD, Freimaurerorden) vertreten wird. Der eindeutig auf Jesus Christus, den „Obermeister" des christlichen Freimaurerordens, bezogene, stark religiöse Charakter dieser Spielart der Freimaurerei kommt nicht zuletzt in der unmissverständlichen christologischen Aufgipfelung zum Ausdruck, dass das Blut der Ordensbrüder im Ritual symbolisch mit dem für den Menschen vergossenen Blut des „Obermeisters" vereinigt wird. Diese Symbolhandlung gilt als Zeichen des Auftrags, „ihm nachzufolgen im Glauben, in der Hoffnung und in der Liebe". Insgesamt gehören zur Gruppe der christlichen Freimaurerei weltweit gut 2,0 % aller Freimaurer.
- Die *säkular-liberale* Freimaurerei, die vor allem durch den *Grand Orient des France* repräsentiert wird und

zu der weltweit ca. 3 % der Freimaurer gehören. Der Grand Orient definiert sich in seiner Satzung als „philosophische, philanthropische und fortschrittliche Institution“, hat das Symbol des „Großen Baumeisters“ in seinen Ritualen aufgegeben, nimmt auch Atheisten als Freimaurer auf, ergreift Partei in gesellschaftlichen und politischen Fragen und erwartet auch ein gesellschaftspolitisches Engagement von seinen Mitgliedern. Ihm gehören in Frankreich ca. 47.000 Freimaurer an. Die Freimaurerei des *Grand Orient de France* (und einiger gleich strukturierter Großlogen in anderen Ländern) wird von den meisten Großlogen der Welt nicht als regulär anerkannt.

Es ist darauf hinzuweisen, dass es neben diesen männerbündisch organisierten Gruppierungen der Freimaurerei auch eine Freimaurerei der Frauen gibt, die sich gegenwärtig sehr dynamisch entwickelt. In zahlreichen Ländern sind auch Systeme „gemischter“ Logen (Logen, die Männer und Frauen aufnehmen) vorhanden, von denen der *Droit Humain* die wichtigste Gruppierung ist. Hierzulande wird Freimaurerei der Frauen durch die Frauen-Großloge von Deutschland repräsentiert, der inzwischen über 20 Logen angehören.

Besonderheiten der Entwicklung der Freimaurerei in Deutschland

Im Unterschied zum eindeutigen Übergewicht der ethisch-symbolischen Freimaurerei in *internationaler Perspektive*, stand in *Deutschland* im 19. und frühen 20. Jahrhundert die christliche Form, vertreten durch die „altpreußischen Großlogen“ deutlich im Vordergrund (Große National-Mutterloge „Zu den Drei Weltkugeln“; Große Landesloge der Freimaurer von Deutschland, Freimaurerorden; Große Loge von Preußen, gen. „Royal York zur Freundschaft“). Bis zur Schließung der Logen unter dem Druck des NS-Systems Mitte der 1930er Jahre gehörten diesen Großlogen mehr als zwei Drittel der deutschen Freimaurer an. Die altpreußischen Großlogen beanspruchten eine besondere „deutsche Komponente“ von hoher Wertigkeit für sich, die u. a. von dem – in der Großen Landesloge neuerdings wieder gern zitierten – Ordensfreimaurer Ferdinand Runkel wie folgt beschrieben und begründet wurde:

> „*Die erste Entwicklung der Freimaurerei mit Ausnahme der Logen schwedischen Systems* [zu dem auch die Große Landesloge der Freimaurer von Deutschland gehört; H.-H.H.] *hat ihren Ausgang von den englischen Logen genommen. Wenn man nun auch nicht sagen kann, wie dies vielfach geschehen ist, daß sie lediglich gesellschaftliche Klubs gewesen wären, denn wir besitzen aus den Jahren zwischen 1717 und 1750 ideale Äußerungen geistig hochstehender Männer aus dem Kreis der englischen Freimaurer, so war es doch erst der deutsche Geist, der einen Bruderbund geschaf-*

fen, der auf dem Boden eines dogmenfreien Christentums die sittliche Persönlichkeit in edelster Form zu entwickeln trachtete. In diesem Gedankenkomplex berühren sich Christentum und Humanität, die beiden weltanschaulichen Richtungsgedanken der Freimaurerei in Deutschland, aufs engste. Die christlichen Großlogen stehen auf dem unverrückbaren Standpunkt, daß ohne Christentum eine wahre Humanität nicht denkbar sei."[31]

Runkel lehnt die international weithin akzeptierte, zentrale Bedeutung der „Alten Pflichten" als Grundlage der modernen Freimaurerei ab und stellt fest,

> „*daß die Große Landesloge der Freimaurer von Deutschland, die ihre Akten aus Schweden erhielt, niemals die alten Pflichten anerkannt hat. Für uns Mitglieder dieses Ordens ist das Andersonsche Konstitutionsbuch lediglich eine historische Erscheinung, die keinerlei bindende Kraft für unser freimaurerisches Leben und Handeln hat* [alle Hervorhebungen, H.-H.H.]."[32]

Es ist nun nicht ohne Interesse für die ideengeschichtliche Einordnung und das brüderliche Miteinander der Großloge AFuAM und der Großen Landesloge der Freimaurer von Deutschland in den Vereinigten Großlogen von Deutschland (VGLvD), dass die von Runkel vorgetragenen Gedanken über den besonderen Charakter der christlichen Freimaurerei – darunter die Abwertung der von England ausgehenden

31 Runkel, Ferdinand: *Geschichte der Freimaurerei, Erster Band,* Neuausgabe Königswinter 2006, S. 15.

32 Ebenda.

Tradition, die deutsche Herkunft, der überlegene Charakter christlicher Orientierung gegenüber einer „bloß" humanitären Einstellung sowie die Relativierung der Alten Pflichten – kürzlich vom Ordensmeister der Großen Landesloge, Joachim Klauss, mit begrüßenswerter Deutlichkeit für die Gegenwart reklamiert wurden. Begründend wie abgrenzend stellt der Ordensmeister – „dem bis in die Äußersten Verzweigungen des Unterbaus die leitende Gewalt über die Lehre" zukommt (Ferdinand Runkel) – fest:

> *„Die allgemeine Völkerverbrüderung mit Duldung religiöser Freizügigkeit ist ein edler Gedanke, eine Sinnstiftung ist er nicht. Freimaurerei ist seit ihrer Entstehung in ihrem geistigen Wesen deutscher Herkunft, geprägt nach englischer Form. Sie ist im tiefen Grund eine christliche Einrichtung, in der sich Christen verschiedener Bekenntnisse in ihrer Lebens- und Glaubensauffassung bestätigen ... Der Wunsch eines religionsübergreifenden Internationalismus zur Gewinnung einer breiten Mitgliedschaft, wird der Freimaurerei keinen Segen bringen. ... Ordensfreimaurerei in der Großen Landesloge der Freimaurer von Deutschland – ohne die Bereitschaft einer christlich fundierten Lebenseinstellung und dem Glauben an die Wiedervereinigung mit unserem Ordensherrn – wird es nicht geben* [Hervorhebungen H.-H. H.].
>
> *Der Freimaurerei ihren eindeutigen christlichen Grundcharakter abzusprechen und sie in völliger Missdeutung der alten Pflichten des englischen Constitutionsbuches von 1723 zu einem auf Hu-*

manität gegründeten ‚Allgemeinen Menschheitsbund' abzustempeln, ist der Ursprung, Wesen und Zweck der Freimaurerei zu verkennen. Bestrebungen für eine begrifflich nie allgemein gültig gefasste ‚Humanität', worunter jeder denken kann, was ihm beliebt, werden von der Großen Landesloge der Freimaurer von Deutschland abgelehnt …
Freimaurerei ohne christliches Fundament ist wie Wintersonne, die zwar leuchtet, aber nicht wärmt."[33]

Wenn es aber einen solchermaßen begründeten Sonderweg[34] für die christliche Freimaurerei in Deutschland neben dem der humanitären Freimaurerei gegeben hat und gibt, so muss die Frage erlaubt sein, welches Grund- und Regelverständnis dieser Freimaurerei zugrunde liegt, wie es um die Übereinstimmung dieses Regelsystems mit dem der humanitären Freimaurerei bestellt ist und wie sinnvoll weitgehende Zusammenschlüsse der beiden Richtungen sind.

Im Verlauf des 20. Jahrhunderts zeichneten sich in der deutschen Freimaurerei neue Grenzziehungen ab. Zunächst entstand im Jahre 1907 mit dem „Freimaurerbund zur aufgehenden Sonne" (FzaS) auch in Deutschland ein nicht religiös gebundenes, säkular-liberales Verständnis von

33 Klauss, Joachim: *Die christliche Grundlage der Freimaurerei,* in: *Zirkelkorrespondenz*, 141. Jahrgang, Februar 2013, S. 7–11, hier S. 8 f.

34 So verwies etwa Theodor Vogel noch 1949 auf die bei der Großen Landesloge *„immer einseitiger werdende Betonung des christlichen Ordens mit den nur ‚angeflickten' freimaurerischen Formen"* hin. Rundbrief des VGL-Großmeisters vom Frühjahr 1949, Archiv der Großloge AFuAM, Altenburg, A – 0001.

Freimaurerei, in dem insbesondere der postulierte strikte Zusammenhang zwischen religiösem Glauben und moralischem Handeln in Frage gestellt wurde. Dabei hielt der FzaS an der symbolisch-rituellen Ausrichtung der Freimaurerei fest, und seine in den ersten Jahrzehnten des 20. Jahrhunderts entstandenen Rituale sind sowohl von der ethisch-aufklärerischen Ausrichtung der Freimaurerei des FzaS als auch von einer breit ausgestalteten kosmologischen Spiritualität geprägt.

Der „Freimaurerbund zur aufgehenden Sonne" – wie später die 1930 gegründete, weitgehend auf dem Mitgliederbestand des FzaS aufbauende „Symbolische Großloge von Deutschland" – stieß auf Ablehnung seitens der etablierten deutschen Großlogen, auch der humanitären. Beide Großlogen wurden als „irregulär" gebrandmarkt. Ein eigentlicher, von gegenseitiger Achtung und Toleranz bestimmter Diskurs um die Position des FzaS ist jedoch nicht geführt worden. Bedauerlicherweise, so muss man sagen, vor allem im Hinblick auf die späteren weltanschaulich religiösen Annäherungen großer Teile der deutschen Freimaurerei, vor allem der christlich-altpreußischen,[35] an den Nationalsozialismus. Es blieb beim Diktum der Irregularität. Und so ist es nicht ohne historische Ironie, dass sich heute alle deutschen Großlogen, auch die ehemals strikt ablehnenden christlichen Großlogen in ihrer Öffentlichkeitsarbeit gern mit den Namen der FzaS-Brüder Kurt Tucholsky und Carl von Ossietzky schmücken und insbesondere deren ablehnende,

35 Vgl. zu diesem Prozess Höhmann, Hans-Hermann: *Identität und Gedächtnis. Die „völkische Freimaurerei" in Deutschland und wie man sich nach 1945 an sie erinnerte*, Leipzig 2014.

ja widerständige Einstellung zum Nationalsozialismus hervorheben.[36]

Zunehmende Konflikte innerhalb der deutschen Bruderschaft traten zwischen dem Ersten Weltkrieg und dem Verbot der Freimaurerei Mitte der 1930er Jahre in Erscheinung. Zunächst kam es zu einer wechselseitigen Verschärfung des Tons zwischen deutscher – insbesondere altpreußischer – und der englisch-amerikanischen Freimaurerei. Auf der Seite der „altpreußischen" Freimaurerei wurde – wie bereits erwähnt – die Verbindlichkeit der „Alten Pflichten" abgelehnt und den englischen Freimaurern Oberflächlichkeit und Fehlen religiöser Tiefe vorgehalten. Umgekehrt gab es seitens der „English-speaking Masonry" prinzipielle Abgrenzungen und Verurteilungen gegenüber der „altpreußischen" Freimaurerei (siehe unten).

Gleichzeitig vertiefte sich die Spannung zwischen christlicher und humanitärer Freimaurerei in Deutschland. Es wurde konzeptionell heftig gestritten, wobei die Vermischung nationaler mit religiös-christlicher Rhetorik besonders kennzeichnend war. Auf altpreußischer Seite kam es zu einer zunehmenden Identifizierung mit altgermanischer Mystik, die schließlich auch zu einer Arisierung der Rituale führte, während seitens der Großen Landesloge gleichzeitig

36 Der Hamburger Historiker Marcus Meyer urteilt hierüber sehr drastisch: „*Vor allem Ossietzky und Tucholsky zu Kronzeugen freimaurerischen Widerstands gegen den Nationalsozialismus zu machen, war dreist: beide hatten dem von den ‚regulären' deutschen Logen abgelehnten Freimaurerbund zur aufgehenden Sonne angehört und waren dementsprechend nicht als Freimaurer anerkannt worden.*" Meyer, Marcus: *Bruder und Bürger. Freimaurerei und Bürgerlichkeit in Bremen*, Bremen 2010, S. 286.

eine Anlehnung an die Glaubenspositionen der „deutschen Christen“ des Reichsbischofs Müller empfohlen wurde.

In einer Schrift „Die Große Landesloge der Freimaurer von Deutschland in ihrem Werden und Wesen“, von der Großloge selbst im Jahre 1928 herausgegeben und somit als offizielle Verlautbarung ihrerseits zu verstehen, heißt es – nach Ablehnung des Gedankens „einer die Welt umfassenden Bruderkette“ – zur Stellung der Landesloge innerhalb der Freimaurerei:

> *„Innerhalb Deutschlands wird von den Gegnern der Freimaurerei, und auch von den schreibenden und sprechenden Freimaurern mancher Richtungen immer wieder die Behauptung aufgestellt, im Grunde sei zum mindesten die deutsche Freimaurerei gleichartig, die Unterschiede bedeuteten für ihr tiefstes Wesen nicht viel. Demgegenüber sei noch einmal mit voller Bestimmtheit ausgesprochen, dass wir uns in wesentlichen Stücken anders geartet empfinden. Die altenglischen sogenannten ‚alten Pflichten‘ (old charges), die mit unbeirrbarer Sicherheit immer wieder als die gemeinsame Unterlage der gesamten Freimaurerei bezeichnet werden, haben zu keiner Zeit in unserem Orden Geltung gehabt. Sie finden sich in unseren Ordensbüchern nirgends. Wir lehnen sie völlig ab.“*[37]

37 Große Landesloge der Freimaurer von Deutschland, Hrsg.: *Die Große Landesloge der Freimaurer von Deutschland in ihren Werden und Wesen*, Berlin 1928, S. 30.

Der Berliner Historiker Ralf Melzer, dem eines der besten Bücher über die deutsche Freimaurerei in den 1920er und frühen 1930er Jahren zu verdanken ist, hat die Abgrenzung der altpreußischen gegenüber den humanitären Großlogen im politischen Klima stärker werdender völkischer Tendenzen wie folgt bilanziert:

> *„Die Altpreußen setzten mit Nachdruck auf eine schroffe öffentliche Abgrenzung gegenüber den Humanitären. Das verschärfte weiter die Isolierung derjenigen Logen, die noch liberal-freimaurerischen Geist pflegten. ‚Ordensgeist' wurde gegen ‚Logengeist' ausgespielt, Mitglieder humanitärer Logen wurden von ihren altpreußischen Brüdern auf der Straße nicht mehr gegrüßt. Mit anderen Worten: Man zeigte sich entschlossen, die humanitären Logen auszugrenzen, um selbst in besserem Lichte dazustehen und wies sogar den nicht-altpreußischen Brüdern sowie dem ‚sogenannten' Verein deutscher Freimaurer die Schuld an in der Öffentlichkeit weitverbreiteten Vorbehalten zu: ‚Hätten jene sich nicht unter völliger Mißdeutung der Zeichen der Zeit der Öffentlichkeit aufzudrängen versucht, so wäre es wohl kaum zu jener Hetze gegen die Freimaurer gekommen.'"*[38]

Bei der Abgrenzung der christlichen gegenüber der humanitären Freimaurerei darf nicht übersehen werden, dass im altpreußischen Sektor wiederum die Große Landesloge

38 Melzer, Ralf: *Konflikt und Anpassung. Freimaurerei in der Weimarer Republik und im „Dritten Reich"*, Wien 1999, S. 85.

eine Sonderstellung beanspruchte und diese immer wieder betonte. Auch im Überlebenskampf nach 1933 betonte der Ordensmeister der nun zum Deutsch-Christlichen Orden gewordenen Großen Landesloge, Wilhelm Augustin Balthasar-Wolfradt:

> *„Unser Verhängnis war, dass wir immer – trotz Widerspruchs – zusammengeworfen wurden mit den humanitären Freimaurern, und daß auch die anderen christlichen Großlogen nicht mit gleicher Entschiedenheit wie wir sich zu demselben Ziel zu bekennen wagten. Überall fanden wir nur Halbheiten."*[39]

Was war dieses Ziel? Auch hierüber ließ der Ordensmeister keinen Zweifel:

> *„Unsere Ordensbrüder standen und stehen – nicht zum wenigsten Dank der Erziehung durch unseren Orden – einmütig auf der Seite der nationalen Bewegung, die diesen Tagen ihren ungeheuren Schwung gibt."*[40]

Auch über das, was Ordensmitgliedern bevorsteht, die sich der nationalen Bewegung – d. h. dem Nationalsozialismus –, verschließen, fand der Ordensmeister klare Worte:

> *„Einzelne Laue und Außenseiter wird es in jeder Bewegung geben; sie werden, wenn sie sich nicht zum entscheidenden Bejahen aufraffen, auf die Dauer nicht in unseren Reihen bleiben können."*[41]

---

39 *Ansprache des Ordensmeisters in der verfassunggebenden Versammlung am 23. April 1933*, in: *Deutsch-Christlicher Orden. Ordensblatt*, 62. Jahrgang Nr. 5, 1933, Mai-Heft, S. 129-134, hier S. 130.

40 Ebenda, S. 129.

41 Ebenda.

Gewiss: Verbot und Unterdrückung durch das NS-System haben die deutsche Freimaurerei auf das Schwerste beschädigt, das Verbot hat freilich auch weitere Verbiegungen und Anpassungen an das System verhindert, zu denen es – daran kann nach Lage der historischen Fakten überhaupt kein Zweifel bestehen – zweifellos gekommen wäre. So war das Ende von 1935 zugleich eine Rettung des Ansehens der Freimaurerei, ohne die es den Neuaufbau nach 1945 nicht hätte geben können.[42]

Mit den „Vereinigten Großlogen von Deutschland. Bruderschaft der Freimaurer" entstand 1958 eine gemeinsame organisatorische Klammer für die verschiedenen Großlogen in Deutschland. Die VGLvD sind zwar kraft der ihnen in ihrer, in übertriebener Bedeutsamkeit „Magna Charta" genannten Grundordnung zugeschriebenen Hauptfunktion Träger der internationalen Beziehungen der deutschen Freimaurerei. Sie haben aber aufgrund der festgeschriebenen starken Stellung der Partnergroßlogen – erst nur Großloge *AFuAM* und *Große Landesloge*, später kamen die *GNML „3WK"*, die *American Canadian Grand Lodge AF&AM* und die *Grand Logde of British Freemasons in Germany* hinzu – keine wirklichen Möglichkeiten, den Logen dynamische Impulse zu vermitteln und die deutschen Freimaurer konzeptionell zusammenzuschließen. Sie spielen, nicht zuletzt aufgrund der vorwiegend akklamatorischen Funktion ihrer Hauptversammlung (des Konvents) weder eine Rolle im Entscheidungsprozess noch im brüderlichen Diskurs, letzteres vor allem, weil sie nach der Einstellung der *Bruder-*

42 Ausführlich dazu Höhmann, Hans-Hermann: *Identität und Gedächtnis*, a.a.O.

schaft als Organ der VGLvD nicht einmal über eine eigene Zeitschrift verfügen, die Plattform für Kommunikation und Gedankenaustausch sein könnte. Die Entscheidungsmechanismen der VGLvD sind sperrig, stets blockadegefährdet, finanziell aufwändig und entsprechen in keiner Weise den prinzipiellen, organisatorischen und funktionalen Anforderungen, die an eine – legt man international übliche Maßstäbe an – „normale Großloge" zu stellen sind. Freilich sind die VGLvD – teils wegen, teils trotz wechselnder Senats-Koalitionen der Partnergroßlogen – institutionell stark genug, um dynamische Initiativen, die aus der deutschen Bruderschaft hervorgehen, immer wieder auszubremsen.

Über die Gründe, die zu dieser „unvollendeten", in vielerlei Hinsicht verkrusteten Organisation geführt haben, können gegenwärtig nur Hypothesen angeboten werden, die bei zukünftigen Forschungsvorhaben zur Zeitgeschichte der deutschen Freimaurerei mit Fakten und Analysen zu konfrontieren sind: Der Schwung, mit der die Paulskirchen-VGL von 1949 erreicht werden konnte, weckte bei den Brüdern dieser Großloge Hoffnungen, eine „echte" deutsche Großloge werde schon kommen, wenn erst einmal ein Anfang gemacht worden sei, und veranlasste sie zu zahlreichen Vorleistungen. So wurden eine Reihe von Großlogen-Ausschüssen aufgelöst und die von der VGL verliehenen Auszeichnungen (darunter die Paulskirchen- und die Bernhard-Beyer-Medaille) auf die VGLvD übertragen. Zugunsten der neuen – später wieder eingestellten – VGLvD-Zeitschrift *Bruderschaft* wurde auf ein eigenes Periodikum verzichtet, und man erörterte sogar, die Preise der Großloge AFuAM (Literaturpreis, humanitärer Preis) auf die VGLvD zu übertragen.

Ein Grund für diesen Vorleistungskurs der VGL war, dass sie sich zu sehr als „Großloge im Übergang“ verstand, um eine als Basis für eine dynamischen Eigenentwicklung geeignete, dauerhafte konzeptionelle Identität zu entwickeln, wie sie für die *Große Landesloge der Freimaurer von Deutschland* historisch gegeben war. Ein eigenes AFuAM-Ritual, das identitätsstiftend hätte wirken können, wurde erst ab Mitte der 1960er Jahre geschaffen. Man fühlte sich in der alten VGL quasi unvollständig und brachte dies auf den Großlogentagen nach 1958 in Diskussionsbeiträgen und in Anträgen immer wieder zum Ausdruck. Es entstand die paradoxe Situation, gerade unter dem Dach der 1958 begründeten VGLvD die fehlende *wirkliche* Einheit schmerzlich zu vermissen.

Weiter mag eine Rolle gespielt haben, dass die Leiter der VGL um Großmeister Theodor Vogel als die gleichsam endgültigen Einiger der deutschen Freimaurerei in die masonische Geschichte eingehen wollten, auch wenn das Resultat der Einigung nicht dem internationalen Standard einer „echten“ Großloge entsprach. Immerhin kam Theodor Vogel die Ehre zu, als erster Großmeister der VGLvD das Vereinigungswerk national und international zu repräsentieren.

Nicht zuletzt aber war von großer Bedeutung, dass sich der internationale Druck – vor allem auf und nach der Londoner Großmeisterkonferenz vom Sommer 1957 – als zu stark erwies, um ihm auf Dauer widerstehen zu können, obwohl es hierfür gute maurerische Gründe gegeben hätte. Die *Vereinigte Großloge von England*, die sich offenbar einer kräftigen Einflussnahme seitens der schwedischen Großloge ausgesetzt sah, lud die beiden deutschen Großlogen zu einer Großmeisterkonferenz nach London ein, die am

14. Juni 1957 stattfand. Die anwesenden Großmeister, unter ihnen auch die Vertreter der skandinavischen Großlogen, denen sich die „Große Landesloge“ auf Grund der gemeinsamen freimaurerischen Lehrart besonders verbunden fühlte, drängten die beiden deutschen Großlogen, sich nun doch endlich zu einigen, ein Wunsch, den der Großkanzler der *Großen Landesloge von Schweden*, von Heidenstam, in die Worte kleidete: „Ihr müsst Euch einigen, Ihr Alten Freien und Angenommenen Maurer und Ihr von der Großen Landesloge unseres Systems. Um der Jugend, um der Zukunft willen.“

Der schwedische Großkanzler mag nicht zuletzt an die Zukunft der Großen Landesloge gedacht haben, für die nur innerhalb eines lockeren Großlogenverbundes wie dem der VGLvD eine umfassende internationale Anerkennung erreichbar war.

Die Gründung der *Vereinigten Großlogen von Deutschland* nützte jedenfalls vor allem der *Vereinigten Großloge von England*, die auf diese Weise aus einem schwerwiegenden „Anerkennungsdilemma“ herauskam, das darin bestanden hatte, nur eine deutsche Großloge anerkennen zu wollen, mit der Aufrechterhaltung der seit 1956 bestehenden Anerkennung[43] der den Prinzipien der Weltfreimaurerei ent-

43 Die UGLE erläuterte die 1956 erfolgte Anerkennung der Paulskirchen-VGL in ihrem 1967 veröffentlichten Erinnerungsbuch “Grand Lodge 1717-1967”, Oxford 1967, S.193 mit folgenden Worten: “The Board of General Purposes had held consultations on various occasions and with both sides of the German controversy as well as with other interested European Grand Lodges. Without wishing to take sides in the internal affairs of Germany, it had come to the conclusion that the United Grand Lodge had done all it could to come to

sprechenden Vereinigten Großloge aber den Schwedischen Freimaurerorden hätte frustrieren müssen, und sie nutzte den heutigen VGLvD-Partnern, der Großen Landesloge und insbesondere der Großen Nationalmutterloge „Zu den drei Weltkugeln". Denn letztere konnte vermutlich nur auf diese Weise ihren Status als unabhängige Großloge bewahren.

Eine Vernunftehe sei keine Liebesheirat, hat der Alt-Großmeister der Großloge AFuAM, Jens Oberheide, einmal vermerkt. Dem Nachdenken darüber, ob es sich bei „Vernunftehen" nicht auch um „Unvernunftehen" handeln könnte, stehen freilich viele Reflexionsschwierigkeiten und Tabus innerhalb des Bundes im Wege. Insbesondere wurde auf AFuAM-Seite oft die Tatsache verdrängt, dass die Vogel-VGL die Anerkennung Englands seit 1956 ja besaß, was den damaligen Großsekretär der UGLE, Sir James Stubbs, der sich über die Nachgiebigkeit Vogels auf der Londoner Großmeisterkonferenz sehr wunderte, zu folgender Bewertung kommen ließ:

> *"In a sense the humanitarians, the United Grand Lodge of Germany (NB the singular is important) were sitting pretty: it was led by Dr Theodore Vogel who had a considerable following in his own and other countries and they had shown much more elasticity of mind than the stubborn successors of*

---

terms with the 'Prussians' and failed through no fault of its own. Its view was that though complete unification was much to be desired it was unjust and unrealistic to deny recognition to the United Grand Lodge. This was accordingly proposed to Grand Lodge in 1956 and accepted."

the Prussian Grand Lodges with the almost equally stubborn Scandinavians in support."[44]

Insgesamt haben die Vereinigten Großlogen zahlreiche Geburts-, Struktur- und Funktionsfehler, und es kann wohl nicht ernsthaft bezweifelt werden, dass das Positive an der deutschen Freimaurerei nach 1945 bzw. 1958, die *Zusammenarbeit der Logen und die Freundschaft der Brüder* über die Grenzen der Großlogen hinweg auch mit weit weniger Aufwand und institutionellen Bremsen zu erreichen gewesen wäre. Mit anderen Worten: Was funktioniert, ist die „VGLvD von unten", die „VGLvD der Brüder", die allenfalls vernünftiger und kostengünstiger Rahmenvereinbarungen, kaum aber der aufwändigen organisatorischen Strukturen und frustrierenden Selbstblockaden der „offiziellen" VGLvD bedürfte.

Freimaurerische Grundstruktur und Widersprüche innerhalb der Systeme

Neben all diesen Differenzierungen und sich im Zeitablauf vertiefenden Gräben gab und gibt es nun gewiss auch so etwas wie eine Zeit und Raum überspannende *freimaurerische Grundstruktur*[45], auf die, wenn behauptet wird, es gäbe „nur eine Freimaurerei"[46], immer wieder Bezug genommen

44 Stubbs, James W.: *Freemasonry in my Life*, Frome and London 1985, S. 84.

45 Hierzu siehe Höhmann, Hans-Hermann: *Freimaurerei*, a.a.O., S. 21 f.

46 Berühmt ist das Bekenntnis des späteren Kaisers Friedrich III. als Ordensmeister anlässlich der Hundertjahrfeier der Großen Landesloge am 24. Juni 1870: *„Nach meiner Überzeugung gibt es nur eine Freimaurerei, die nur in verschiedener Form*

wird. Zu dieser Grundstruktur gehörten und gehören:

- Die abgeschlossene, durch verschwiegene Rituale geschützte, in der Regel männerbündische Gruppe, kurz das *„maurerische Geheimnis“*, das die Grenzen der Logengruppe bestimmt, wobei die Ableistung eines Eides der Verschwiegenheit bzw. eines feierlichen Gelöbnisses als Abschluss eines verbindlichen und bei Verletzung durch Ausschluss aus dem Bund sanktionierten „Gruppenvertrages“ fungiert.
- Der *initiatische Charakter* der Rituale: Die Einführung des neuen Mitglieds und seine Wanderung durch die verschiedenen Grade erfolgt in rituellen Formen, die seit Arnold van Gennep als „Übergangsriten“ (rites de passage)[47] beschrieben werden und Ausdruck eines bestimmten, auf innere Weiterentwicklung des Menschen angelegten Menschenbildes der Freimaurerei sind.
- Die *Bausymbolik*, in deren Mittelpunkt die einem „Großen Baumeister“ symbolisch verpflichtete Idee von Sein und Zeit als sinnvoll zu gestaltenden Bauwerken steht, die später allerdings in Verbindung mit der Entstehung von Hochgradsystemen durch esoterisch-hermetische Elemente, durch Alchemie und durch Ritterreminiszenzen beträchtlich erweitert wurde.

  Sowie

auftritt.“ Vgl. auch: *Es gibt nur eine Freimaurerei. Dokumentarbericht vom ersten Konvent der Vereinigten Großlogen von Deutschland. Bruderschaft der deutschen Freimaurer*, Bad Kissingen 1958.

47 Van Gennep, Arnold: *Übergangsriten*, übers. v. S. Schomburg-Scherff, Frankfurt a. M. 1986 (frz. Orig. *Les rites de passage*, 1909).

- ein *Kanon von Werten*, der um unterschiedliche, oft widersprüchliche, teils aufklärerisch-humanistisch, teils esoterisch, teils religiös geprägte Begrifflichkeiten wie Menschenliebe, Brüderlichkeit, Duldsamkeit, Suche nach höherem Wissen und hermetischer Erkenntnis, Gottesfürchtigkeit, christlicher Glaube und blutbezeugte Verschmelzung mit dem Erlöser kreist, auf „Einübung" dieser Werte im verschwiegenen Milieu der Loge setzt und die Logengruppe hierdurch als positive innere Gegenwelt zu den verschiedenen „profanen" äußeren Welten konstituiert und abgrenzt.

Doch es bleibt dabei: Freimaurerei war *immer ein Raum, in dem vieles möglich war* (Monika Neugebauer-Wölk). Grundstruktur und Wertekanon waren von Anfang an sehr unterschiedlich ausgestaltbar bzw. interpretierbar, der Wertekanon vor allem auch in seiner Bedeutung für die politisch-gesellschaftlichen und philosophisch-religiösen Kontexte, innerhalb deren sich die Logen und Logensysteme definierten. Die Freimaurerei war in ihrer Entwicklung mit sehr unterschiedlichen politischen Strukturen vereinbar, zunächst (und vor allem) mit den sich im 18. Jahrhundert etablierenden Strukturen der Bürgergesellschaft. Doch der freimaurerische Wertekanon erwies sich auch als mit vordemokratisch-absolutistischen und – dies zeigte sich besonders an der Wende zu den 1930er Jahren – mit nicht-demokratischen, politisch-autoritären sowie nationalistischen Strukturen vereinbar. Zum Schluss wollten gar große Teile der deutschen Freimaurerei – vor allem die christlich-altpreußischen – mit Inbrunst dem Nationalsozialismus und seinem Führer folgen.[48] Diese längst fällige Stellungnahme des Großmeisters der GL AFuAM hatte eine bedenkliche Pointe: Auf der nächsten Sitzung des Senats der Vereinigten Großlogen von Deutschland wurde er vom Großmeister der Großen Landesloge für seine offenen Worte gerügt

Doch nicht nur die beträchtlichen Unterschiede *zwischen* den Systemen, auch die Widersprüche und Brüche *innerhalb* der Systeme standen einem klaren Profil der Freimaurerei im Weg.[49]

Ich nenne mehr beispielhaft als mit Anspruch auf Vollständigkeit

- die Spannungen zwischen *mystisch-esoterischen und aufklärerischen Elementen;*
- die Spannungen zwischen den unbestreitbaren *religiösen Elementen* der Freimaurerei und dem Postulat, weder als *Nebenkirche* noch als *Religionsersatz* zu fungieren;
- die Spannungen zwischen *Geheimnis und Öffentlichkeit,* aus der eine permanente, aber unstrukturierte und nach innen und außen oft irritierende „Halböffentlichkeit“ resultierte;
- die Spannungen zwischen *archaischen, mythisch-legendären und historisierenden Elementen* im Ritual;
- die Spannungen zwischen *eingeforderter Egalität und den mannigfaltige Eitelkeiten bedienenden Hierarchien;*

48 Vgl. Höhmann, Hans-Hermann: *Identität und Gedächtnis*, a.a.O.

49 Vgl. Bergmann, Jörg/Höhmann, Hans-Hermann: *Die Freimaurer im Prozeß der Modernisierung* heute, in: *Quatuor Coronati Jahrbuch für Freimaurerforschung*, Nr. 40, 2003, S. 93 ff.

- die Spannung zwischen *universellen Wertvorstellungen* und der (zumindest zeitweiligen) Praxis einer *Nichtaufnahme bestimmter Menschengruppen* (Juden, Frauen, Afroamerikaner).

Dazu gab es immer Spannungen, die aus der freimaurerischen Praxis resultierten, d. h. aus der immer wieder wenig überzeugenden Umsetzung der Freimaurerei in das Leben der Logen, wie beispielsweise

- die Widersprüche zwischen *hohen Idealen und menschlichen Schwächen* sowie
- der Abstand zwischen dem beträchtlichen *philosophisch-intellektuellen Niveau*, das die Logen für sich beanspruchten, und dem *nicht selten eher oberflächlichen und unreflektierten Charakter* der in und zwischen den Logen geführten Diskurse.[50]

Alle diese Differenzierungen und Widersprüche, all diese Formen eines „Immer-wieder-anders-sein-als-die-Übrigen" in der Freimaurerei haben nun zwangsläufig zum Ruf nach Regeln, ja ganzen Regelwerken, kurz nach *Regularität* geführt. Regeln hatte schließlich schon James Anderson anno 1723 in seine Konstitutionen aus der Steinmetztradition übernommen.[51]

---

50 Dem kürzlich verstorbenen Philosophen und Freimaurer Alfred Schmidt wird das Bonmot zugeschrieben: *„Die Freimaurerei hat ein hohes Niveau, aber kaum einer ist drauf."*

51 s. *Die „Alten Pflichten"*, in: *Internationales Freimaurerlexikon,* München 2000, S. 16-23.

Regularität: Dimensionen und Instrumentalisierungen

Wie lässt sich nun Regularität im Kontext der Freimaurerei – nicht zuletzt auch für die Bedürfnisse der freimaurerischen Forschung – auf zweckmäßige operationalisierbare Begriffe bringen?

Definitionen bilden nach herkömmlicher Auffassung die Grundbausteine einer jeden Wissenschaft. Ich möchte jedoch Karl Popper folgen, für den Definitionen gegenüber Problemen und Theorien eher unwichtig sind. Die analytische Qualität eines Begriffes wird folglich nicht durch seine Definition a priori festgelegt, vielmehr bestimmt der Verwendungskontext Definition oder Deutung des Begriffes. Anders ausgedrückt: Für Popper gibt es nur „Gebrauchsdefinitionen." [52]

Was sind die Kontexte, in denen innerhalb und im Hinblick auf die Freimaurerei „gebrauchsorientiert" von regulär und irregulär gesprochen wurde, wird bzw. gesprochen werden kann?

Aus meiner Sicht lassen sich wenigstens fünf solcher Kontexte unterscheiden:

1. *Der geschichtswissenschaftliche Kontext*

Im Rahmen des *geschichtswissenschaftlichen Kontexts* wird bei freimaurerischer Geschichtsforschung gefragt, was, wann, wo und warum als „regulär" bzw. „irregulär" gilt

52 Popper, Karl R.: *Die beiden Grundprobleme der Erkenntnistheorie. Aufgrund von Manuskripten aus den Jahren 1930–1933*. Tübingen, 2. verbess. Auflage 1994, S. 366 f.

oder gegolten hat und unter welchen Einflussfaktoren sich die Inhalte dieses Begriffspaars als stabil erwiesen oder verändert haben.

2. *Der systematisch-analytische* Kontext
Im Rahmen dieses Kontexts wird untersucht, was innerhalb bestimmter Gesamtverständnisse von Freimaurerei im Hinblick auf Formen und Inhalte sinnvollerweise als regulär oder irregulär gelten kann. Wenn Freimaurerei sich etwa auf die Tradition von Humanismus und Aufklärung beruft, so wäre zu fragen, welche Konsequenzen sich dann für ihre sozialen, ihre moralischen und ihre rituellen Konzepte und Praxisformen ergeben, damit für eine Freimaurerei des Humanismus und der Aufklärung eine klare, konsistente, möglichst widerspruchsfreie Struktur entsteht, die nach innen und außen klar zu kommunizieren ist.[53]

3. *Der Kontext freimaurerischer Selbstvorstellung und lehrartbestimmter Identitätswahl*
Hier geht es nicht um freimaurerische Geschichte und begriffliche Strukturanalyse, hier geht es um Wertaussagen im Sinne von Antworten auf die Frage nach dem Wesen der Freimaurerei, ihrer „wahren Ontologie“ (Lessing), ihren „richtigen“ und „falschen“, „regulären“ und „irregulären“ Formen und Inhalten, kurz: es geht um die Freimaurerei,

53 Der Autor hat kürzlich ein „Projekt Humanistische Freimaurerei“ vorgelegt und hofft, der hier angeführten „Konsistenz-Regel“ dabei entsprochen zu haben. Vgl. Höhmann, Hans-Hermann: *Zwischen Aufklärung und Esoterik. Humanistische Freimaurerei als Projekt für das 21. Jahrhundert*, Leipzig 2013.

die man *sich selber als die richtige vorstellt.*[54] Wenn etwa der AFuAM-Großmeister auf der Homepage der Großloge[55] konstatiert: „Die Großloge AFuAM steht in der Tradition des Humanismus und der Aufklärung“, so ist dies ebenso eine wertende Aussage, wie wenn der Ordensmeister des Freimaurerordens in der *Zirkelkorrespondenz* feststellt, „Freimaurerei … ist im tiefsten Grunde eine christliche Einrichtung, in der sich Christen verschiedener Bekenntnisse in ihren Lebens- und Glaubensauffassungen bestätigen“.[56] Dass aus diesen „Selbstvorstellungen“ Konflikte – etwa zwischen den Partnergroßlogen der VGLvD hervorgehen können, ja sehr wahrscheinlich auch tatsächlich hervorgehen, kann nicht verwundern. Verwundern muss freilich der Versuch einiger freimaurerischer Leitungsgremien in Deutschland, die wissenschaftliche Behandlung dieser unterschiedlichen Positionen und den Diskurs dazu zu unterdrücken. Dies ist befremdlich, denn eine analytische Erörterung unterschiedlicher Formen und Inhalte der Freimaurerei, bei der freilich in Stil und Inhalt nach den Gesetzen der Wissenschaft zu verfahren ist, stellt ja keinen Eingriff in die inneren Angelegenheiten der Großlogen dar, über den man besorgt sein müsste. Im Gegenteil: Analytische Aufklärung hilft dabei, die Selbstdarstellungen der Großlogen kritisch zu reflektieren, ihre Glaubwürdigkeit zu erhöhen und hierdurch ihre Handlungsgrundlagen zu verbessern. Kritische Diskur-

54 Zu Freimaurerei als „vorgestellte Gemeinschaft“ siehe Meyer, Marcus: *Bruder und Bürger. Freimaurerei und Bürgerlichkeit in Bremen*, Bremen 2010, S. 24 f.

55 http://www.afuamvd.de

56 Klauss, Joachim: *Die christliche Grundlage der Freimaurerei*, in: *Zirkelkorrespondenz*, 141. Jahrgang, Februar 2013, S. 8.

se verhindern auch die Bildung von apologetischen Ideologien und verringern die Gefahr, dass innerhalb des Bundes, in der Öffentlichkeit und nicht zuletzt bei Interessenten für eine Logen-Mitgliedschaft einseitige, wenn nicht gar falsche Vorstellungen über die Freimaurerei aufkommen.

Wie schwer es allerdings ist, den Problemkreis „Regularität" wissenschaftlich zu erörtern, zeigt die gegenwärtig in der und um die Freimaurerische Forschungsgesellschaft „Quatuor Coronati" geführte Debatte. Zwecks Dokumentation der aufgeregten Atmosphäre dieser Debatte soll nachstehend die Berichterstattung im Newsletter der Großloge AFuAM im Wortlaut wiedergegeben werden:

> *„Eine Stellungnahme des Großmeisters der Vereinigten Großlogen von Deutschland, der Dachorganisation der fünf Großlogen in Deutschland, sorgte in den vergangenen Tagen für erhebliche Verwirrung in der deutschen Freimaurerei und auch bei Interessenten:*
> *‚Die deutsche Freimaurerei, vertreten durch den Senat der Vereinigten Großlogen von Deutschland und die Großmeister der Mitgliedsgroßlogen, weist Versuche aus dem Bereich der deutschen Quatuor Coronati, die zum Ziele haben, ihre Einheit und Regularität, auch die ihrer Mitglieds-Großlogen, in Frage zu stellen, entschieden zurück.'*
> *Stein des Anstoßes war offenbar eineArbeitstagung der Forschungsloge Quatuor Coronati, die sich auf wissenschaftlicher Ebene mit Fragen der Regularität aus verschiedenen Blickwinkeln beschäftigte. Die Forschungsloge fühlt sich in der Kritik der Großen Landesloge / Freimaurerorden, die zur*

Stellungnahme der Vereinigten Großlogen führte, missverstanden und stellt fest,

‚dass es nicht die Absicht der Forschungsgesellschaft als Einrichtung der wissenschaftlichen Forschung ist, die Einheit der Vereinigten Großlogen von Deutschland und die Regularität ihrer Partnergroßlogen, für die die entsprechenden Körperschaften selbst Verantwortung tragen, infrage zu stellen.‘

Gleichzeitig beharrt die Forschungsloge auf der Freiheit der Wissenschaft und führt aus, dass

‚die Forschungsgesellschaft jedoch als Institution der Forschung das Recht beanspruchen muss, sich im Rahmen ihrer, der kritischen Analyse verpflichteten Arbeit auch mit Organisationsformen der Freimaurerei und mit institutionellen Regeln, wie denen der freimaurerischen Regularität und den damit verbundenen Fragen zu beschäftigen.‘“[57]

Es war fair von der Goßloge AFuAM, die Erwiderung der Forschungsgesellschaft auf die Stellungnahme des VGLvD-Großmeisters in ihrem Internetauftritt zu dokumentieren. Seitens der Großen Landesloge ist eine solche Dokumentation unterblieben.

4. *Der Kontext freimaurerischer Diplomatie*

Immer bedeutsamer wurde seit Ende des 19. Jahrhunderts der *Kontext freimaurerischer Diplomatie*. In diesem Kontext wird aus Wertaussagen apodiktisch gefolgert und in Prinzipienerklärungen dekretiert, mit wem die richtigen,

57 Newsletter der Großloge AFuAMvD, abgerufen am 07.11.2013.

d. h. regulären Maurer verkehren dürfen und wen sie zu meiden haben. Das bekannteste Beispiel für Wertaussagen und daraus gefolgerte diplomatische Anweisungen sind die „Basic Principles of Grandloge Recognition“, die von der United Grand Lodge of England (UGLE) 1929 veröffentlicht und 1989 zuletzt überarbeitet wurden.

Hier der gegenwärtig gültige Wortlaut:[58]

> *"To be recognised as regular by the United Grand Lodge of England, a Grand Lodge must meet the following standards:*
>
> *1. It must have been lawfully established by a regular Grand Lodge or by three or more private Lodges, each warranted by a regular Grand Lodge.*
>
> *2. It must be truly independent and self-governing, with undisputed authority over Craft - or basic - Freemasonry (i. e. the symbolic degrees of Entered Apprentice, Fellow Craft and Master Mason) within its jurisdiction, and not subject in any other way to or sharing power with any other Masonic body.*
>
> *3. Freemasons under its jurisdiction must be men, and it and its Lodges must have no Masonic contact with Lodges which admit women to membership.*
>
> *4. Freemasons under its jurisdiction must believe in a Supreme Being.*
>
> *5. All Freemasons under its jurisdiction must take their Obligations on or in full view of the Volume of the Sacred Law (i. e. the Bible) or the book held sacred by the man concerned.*

58 http://tsmr.org/1989-ugle-basic-principles.html, abgerufen am 03.11.2013.

6. The three Great Lights of Freemasonry (i. e. the Volume of the Sacred Law, the Square and the Compasses) must be on display when the Grand Lodge or its Subordinate Lodges are open.
7. The discussion of religion and politics within its Lodges must be prohibited.
8. It must adhere to the established principles and tenets (the 'Antient Landmarks') and customs of the Craft, and insist on their being observed within its Lodges."

Die „Basic Principles" dienten bei ihrer Erstveröffentlichung der Abgrenzung der „English Speaking Freemasonry" gegenüber der sich in den 1920er Jahren formierenden, von Frankreich beeinflussten sog. „Latin Freemasonry", sehen sich aber bis heute dem Vorwurf ausgesetzt, als generelles Kontrollinstrument (sozusagen als „masonische Hallsteindoktrin"[59]) zu fungieren. Hinzu kommt, das dieses Instrument durchaus opportunistisch gehandhabt wird: Galten etwa Mitte der 1920er Jahre die christlich-altpreußischen Großlogen erklärtermaßen als ebenso irregulär wie der Grand Orient de France,[60] so wurde dieses Diktum in

59 Die „Hallstein-Doktrin" war eine außenpolitische Doktrin der Bundesrepublik Deutschland von 1955 bis 1969. Sie besagte, dass die Aufnahme diplomatischer Beziehungen zur DDR durch einen Staat als „unfreundlicher Akt" der Bundesrepublik gegenüber angesehen werden müsse. Die Gegenmaßnahmen der Bundesrepublik reichten bis zum Abbruch der diplomatischen Beziehungen mit dem betreffenden Staat.

60 So heißt es etwa als Erläuterung zur ersten der *Alten Pflichten (Concerning God and Religion)* im *Masonic Text Book* der Grandlodge of Maine im Anschluss an eine Zurückweisung der rituellen Eliminierung des Großen Baumeisters aller

den 1950er Jahren fallengelassen, damit es möglich wurde, die deutschen Großlogen nach der Londoner Großmeisterkonferenz von 1957 und dem dort ausgeübten Druck seitens des schwedischen Freimaurerordens in der VGLvD zusammenzufassen.[61] Aus den gleichen Opportunitätsgründen wurde und wird außer Acht gelassen, dass die Vereinigten Großlogen von Deutschland, beurteilt man sie mit den Kriterien der „Basic Principles", nicht den Status voller Regularität beanspruchen können.[62] Sie sind ein Vertrag zwischen Großlogen und weder „lawfully established" noch „truly independent and self-governing" im Sinne der „Basic Principles".

Welten durch den Grand Orient de France: "*Attempts have also been made in the opposite direction. In Prussia, Isrealites have bee excluded. This is equally a violation of the landmark: while a belief in the Fatherhood of God and the Brotherhood of Man is absolutely essential, any additional reqirements are innovations.*" (*The Maine Masonic Text Book for the Use of Lodges*, 1923, S. 164.)

61 Siehe hierzu Höhmann, Hans-Hermann: *Deutsche Freimaurerei nach 1945 – Wiederaufbau zwischen Neuorientierung und alten Strukturen*, in: *Freimaurerei*, a.a.O., S. 88-114, hier S. 106 ff.

62 Dies war zweifellos auch die Auffassung des damaligen Großsekretärs der UGLE, der die Londoner Konferenz und ihre Auswirkungen in seinen maurerischen Lebenserinnerungen u. a. folgendermaßen beschrieben hat: "*The next we heard ... was the publication of a tortuous document entitled 'Magna Charta', which was designed, ... to produce ... an umbrella under which they* [the German Grand Lodges; H.-H. H.] *could all shelter without loss of independence (and) which, with full power of foreign relations, was sufficiently close to the normal concept of a Grand Lodge for it to be capable of recognition.*" (Stubbs, J. W.: *Freemasonry in my Life*, Frome and London 1985, S. 84 f.)

5. Der Kontext von Ausgrenzung und Beschimpfung
Im *Kontext von Ausgrenzung und Beschimpfung* geht es schließlich um aggressive Formen der Herabsetzung und Disqualifizierung oder gar um Verdammung.
Ein Beispiel aus den bewegten 1920er Jahren:

Der „Freimaurerbund zur aufgehenden Sonne" (FzaS), im Jahre 1907 von Heinrich Loeberich auf monistischer Grundlage gegründet, war eine dynamische Großloge mit einem hohen intellektuellen Niveau, litt aber am Stigma der Irregularität, das ihm von Anfang an anhaftete. Daher gab es immer wieder Bemühungen, unter weitgehender Beibehaltung der eigenen formalen und konzeptionellen Grundlagen, Anschluss an die sich als regulär verstehende traditionelle Freimaurerei zu finden. Unter Führung des FzaS-Altgroßmeisters Karl Weigt traten Mitte der 1920er Jahre etwa 800 Brüder des FzaS zur Bayreuther Großloge „Zur Sonne" über, die als liberal und fortschrittlich galt. Um die neuen Brüder kennenzulernen, fuhr eine Gruppe ehemaliger FzaS-Brüder, darunter Weigt selbst, nach Hamburg, wo unter Hammerführung der Bremer Bundesloge „Hansa" eine größere Veranstaltung der Bayreuther Großloge stattfand. Das Erlebnis war für die neuen Brüder der „Sonne" enttäuschend. Vor allem der religiöse Charakter der Veranstaltung mit zahlreichen Gebeten und Bekenntnissen zum Glauben an den Allmächtigen Baumeister aller Welten als persönlichem Gott irritierte die Brüder. Karl Weigt brachte die Enttäuschung der FzaS-Brüder in einem Brief an die Bayreuther Großlogenleitung zum Ausdruck, in dem es hieß: „Wir haben aus den Satzungen der Bayreuther Sonne ersehen, dass der ABAW nicht als ein persönlicher Gott, sondern als ein Symbol aufgefasst wird ... Sie können sich also in unsere Seelenstimmung hinein versetzen, als der Stuhlmeister mit erhobener Stimme ausrief: ‚Fort mit denen, die nicht an einen Gott glauben!' Es fehlte nicht viel, dass wir unter Protest den Saal verlassen hätten. Jedenfalls waren wir von diesem Augenblick nicht mehr mit der Seele bei der Verhandlung; denn wir fühlten uns heimatlos, da man uns die viel genannte Toleranz nicht erwiesen hatte."[63]

Und ein anderer Bruder ergänzte: „Ich hatte es nicht für möglich gehalten, dass (mir) nach allem, was ich bei der ... in Solingen auf ... so wunderbarerweise erfolgten Aufnahme gehört und erlebt hatte, ... von einer Schwesterloge unseres Bundes eine solche Aufforderung zugerufen werde."[64]

Soweit der Blick in die Geschichte. Man soll aber nicht meinen, dass wortkräftige Beschimpfungen vermeintlicher „Regularitätssünder" heutzutage nicht mehr vorkämen. Häufig haben sie sich ganz einfach in trübe Internetwelten verlagert.

Regularität und freimaurerische Praxis in der Gegenwart

Zum Schluss einige Folgerungen für die freimaurerische Praxis der Gegenwart:

Es ist eine allgemeine Erfahrung der Vereinigungsbildung, dass sich jede größere Organisation des politischen, kulturellen und geistigen Lebens damit auseinandersetzen muss, dass an ihren Rändern sektiererische Gruppierungen

63 Zitiert nach Archivmaterialien der Großloge AFuAM, Altenburg.

64 Zitiert nach ebenda.

entstehen, die ihr Wesen entstellen und von denen folglich eine klare Abgrenzung erforderlich ist. Das Prinzip der „Irregularität" – und spiegelbildlich das der „Regularität" – darf jedoch nicht dazu benutzt werden, die Pluralität historisch gewachsener Einzelformen innerhalb einer gesellschaftlich-kulturellen Gesamterscheinung zu unterdrücken. Dies gilt in vollem Maße für die Freimaurerei, die, wie ich aufgezeigt habe, insbesondere im Verlauf des 18. und 19. Jahrhunderts eine beträchtliche Differenzierung erfuhr. Diese führte zu einem großen Reichtum der Formen und Ideen, hat andererseits aber auch innere und äußere Auseinandersetzungen zur Folge gehabt, in deren Verlauf der englischen Großloge die Rolle eines Schiedsrichters über die „Regularität" der Freimaurerei im Weltmaßstab „zugewachsen" ist.

Diese Rolle ist in mehrfacher Hinsicht misslich. Zum einen wird mit ihr eine einem „Obersten Lehramt" vergleichbare Position geschaffen, die der Freimaurerei an und für sich wesensfremd ist. Zum anderen folgt aus dem vom „Obersten Lehramt" der UGLE abgeleiteten „Anerkennungs- und Aberkennungsmonopol" der englischen Großloge eine Einschränkung von Logen- und Großlogenbeziehungen, die gleichfalls bedenklich ist, weil sie die Kontaktmöglichkeiten der Brüder (und Schwestern) Freimaurer beeinträchtigt. Zum dritten ist das Hauptkriterium der Regularitätsdefinition, der Glaube an ein „höchstes Wesen" sehr problematisch, ja aus meiner Sicht abwegig. Denn die Geschichte hat vielfach belegt, dass der Glaube an Gott (und sei es in der abgeschwächten Form eines „höchsten Wesens") als Voraussetzung humaner Daseinsgestaltung, die der Auffassung vieler Brüder nach ja der eigentliche Zweck der Freimaurerei sein sollte, *weder ausreicht, noch notwendig ist,*[65] und die gegenwärtige Renaissance militanter „Gotteskrieger" sollte eher eine Warnung als eine Bekräftigung sein. In meiner Auffassung sollte im Unterschied zu dogmatisierten Regularitätsdefinition das als *„freimaurerischer Regel entsprechend"* (und damit „regulär") anerkannt werden,

- was *europäischer freimaurerischer Tradition* entspricht,
- was aus der Geschichte unseres Kontinents als *Gesamtheit freimaurerischer Großlogen* hervorgegangen ist,
- was sich *der allein überzeugenden Grundidee* des Freimaurerbundes – nämlich der *Verpflichtung zu Würde und Freiheit des heutigen, wirklichen Einzelmenschen* jenseits aller Ideologien – verbunden fühlt,
- was mit *demokratischen Prinzipien der Meinungsbildung und der Leitung* übereinstimmt und
- was sich der alten *Symbole und Rituale der Freimaurerei* zur Vermittlung spiritueller Erfahrung, kreativer Selbstentwicklung und erlebnishafter Vertiefung der freimaurerischen Grundüberzeugungen bedient.

Im Übrigen muss sich das, was man selbst für das „Wesen der Freimaurerei" (oder ihre „reguläre" Form) ansieht, *in offener, brüderlicher (und auch schwesterlicher) Kommunikation bewähren und kann von nirgendwo her dekretiert werden.*

---

65 Dies wird ausführlich diskutiert von Höhmann, Hans-Hermann: *„Von Gott und der Religion" – Zum Religionsdiskurs in der deutschen Freimaurerei*, in: *Freimaurerei*, a.a.O., S. 179-197, hier siehe S. 193 f.

In der Welt meiner masonischen Wunschvorstellungen ist Freimaurerei dem Humanismus und der Aufklärung verpflichtet.[66]

- Sie will sich als *Freundschaftsbund* bewähren,
- sie ist *anspruchsvoller, kulturell inspirierender Geselligkeit* verpflichtet,
- sie hat eine *hohe Diskurskultur*, um ethische Orientierungen für die freimaurerische Praxis und das persönliche Leben der Brüder und Schwestern erarbeiten zu können,
- sie pflegt ihre Rituale als *spirituelle Erfahrungs- und Einübungsräume*, ohne esoterische und christlich-kirchennahe Einbettungen zu strapazieren,
- schließlich praktiziert sie *nur die drei Handwerksgrade* Lehrling, Geselle und Meister, weil Freimaurerei vollständig in diesen enthalten ist.[67]

Doch ich weiß, dass es andere Formen und Lehrarten der Freimaurerei gibt, und ich bin bereit, sie zu respektieren (zumal ich viele Freunde in ihnen habe).

Berührungsängste mit der Freimaurerei der Frauen sollte es nicht geben. Es gibt keine prinzipielle Begründung für die Bevorzugung von Männer-, Frauen- oder gemischten Logen. Die Frage der Zusammensetzung der Logen nach Gender-Gesichtspunkten ist eine Frage der Einschätzung des lebenspraktischen Wertes von Männer- und Frauenfreundschaft innerhalb enger Gemeinschaften wie Logen sie darstellen sowie der Rolle, die dabei die freimaurerischen

---

66 Hierzu ausführlich Höhmann, Hans-Hermann: *Zwischen Aufklärung und Esoterik. Humanistische Freimaurerei als Projekt für das 21. Jahrhundert*, a.a.O.

67 Siehe hierzu Höhmann, Hans-Hermann: *Freimaurerei*, a.a.O.

Rituale mit dem besonderen Charakter der Initiationen spielen. Es kommt darauf an, was die Freimaurer und Freimaurerinnen selbst wollen und wie Freimaurerei als Gruppe besser funktioniert und zwar nicht überall und immer, sondern hier und heute. Weder die Frauen-Großloge von Deutschland noch die Großloge AFuAM wollen den Aufbau „gemischter" Logen", und sie haben gute Gründe dafür. Diese prinzipielle Trennung der „Initiationsräume" schließt jedoch die Möglichkeit nicht aus, Gemeinsamkeiten auf der Ebene von Kultur und Diskurs zu erarbeiten. Im Gegenteil: Männerlogen und Frauenlogen können von zunehmenden Gemeinsamkeiten gleichermaßen profitieren, allein schon dadurch, dass die Diskurse über die Freimaurerei und ihr kulturell-gesellschaftliches Umfeld durch neue Perspektiven angereichert werden. Der deutschen Freimaurerei insgesamt käme zugute, dass sich hierdurch in der Öffentlichkeit ein von alten Männerbund-Klischees befreites Freimaurerbild entwickeln könnte.

Auch in Bezug auf die liberal-säkulare Freimaurerei, wie der Grand Orient des France sie vertritt, sollte es bei allen bestehenden Unterschieden keine Kontaktsperren geben. Die humanitären Logen Deutschlands hatten bis in die 1950er Jahre hinein ganz selbstverständlich freimaurerischen Kontakt zu Logen des Grand Orient de France, zumal diese beim Wiederaufbau der Freimaurerei in der französischen Besatzungszone tatkräftig geholfen hatten. Soweit das Regelwerk der „Regularität" überhaupt Sinn macht, kann es nur zur Beantwortung der Frage „Wer und wie bin ich?" herangezogen werden. Für Antworten auf die Frage „Mit wem pflege ich Kontakt?" hat es keine Relevanz. Bei allen Unterschieden sind die freimaurerischen Gemeinsamkeiten mit der liberal-säkularen Freimaurerei Frankreichs so groß, dass Kooperation auf brüderlicher Basis angesagt ist, nicht nur, weil freimaurerische Prinzipien dies verlangen, sondern auch, weil die Freimaurerei hierdurch eine für Europa größere gesellschaftliche Relevanz erhält.

Schlussfrage: Was ist nun mit dem echten Ring? Ging er verloren?

Meine skeptische Antwort lautet: Vermutlich hat es ihn nie gegeben.

Die Freimaurer selbst sind mehr oder weniger erfolgreiche Goldschmiede gewesen, und das Licht schien stets von außen in den Tempel hinein.[68]

Doch – ob echt oder nicht – wir Freimaurer haben unsere Ringe, wir tragen sie mit all ihren Unterschieden, und wir sind stolz auf sie.

Und Lessings Rat an jeden von uns, „des Steines Kraft in seinem Ring an Tag zu legen“, bleibt als Aufgabe für uns bestehen und hat Sinn.

---

68 Diese Wendung übernehme ich von Florian Maurice.

Das „Geheime“ und das „Öffentliche“ in den Diskursen der Freimaurer [69]

Referat für die 54. Arbeitstagung der Freimaurerischen Forschungsgesellschaft „Quatuor Coronati“ am 13. und 14. Oktober 2018 in Hannover

Freimaurerei – kein „eigentlicher“ Geheimbund

Das Nebeneinander des „Geheimen“ und des „Öffentlichen“ hat in den Diskursen der Freimaurer wie in der Freimaurerei insgesamt von Anfang an eine große, ja bestimmende Rolle gespielt, und es war das für die Logen typische Verhältnis von Geschlossenheit und Öffnung, das die Freimaurerei – wie zuerst von Georg Simmel aufgezeigt wurde – zu einer „geheimen Gesellschaft“ spezifischen und von Anbeginn stark eingeschränkten Typs gemacht hat. Ich möchte deshalb meiner Skizze das einschlägige Simmel-Zitat voranstellen. In seiner „Soziologie. Untersuchungen über die Formen der Vergesellschaftung“ von 1908 schreibt Simmel:

> *„Das Freimaurertum betont, dass es die allgemeinste Gesellschaft sein will, der ‚Bund der Bünde‘, der einzige, der jeden Sonderzweck und mit ihm alles partikularistische Wesen ablehnt und ausschließlich das allen guten Menschen Gemein-*

69 Der Verfasser nimmt in diesem Beitrag Gedanken und Erörterungen auf, die er auf der 44. QC-Arbeitstagung im Oktober 2010 in Putbus vorgetragen hat, überarbeitet und ergänzt sie jedoch und führt sie inhaltlich wesentlich weiter.

same zu seinem Material machen will. Und Hand in Hand mit dieser, immer entschiedener werdenden Tendenz wächst die Vergleichgültigung des Geheimnischarakters für die Logen, seine Zurückziehung auf die bloßen formalen Äußerlichkeiten … Der Freimaurerbund konnte seine neuerdings stark betonte Behauptung, dass er kein eigentlicher ‚Geheimbund' wäre, nicht besser stützen, als durch sein gleichzeitig geäußertes Ideal, alle Menschen zu umfassen und die Menschheit als ganze darzustellen."[70]

Um das „davor" und das „danach" der Simmelschen These geht es mir in den folgenden Ausführungen.

Einerseits waren das „Geheime" und das „Öffentliche" seit Beginn der institutionalisierten Freimaurerei stets gemeinsam, gleichsam *geschwisterhaft* präsent, andererseits gab es nie einen dauerhaften Konsens über ihr gegenseitiges Verhältnis, und die Diskurse darüber sowohl innerhalb des Bundes als auch zwischen Freimaurern und Vertretern der Öffentlichkeit sowie innerhalb der Öffentlichkeit über die Freimaurerei haben die Geschichte des Bundes begleitet.

Oft waren die Diskurse drinnen und die Diskurse draußen aufeinander bezogen, und das Bild der Freimaurerei in der Öffentlichkeit war zu keiner Zeit vom inneren Diskurs der Freimaurer zu trennen. Was immer in der Öffentlichkeit über den Bund gesagt wurde und wird, es war und ist – selbst noch im Zerrspiegel der Verschwörungs„theorien"

70 Simmel, Georg: *Soziologie. Untersuchungen über die Formen der Vergesellschaftung, Gesamtausgabe Band 11*, Frankfurt am Main 1992, S. 434.

– nicht unabhängig von den Selbstdarstellungen des Bundes und seiner Mitglieder.

Selbstbilder und Fremdbilder der Freimaurerei, Innen- und Außensichten des Bundes bedingten und bedingen sich gegenseitig und bilden trotz aller Widersprüche einen Gesamtkomplex, von dem jede, das Verhältnis von Freimaurerei und Öffentlichkeit thematisierende Analyse auszugehen hat.

Dieser Dialektik von Selbstbildern und Fremdbildern liegen wiederum drei von Anfang an gegebene Grundbefindlichkeiten der Freimaurerei zugrunde, deren Auswirkungen gleichfalls analytischer Aufarbeitung bedürfen:

Die „fordernde Leere" der Freimaurerei

Da ist zuerst die seit ihrem Beginn bestehende *inhaltliche und formale* Unbestimmtheit der Freimaurerei.

Gewiss hat der Bund einige zentrale Merkmale, die ihn als Freimaurerei konstituieren und von anderen Assoziatio nen unterscheidbar machen.

Dazu gehören insbesondere

- die *auf den Eid bzw. das Gelöbnis der Verschwiegenheit* gegründete Logengemeinschaft,
- die *Aufnahme der Mitglieder durch feierliche Initiationen* in den Bund und seine einzelnen Grade,
- die *Verwendung von Metaphern, Symbolen und Ritualen* als Projektionsflächen, Deutungsmuster und Formen kultureller Performanz sowie
- der jeweilige *Kanon von spezifischen Werten und Überzeugungen*, teils niedergelegt in grundlegenden Urkunden, Überlieferungen und Ritualen, teils präsent als

Bestandteil der von wortmächtigen Brüdern in Logen und Logensystemen geführten Diskurse, und inhaltlich entweder esoterisch oder christlich-gnostisch oder humanistisch-aufklärerisch profiliert.

Dennoch existierte von Anfang an eine zur Auffüllung einladende, gleichsam „fordernde" Leere[71] der Freimaurerei im Hinblick auf die *Ausgestaltung der Rituale*, die *organisatorischen Strukturen des Bundes, seine Gradhierarchien* sowie seine *konkreten Aufgaben und Zwecke*. Dies gilt in einer durch harmonisierende Formeln und Interventionen freimaurerischer Leitungsorgane freilich oft überdeckten Weise auch noch für die Freimaurerei der Gegenwart. Die Freimaurerei war und ist immer auf der Suche nach sich selbst.

Um es mit einem Wort von Monika Neugebauer-Wölk zu sagen: „Freimaurerei war immer ein Raum, in dem vieles möglich war" [72]. In diesem Raum entwickelten sich mannigfaltige Spielarten des Bundes teils *esoterischer*, teils *christlicher*, teils *ethisch-moralischer* Orientierung, teils mit einfachen, teils mit weit aufgefächerten Gradstrukturen. Reformen standen immer wieder auf der Tagesordnung, und im Grunde genommen befindet sich die Freimaurerei bis heute auf der Suche nach ihrer eigenen Form und Identität.

---

71 Vgl. Voges, Michael: *Aufklärung und Geheimnis. Untersuchungen zur Vermittlung von Literatur- und Sozialgeschichte am Beispiel der Aneignung des Geheimbundmaterials im Roman des späten 18. Jahrhunderts*, Tübingen 1987

72 Neugebauer-Wölk, Monika: „*Einführung*" zu Maurice, Florian: *Freimaurerei um 1800. Ignaz Aurelius Feßler und die Reform der Großloge Royal York in Berlin*, Tübingen 1997, S. XVIII.

Der „halböffentliche" Charakter der Freimaurerei

Da ist *zweitens* der von Anfang an in Verbergen und Mitteilen, Verschweigen und Ausplaudern gespaltene *halböffentliche Charakter* der Freimaurerei.[73] Trotz ihres Rückzugs in die Sphäre des Geheimnisvollen, fand Freimaurerei stets unter Beteiligung der Öffentlichkeit statt. Von Anbeginn bis heute existiert dieser Spagat von drinnen und draußen, von Bestrebungen geheim zu bleiben und sich gleichzeitig öffentlich zu zeigen.

Hinweise auf Logentreffen in der Londoner Presse, Theaterbesuche und Prozessionen in maurerischer Bekleidung, öffentlich zugängliche Publikationen in großer Zahl, Abbildungen prominenter Mitglieder in masonischem Outfit waren an der Tagesordnung, und im Grunde genommen ist das ja auch bis heute so geblieben.

Allerdings: Es sind nicht mehr deutsche Kaiser und amerikanische Präsidenten, deren Portraits die Öffentlichkeit als Ausdruck korporativen Stolzes erreichen sollen, sondern beispielsweise Abbildungen des Vorsitzenden des Obersten Gerichts der VGLvD, in schwarz mit Schurz in der Zeitschrift *Focus*, oder einer Gruppe gleichfalls schurzbekleideten Berliner Freimaurer mit einem Anflug von „wir sind die glorreichen Fünf" vor einiger Zeit im *Berliner Tagesspiegel*. Auch das in unserer Tagungseinladung wiedergegebene Bild mit der Unterschrift: „Brüder der Kieler Loge ‚Alma an der Ostsee' laufen im Jahre 2016 in voller maurerischer Bekleidung durch die Stadt" gehört in diese Kategorie freimaurerischer Enthüllungs-Selbstdarstellung.

---

73 Voges, Michael: *Aufklärung und Geheimnis*, a.a.O., S. 82.

Ebenso sind geordnete freimaurerische Prozessionen nicht aus der Öffentlichkeit verschwunden. Sie finden zumindest halböffentlich statt und sind dann in Fernsehfilmen zu sehen, wie etwa vor einiger Zeit in der von Freimaurern mitgestalteten ARD-Produktion „Tempel, Logen, Rituale", die die Brüder wiederum in schwarz, wiederum mit Schurz und hohem Hut beim Einzug in die Krypta des Völkerschlachtdenkmals zeigt.

Zu diesen optisch wahrnehmbaren Demonstrationen der Freimaurerei kam seit ihrer Begründung als moderner Assoziation ein reichhaltiges Schrifttum hinzu. Um dem „Geheimnis der Freimaurerei" selbst auf die Spur zu kommen und die Gesellschaft darüber zu informieren, haben die Freimaurer immer außerordentlich viel publiziert, gedruckte Texte waren ein wesentliches Medium ihrer Selbstverständigung, und die Öffentlichkeit war meist als Leser dabei.

Im April 1785 – dies und das Folgende nach Michael Voges[74] – richtete die angesehene *Jenaische Allgemeine Litteratur Zeitung* eine eigene Sparte für die Besprechung freimaurerischer Schriften ein. Die Herausgeber begründeten ihre Entscheidung damit, dass

> *„die innern Angelegenheiten des ehrwürdigen Ordens der Freymaurer seit einiger Zeit eine ganz besondere Publicität bekommen haben, und mehr als eine Ihrer öffentlichen Schriften ... das Publikum ... gleichsam auffordern, Theil an ihren Fehden über das Wesentliche ihres Ordens zu nehmen."*

Schon ein Jahr zuvor hatte die Berliner „Allgemeine Deutsche Bibliothek" ihr bisheriges Schweigen in freimau-

74 Ebenda, S. 126.

rerischen Dingen gebrochen und zwar mit einer deutlich kritischen Tendenz:

> „*Wir haben uns bisher enthalten, eigentliche Freymaurerschriften in unserer Bibliothek anzuführen ... Aber es fängt doch an nöthig zu werden, von einigen dieser Schriften zu reden, besonders von solchen, worin mit unerhörter Unverschämtheit Unsinn und Aberglauben unter dem Scheine von großen Geheimnissen fortgepflanzt, und noch dazu Katholicismus unter einer verdeckten ... geheimnißvollen Sprache empfohlen wird.*“

Zu den Essays und Freimaurerreden, zu den Texten der Lessing, Knigge, Herder und Fichte kamen bald die belletristischen Schriften hinzu, die Freimaurer- und Geheimbundromane, die Außenstehende an der emotionalen Wirkung der Rituale und an den mit den höheren Graden verbundenen subjektiven Selbstwertsteigerungen der Brüder teilnehmen ließen.

Ein Beispiel, das ich Michael Voges verdanke[75]:

1782 veröffentlichte August Siegfried Friedrich von Goué einen Freimaurerroman mit dem Titel „Ueber das Ganze der Maurerey“ und dem bezeichnenden Untertitel „Zum Ersatz aller bisher von Maurern und Profanen herausgegebenen unnützen Schriften“.

Einer der Helden des Romans, Stralenberg, schreibt an einen Freund:

> „*Aber die Aufnahme ist so schön, so feierlich, daß ich drey Tage gebrauchte mich in meine vorige Fassung zurück zu setzen ... Die Maurerey muß gut*

75 Voges, Michael: *Aufklärung und Geheimnis*, a.a.O., S. 88 f.

seyn, und erhabene Vorwürfe haben, das beweiset die Meister=Aufnahme.“

Sein Freund Fürstenberg sekundiert nach der Einweihung in einen Hochgrad:

„Als ich mit dem Ringe zurück kam, mein lieber Stralenberg, o! wie feierten mich die hiesigen Brüder der untern Stufen. Sie tragen eine wahre Verehrung für diesen Ring, und wenn mich der Kayser in den Grafen-Stand erhoben hätte, so wäre ich dadurch das in ihren Augen nicht geworden, wozu ich in Frankfurt gestiegen bin.“

Die Belletristik behielt die Freimaurerei auch später fest im Griff. Dan Browns „Lost Symbol“ war ein bemerkenswerter Höhepunkt. Und ich konnte kürzlich dem Erwerb des 2017 erschienenen Kriminalromans „Inspector Swanson und das schwarze Museum“ nicht widerstehen, angesiedelt im Freimaurermilieu des viktorianischen Zeitalters und von einem deutschen Freimaurer verfasst.

Eine besondere Kategorie bildeten und bilden die „Verräterschriften“ oder besser vielleicht „Enthüllungsschriften“ ehemaliger Freimaurer, von Samuel Pritchard über Leo Taxil bis hin zu Burkhardt Gorissen. Diese Schriften versuchen nach dem Motto „Ich bin dabei gewesen und ich weiß, wovon ich rede“ den Anschein authentischer Erfahrung zu vermitteln, und wenn sich heutzutage kritische, skeptische oder amüsierte Beobachter der Freimaurerei im „Focus“ oder in der FAZ auf Gorissens Buch berufen, so folgen sie einem ebenso alten wie naheliegenden anti-masonischen Enthüllungsschema.

Von welcher Seite man es betrachtet: Die Freimaurerei war nie ein Geheimbund im strikten Sinne, aber sie war auch nie lediglich ein schlicht geselliger Verein oder ein Service-Club vom Rotary-Lions-Typ. Sie war immer eine Assoziation *zwischen* Geheimbund und geselliger Institution. Das bedeutete, dass sie im Inneren auf einer breiten Skala unterschiedlicher Gewichte von Geheimnis und Geselligkeit gestaltet werden konnte und auf derselben Skala auch von außen eingeschätzt wurde.

So galt für die Freimaurerei nicht nur in Bezug auf ihre rituellen, konzeptionellen und organisatorischen Inhalte, sondern auch im Hinblick auf die relativen Gewichte von Geheimnis und Öffentlichkeit – sei es bei der inneren Gestaltung, sei es bei der Betrachtung von außen – immer ein Element von „Wie es Euch gefällt".

Das „freimaurerische Geheimnis" und seine Funktionen

Und dennoch gab und gibt es – dies ist mein *dritter* Gesichtspunkt – trotz Präsenz in der Öffentlichkeit und trotz aller Inkonsequenz bei seiner Handhabung stets das sowohl von den Freimaurern selbst als auch von Außenstehenden – Freunden wie Gegnern – reklamierte und proklamierte freimaurerische Geheimnis.

Weder lassen die Freimaurer davon und flüchten notfalls in Formeln wie *die Freimaurerei hat kein Geheimnis, die Freimaurerei ist ein Geheimnis*, noch wollen die Gegner der Freimaurerei darauf verzichten, die den Freimaurern in ihren extremen Verschwörungsvarianten vorhalten, dass es gerade die vermeintliche Offenheit der Freimaurerei ist, die ihren Charakter als geheime Verschwörung verbergen soll, ihn aber gerade hierdurch – das wissen natürlich die schlauen

Verschwörungstheoretiker – erst recht klar erkennbar macht.

Das maurerische Geheimnis ist nun vor allem das Geheimnis der verschwiegenen Rituale, und nicht nur die positiven Selbstzuschreibungen der Freimaurerei, auch alle Formen von Kritik, Ablehnung und Verurteilung machen sich am Geheimnis der Rituale fest:

- Für die *Kirchen* verhüllen sich in den Ritualen Elemente einer alternativen Religiosität, wenn nicht gar einer anderen Religion, zumindest aber verkörpern sie den Ungeist des religiösen Relativismus.
- Für die *Vertreter der Verschwörungsmythen* bietet der geheime Raum des Rituals den Rahmen für das Aushecken mannigfaltiger Verbrechen und Anschläge gegen die gesellschaftliche Ordnung, gegen Volk und Staat.
- Für den *Volksaberglauben* konstituiert das Ritual die besser strikt zu meidende Welt des Makaber-Gruseligen, in der vielleicht gar Satanisches im Spiele ist.
- In der Sicht *intellektuelle Kritiker* kaschieren Ritual und Geheimnis Ansprüche auf Selbsterhöhung und persönliches symbolisches Kapital, wenn sie nicht gar als Ausdruck des Lächerlichen gelten, in vielen Variationen der Charakterisierung durch den Philosophen Ernst Bloch, Freimaurerei sei „wahnhaft gesittete Mummerei“.[76]

Sowohl für die freimaurerische Gruppenbildung als auch für das Spannungsfeld zwischen Freimaurerei und Öffentlichkeit war und ist das maurerische Geheimnis von großer Bedeutung. Unter seinen teils bewusst gesetzten, teils

76 Bloch, Ernst: *Das Prinzip Hoffnung*, Zweiter Band, Frankfurt am Main 1982, S. 838.

implizit praktizierten Funktionen können in meiner Sicht bis in die Gegenwart hinein vor allem die folgenden acht unterschieden werden, die sich zeitlich nicht ablösten, sondern stets nebeneinander, ja oft auch gegeneinander standen und in den Diskursen der Freimaurer bis heute eine beträchtliche Bedeutung haben. Mit ein paar Anmerkungen möchte ich diese Funktionen charakterisieren, zumal jeder analytische Diskurs um das „Geheime“ und das „Öffentliche“ in der Freimaurerei und jede Erörterung der heute um Arkandisziplin angesiedelten Probleme von ihnen auszugehen hätte.[77] Ich unterscheide

1. Die *schützende Funktion*: Die Geheimhaltung der Logenaktivitäten – wie auch der Aktivitäten vieler anderer Aufklärungsgesellschaften – schien Bedingung zu sein für die Absicherung einer von staatlichen und kirchlichen Eingriffen und Kontrollen freien Sphäre, die dazu diente, ein neues soziales Gruppenmodell zu praktizieren und aufklärerische Diskurse zu führen. Um die vielzitierte Feststellung Reinhart Kosellecks zu variieren: Das „Geheimnis der Freiheit“ war nur als „Freiheit im Geheimen“ zu antizipieren.
2. Die *Integrität bewahrende Funktion*: Hier gilt die Bewahrung des Geheimnisses als Voraussetzung für die Sicherung einer – im Falle der Veröffentlichung störanfälligen – Integrität des rituellen Geschehens als Quelle von Wahrheit und Erkenntnis, was vor allem für esoterische und christlich-gnostische Freimaurersysteme und

77 Vgl. Höhmann, Hans-Hermann: *Freimaurerei in Deutschland*, in: ders: *Freimaurerei. Analysen, Überlegungen, Perspektiven*, Bremen 2011, S. 22 ff.

weniger für die humanitäre Freimaurerei von Bedeutung war und ist.

3. Die *soziale Funktion*: Die Teilhabe am gemeinsamen Geheimnis diente und dient der Stiftung von Freundschaft und der Bildung von Netzwerken unter Menschen, die sich sonst nicht als Freunde begegnen würden. Auf der im Ritual symbolisch konstituierten „Winkelwaage" konnten Menschen unterschiedlicher sozialer Stände, Schichten und Milieus miteinander kommunizieren. Die Begegnung als „bloße" Menschen im Rahmen des freimaurerischen Rituals hob die gesellschaftlichen Unterschiede zwar nicht auf, überwand sie jedoch im Innenraum der Loge und schwächte ihre Bedeutung auch außerhalb der Loge zumindest ab.
4. Die *integrative Funktion*: Das Geheimnis und die Teilnahme daran binden die generell eher unbestimmten Zwecksetzungen der Freimaurerei durch Stiftung von emotional erlebter, wert- und symbolüberhöhter Gemeinsamkeit zusammen. Das freimaurerische Geheimnis wirkt als emotionale Heimat, als Attribut, das zum gemeinsamen Heim gehört: „Niemand wird es je erschauen, was einander wir vertraut, denn auf Schweigen und Vertrauen ist der Tempel aufgebaut", hat der Freimaurer Goethe dazu gedichtet.
5. Die *pädagogische Funktion*: Die unter dem Schutz der Verschwiegenheit hergestellte Offenheit und Bereitschaft für persönliche Veränderung („Selbstvervollkommnung", „Arbeit am rauen Stein" des eigenen Selbst) dient der Einübung von Tugenden, die sich auch im „profanen" Umfeld des Freimaurers bewähren sollen. Die Absicht, im Sinne einer moralischen Entwick-

lung des Menschen auf den Habitus des Logenmitglieds einzuwirken, findet sich in vielen Texten, Liedern und Ritualen seit Beginn der modernen Freimaurerei. Von „Einübungsethik" hat der Aachener Philosoph und Freimaurer Klaus Hammacher in diesem Zusammenhang gesprochen.

Das freimaurerische Geheimnis besaß (und besitzt) jedoch auch Funktionen, die mehr oder weniger in Widerspruch zu den erklärten Zielvorstellungen der Freimaurerei gerieten, dennoch aber bis heute ihre Wirksamkeit behielten. Hierunter sind zu nennen:

6. Die *illusionsstiftende Funktion*: Das maurerische Geheimnis dient (zumindest *auch*) der Schaffung und Sicherung eines Raums zum Ausleben mannigfaltiger „Selbstverwirklichungs- und Selbsterhöhungsambitionen". Hierzu dienen die rituelle Konstruktion einer besonderen, von der Welt des Profanen verstärkt abgehobenen, wert- und empfindungssteigernden Atmosphäre, die Vergabe von Ämtern, Würden und Orden, die gegenseitige Beimessung einer besonderen persönlichen Bedeutsamkeit sowie die Durchführung aufwendiger Zeremonien, nicht zuletzt, wenn Großlogen internationale Veranstaltungen durchführen und sich Repräsentanten der verschiedenen nationalen Freimaurereien begegnen.
7. Die *Lockfunktion*: Das Geheimnis mit dem ihm eigenen Einhüllen des Bundes in einen „Mantel des Geheimnisvollen" kann die Attraktivität der Freimaurerei oder ihrer Sonderformen erhöhen und wird gelegentlich gar als eines der Hauptwerbemittel des Bundes gepriesen. Zum Zuge kommt diese Funktion auch im Verhältnis

zwischen Angehörigen „höherer" Grade und den Mitgliedern der „blauen" Logen.

8. Die *Funktion der „inneren Hierarchisierung"*: Eine Vermehrung der Grade der Freimaurerei über die traditionellen Stufen „Lehrling", „Geselle" und „Meister" hinaus im Sinne einer „Hierarchie von Einweihungen" schafft nicht nur erweiterte Erlebnis-, Geltungs- und Selbstverwirklichungsmöglichkeiten sondern auch Abschottungen und Binnendifferenzierungen, die sich nicht selten als Element der Generierung von Konflikten innerhalb und zwischen den Logen und Großlogen erwiesen haben und erweisen.

Schließlich muss auf eine Praxis hingewiesen werden, die in direktem Widerspruch zu allen freimaurerischen Zielvorstellungen und Prinzipien steht: die *Instrumentalisierung freimaurerischer Formen* für politisch agierende Eliten, die nichts (oder nichts mehr) mit der Freimaurerei zu tun haben, woran sich dann aber gern allerlei Verschwörungsvorstellungen anschließen (Beispiel: Die Organisation „Propaganda Due", P2, die an eine ehemalige italienische Freimaurerloge anknüpfte und – ohne Beziehung zur regulären italienischen Freimaurerei – in den 1970er Jahren zur politischen Geheimorganisation wurde).

Die Geschichte der Freimaurerei ist immer auch die Geschichte ihrer Umgestaltungen gewesen, und auch die zahlreichen Umgestaltungen des Freimaurerbundes können inhaltlich im Hinblick auf das zuvor als Ausdruck *masonischer Grundstruktur* erörterte „freimaurerische Geheimnis" verstanden werden.

Dabei lassen sich vier typische Ansätze unterscheiden,

die von unterschiedlicher Bedeutung für das Verhältnis der Freimaurerei zur Öffentlichkeit sind:

- Die *„Relativierung des Geheimnisses“*, die dem von Georg Simmel beschriebenen und besonders in den Reformen Friedrich Ludwig Schröders und ähnlichen Umgestaltungen verwandter Großlogen („Große Mutterloge des Eklektischen Freimaurerbundes“ in Frankfurt, Großloge „Zur Sonne“ in Bayreuth) Ausdruck findenden Weg einer „Vergleichgültigung des Geheimnischarakters für die Logen“ folgt. Hier ging und geht es nicht mehr um ein in den Ritual*inhalten* verborgenes „wahres“ Geheimnis, es geht um ein „eigentliches Geheimnis“ der Freimaurerei, das menschliche Begegnung zwischen Freunden, das Erlebnis der Bruderliebe sowie eine spezifische „freimaurerische Geisteshaltung“ als Ausdruck bürgerlicher Moral in das Zentrum des Bundes rückte. Folge einer solchen Reformstrategie ist zumeist eine stärkere Öffnung zur Gesellschaft.
- Die schon genannte *„Hierarchisierung des Geheimnisses“*: Hier wurde und wird das freimaurerische „Geheimnis“ (oder zumindest ein wesentlicher Teil davon) in den Ritualen neuer Systeme, Grade und Erkenntnisstufen gesucht, die über die „klassischen“ Grade Lehrling, Geselle und Meister hinausgehen und ein zunehmendes Maß an „Binnendifferenzierung“ innerhalb der freimaurerischen Gruppen bewirken. Die „weiterführenden Grade“ verstehen sich als „Vertiefung“ der freimaurerischen Basisgrade, geraten aber in Gefahr, mehr oder weniger von deren Grundaussagen und Organisationsprinzipien abzuweichen und lediglich jene Freimaurerei zu „vertiefen“, die sie zuvor in ihren neuen

Ritualen selbst geschaffen haben. Aus dieser Form freimaurerischer Weiterentwicklung folgte und folgt eher eine Verwirrung des Freimaurerbildes in der Öffentlichkeit, verbunden mit der Gefahr einer Intensivierung der gegen den Bund gerichteten Verschwörungsvorstellungen.

- Die Verstärkung des religiösen Charakters der Freimaurerei (*„Verchristlichung" des Geheimnisses*): Hauptbeispiel hierfür ist die – hierzulande von der *Großen Landesloge der Freimaurer von Deutschland* vertretene – „Schwedische Lehrart", als deren Fundament die „reine Lehre Jesu" gilt, welche die Bibel nicht als bloßes religiöses Symbol, sondern als das „größte aller Lichter" versteht, die sich als christlicher Ritterorden „in der Nachfolge Jesu Christi als Obermeister" konstituiert hat und ihre christliche Ideenwelt in einem vielstufigen Ritualsystem von großer Geschlossenheit entfaltet, das in den höheren Graden als dezidiert religiöser Kult den Charakter einer kirchennahen Christologie annimmt. Diese Spielart der Freimaurerei entfernt sich inhaltlich von allen masonischen Konzeptionen, denen es primär auf Vereinigung aller humanitär gesinnten Menschen, auf das Überwinden religiöser Grenzen sowie auf die Arbeit am Hier und Jetzt von Mensch und Gesellschaft ankommt. Vermutlich ginge es nicht zu weit, im Falle christlicher Freimaurerorden von „uneigentlichen" Formen der Freimaurerei zu sprechen.
- Die *„Radikalisierung des Geheimnisses"* durch den Übergang zum politisch orientierten Geheimbund, wofür – zunächst und eingeschränkt die Strikte Ob-

servanz – dann aber vor allem die Illuminaten[78] mit ihrem Bestreben, durch die Erfassung einer kulturell-gesellschaftlichen Elite grundlegende Reformen in der Wirtschaft, im Bildungswesen und im religiös-kirchenpolitischen Bereich in Gang zu setzen, die wichtigsten historischen Beispiele bieten.

Zweierlei ist allerdings hinzuzufügen: Einmal sind die einzelnen Reformansätze nicht klar voneinander zu trennen und können sich, wie etwa im Falle der „Verchristlichung" und Hierarchisierung durchaus miteinander verbinden. Zum anderen verlaufen sie nicht geradlinig und können auf den jeweiligen „Reformachsen" Gegenentwicklungen auslösen (gegen Hierarchisierung etwa das Wirken des *Eklektischen Bundes* und des Schröderschen Systems (*Große Loge von Hamburg*), gegen Metaphysierung z. B. die Positionen des *Grand Orient de France* und des *Freimaurerbundes zur aufgehenden Sonne*, gegen Relativierung schließlich die verstärkte Rückkehr zur Esoterik als Material und Perzeptionsweise freimaurerischer Rituale.

Angriffe und Erwiderungen

Auf dem skizzierten Hintergrund

- der *inhaltlichen Unbestimmtheit der Freimaurerei*,
- ihres *halböffentlichen Charakters* und
- des dennoch mit ihr verbundenen *Mythos vom Geheimnis*

78 Vgl. Hammermayer, Ludwig: *Der Geheimbund der Illuminaten und Regensburg*, in: *Verhandlungen des Historischen Vereins für Oberpfalz und Regensburg*, 110, 1970.

vollzog sich nun nicht nur die Geschichte der Freimaurerei und ihrer Verurteilungen, sondern – gleichsam als Ausdruck eines historischen Pingpong-Spiels – auch die Geschichte der Erwiderungen und Apologien, mit der die Freimaurer auf Angriffe und Verurteilungen reagierten.

1770 fasste eine zunächst anonym erschienene, wiederholt aufgelegte kleine Schrift von Johann August von Starck unter dem Titel „Apologie des Ordens der Frey Maurer“ die Antworten der Freimaurerei auf folgende – im Prinzip bis heute unverändert gebliebenen – Hauptpunkte der Kritik zusammen:[79]

- Das Geheimnis der Freimaurer als solches widerspräche der Aufklärung, denn was nützlich und gut sei, könne offen und klar dargelegt werden,
- die Freimaurerei bilde einen Staat im Staate (*statum in statu*),
- der Eid der Maurer sei schrecklich, er schränke durch die angedrohten, unmenschlichen Sanktionen die natürliche Freiheit des Menschen ein,
- das Abfordern eines Eides sei zudem ein Monopol der Obrigkeit, und die Freimaurerei verbreite unter seinem Schutz eine gefährliche Gleichgültigkeit gegenüber Nation und Religion,
- schließlich sei der Orden der Freimaurer ohne wahren Nutzen und daher überflüssig, es sei denn, er betreibe unerlaubte Zusammenkünfte, die einen Herd für Verschwörungen bilden könnten.

79 *Apologie des Ordens der Frey Maurer, von dem Bruder* *** (Johann August von Starck), Philadelphia 1778, S. 30–83.

Doch auch dies gilt bis heute: Die Freimaurer litten nicht nur an der sie umgebenden Mythologie, der faszinierenden Aura des Geheimen, sie profitierten auch davon. Denn die Mythen hielten die Freimaurerei im Gespräch, führten ihnen – bis hin zu den Dan-Brown-Fans – viele Neugierige zu und veranlassten die Maurer selbst, immer wieder darüber nachzudenken, ob hinter ihrem Orden nicht doch mehr stecke, ob das Geheimnis nicht doch einen anderen Inhalt habe als bisher in seiner schlichten englischen Ausformung zu erkennen war.

Im Laufe der Zeit wurde das Geflecht der antimasonischen Mythen immer dichter. Doch immer wieder waren es Auffassungen, die aus der Freimaurerei selbst hervorgingen, die den Stoff dazu lieferten:

Wenn beispielsweise Herder in seiner Korrespondenz mit Schröder an der Wende zum 19. Jahrhundert die beiden Grundvoraussetzungen einer von ihm mitgetragenen Reform der Freimaurerei formuliert – nämlich Wiederherstellung des „alten Rituals in seiner reinsten Gestalt" und eine angemessene rituelle Praxis –, und seinen Brief dann mit den Worten schließt

> *„Die geheimen Gesellschaften sind bisher ein fressendes Gift, Höhlen des Betrugs, der Halbwisserei und ... eines despotischen, kleingeistigen Egoismus gewesen!"*,

so argumentiert er gegen die damals aktuellen Formen der Freimaurerei nicht anders als viele antimasonische Schriften. Die eigenen Mythen der Freimaurer sollten sich allerdings in den folgenden Jahrzehnten im öffentlichen Raum mehr und mehr verselbstständigen und schließlich die Freimaurerei von außen überholen.

Ich nenne nur die beiden wichtigsten Beispiele hierfür:

Erst verschärften sich von Enzyklika zu Enzyklika die Verurteilungen aus der katholischen Kirche, die in der Enzyklika „Humanum Genus" Leos XIII. vom 20. April 1884 schließlich ihren Höhepunkt fanden:

> *„Nachdem das Menschengeschlecht durch den Neid des Teufels von Gott, dem Schöpfer und dem Spender der himmlischen Güter, so kläglich abgefallen war, hat es sich in zwei geschiedene und einander entgegengesetzte Lager geteilt: das eine kämpft unausgesetzt für Wahrheit und Tugend, das andere für alles, was der Wahrheit und Tugend widerstreitet. Das eine ist das Reich Gottes auf Erden, das andere ist das Reich des Satans … In der Gegenwart … scheinen sich die Anhänger des Bösen zu verabreden und in ihrer Gesamtheit mit vollen Kräften anzustürmen: geleitet und gestützt von der weitverbreiteten und fest gegliederten Gesellschaft der sogenannten ‚Freimaurer'. Diese Sekte ist … ihrem ganzen Wesen und ihrer innersten Natur nach Laster und Schande: darum ist es rechtens nicht erlaubt, ihr beizutreten und ihr in irgendeiner Weise Beihilfe zu leisten."*[80]

Dann folgten – zweites Beispiel – als Ausdruck einer beträchtlichen Verschärfung der Anti-Freimaurerei unter der Einwirkung wuchernder Verschwörungsmythen – die generellen Verbote der Freimaurerei in den Diktaturen des 20.

---

80 Vgl. zu Leo XIII. die sehr kritische Stellungnahme des katholischen Theologen Herbert Vorgrimler in: Appel, Rolf / Vorgrimler, Herbert: *Kirche und Freimaurer im Dialog*, Frankfurt am Main 1975, S. 44-47.

Jahrhunderts.[81] Für deren – meist im extrem rechten Spektrum der Politik angesiedelten – Vertreter war und ist der Freimaurerbund nicht nur religionsfeindlich und politisch gefährlich, sondern langfristig und strategisch auf Aushöhlung der gesellschaftlichen Ordnung, auf gezielten Machterwerb, ja auf Weltherrschaft angelegt. Dabei wird die Freimaurerei meist in eine Verbindung mit anderen Gruppierungen gerückt, wobei die Behauptung einer jüdisch-freimaurerischen Verschwörung vor allem im Deutschland der Weimarer Republik eine besonders verhängnisvolle Rolle spielte. „Das Geheimnis der Freimaurerei ist überall der Jude" hieß es 1927 in Erich Ludendorffs Pamphlet „Vernichtung der Freimaurerei durch Enthüllung ihrer Geheimnisse". Die Freimaurer seien „künstliche" Juden, das Streben nach einem „Menschheitsbund" nach „Humanität" und „menschlicher Glückseligkeit" sei gleichbedeutend mit der „Verjudung" der Völker und der Errichtung einer jüdischen Weltherrschaft. Der NS-Ideologe und spätere NSDAP-Reichsleiter Alfred Rosenberg war es dann, der dafür sorgte, dass die Gegnerschaft zur Freimaurerei in zeitlich wechselnder Intensität zum festen Bestandteil der nationalsozialistischen Ideologie wurde, die der erzwungenen Auflösungen der Logen (endgültig im Jahre 1935) zugrunde lag.

81 Vgl. hierzu: Höhmann, Hans-Hermann: *Freimaurerei. Analysen, Überlegungen, Perspektiven*, a.a.O., 2011, S. 36 f.

Das öffentliche Freimaurerbild heute und die Handlungsoptionen der Freimaurerei

Werfen wir zum Schluss noch einmal einen Blick auf die Freimaurer-Images oder Außenbewertungen der Freimaurerei, mit denen wir es heutzutage in Deutschland zu tun haben, und fragen wir, auf welche Weise die deutschen Freimaurer darauf reagieren sollten.

Vielleicht lassen sich für diese Images acht wichtige Vertreter-Gruppen unterscheiden:

- Da sind *erstens* die *Anhänger alter und neuer Verschwörungsmythen*, die das „Objekt ihrer Begierde" – die bösen Freimaurer und ihre Bundesgenossen – keinesfalls verlieren wollen, mit denen man kaum diskutieren kann, um die herum jedoch Aufklärung seitens der Freimaurerei erforderlich ist.
- Da sind *zweitens* die nicht wenigen Menschen, die auf irgendeine Weise immer noch *Denkvorstellungen und Befürchtungen des Volksaberglaubens* anhängen, woraus dann eine diffuse Abwehrhaltung und Berührungsangst gegenüber der Freimaurerei resultiert. Ich erzähle dazu gern eine selbst erfundene Anekdote: Ein Wohltätigkeitsbuffet des Rotary-Clubs? „Prächtig, da gehen wir hin." Eine ebenso wohltätige Reibekuchenbude der Freimaurer? „Nein danke, lieber nicht, man kann schließlich nicht wissen, was die da alles hineinbacken." Da gilt es für die Freimaurer nur, mit schlichter, bürgerlicher Normalität zu überzeugen.
- Da sind *drittens* die Kirchen, die – wie die katholische – entweder wissen, aber nicht mögen, wie die *Freimaurerei es mit der Religion hält*, oder die es – wie die evange-

lische – bei allem Wohlwollen doch noch etwas genauer wissen will: Hier sollte die deutsche Freimaurerei auf redlich-seriöse Weise gesprächsbereit sein, zuvor allerdings das Verhältnis zwischen Freimaurerei und Religion in ihren eigenen Kolonnen sorgfältig klären.

- Da ist *viertens* die *Wissenschaft*, die sich mehr und mehr mit der Freimaurerei beschäftigt, und die Unterstützung verdient, wie und wo immer Freimaurer dazu in der Lage sind. Die externe Freimaurerforschung ist das Gewissen der Freimaurerei, weil sie hilft, Eigenverdunkelungen zu überwinden und sich selbst besser zu erkennen.
- Da sind *fünftens* die *Vertreter der Politik, des Staates und der Kommunen*, die der Freimaurerei meist wohlgesinnt sind und deren redliche und offene Gesprächspartner Großlogen und Logen zu sein haben. Wie positiv sich die Beziehungen der Freimaurerei zum „politischen Raum" entwickelt haben, zeigte nicht zuletzt die auf hohem Niveau stehende Hamburger Veranstaltung der Großloge A.F.u.A.M. von Deutschland, dem Hamburger Bürgermeister Olaf Scholz und dem Präsidenten des Deutschen Bundestages, Prof. Dr. Lammert, am 8. Mai 2017 im Hamburger Rathaus, bei der Norbert Lammert eine denkwürdige Rede zum 300. Jahrestag der Freimaurerei hielt.
- Da sind *sechstens* die *Medien*, in denen angemessen vertreten zu sein, Freimaurer sich auf seriöse Weise bemühen sollten, wobei im Hinblick auf die Welt der bunten und bewegten Bilder Zurückhaltung am Platze ist. Arkandisziplin heute sollte nicht zuletzt bedeuten, sich in der Öffentlichkeit nicht lächerlich zu machen.

- Da ist *siebtens* die *intellektuelle, die kulturelle Öffentlichkeit*, die Öffentlichkeit gesellschaftlich relevanter Diskurse. Hier sollten sich die Freimaurer um gehaltvolle Präsenz bemühen. Wenn sie etwas zu sagen haben, dann sollten sie es auch sagen, denn besser, als die Stimmen anderer zu prämieren, wäre es, mit eigener Stimme im gesellschaftlichen Diskurs vernehmbar zu sein.
- Schließlich und *achtens* ist da so etwas wie die *Gesellschaft im Allgemeinen*, die u. a. aus den Menschen zusammengesetzt ist, die in die Logen kommen und fragen, wer die Freimaurer sind und was sie zu sagen haben, und die vielleicht in den Logen als zukünftige Brüder mittun wollen.

Nicht zuletzt in der Kommunikation mit diesen Menschen käme es darauf an, sich der eigenen maurerischen Identitäten klarer bewusst zu werden und ein deutliches Bild davon zu vermitteln, was Freimaurerei ist und was sie nicht ist. Gerade die „Suchenden" müssen rechtzeitig erkennen können, dass es unterschiedliche Formen und Verständnisse von Freimaurerei gibt, die der Redlichkeit halber nicht verwischt werden und nicht erst *nach* der Aufnahme sichtbar werden dürfen.

Letztlich noch etwas, was für mich von besonderer Wichtigkeit ist: Jede Definition und jede öffentliche Darstellung der Freimaurerei, die vom Ritual ausgeht, muss in die Irre führen. Ritualpräsentationen in der Öffentlichkeit, die freimaurerische Bilderwelten zur Schau stellen, ohne den Kontext von Freundschaft und Geselligkeit, von Ethik und Moral in den Vordergrund zu stellen, verfälschen den Charakter des Freimaurerbundes – jedenfalls aus der Sicht eines Freimaurers, der sich in der Tradition von Humanismus und Aufklärung versteht. Das freimaurerische Ritual ist *Bestandteil eines Gesamtsystems*, das es in sich aufgenommen hat, um Freundschaft und Moral im Menschen habituell zu verankern. Es ist Menschenwerk, es ist nicht mit göttlicher Offenbarungskraft ausgestattet, es ist nicht Element einer Ersatzreligion, trage sie christlichen, trage sie esoterischen Charakter. Aus einem solchen Verständnis ergibt sich: Erst eine klare und vernünftige Gesamtdarstellung der Freimaurerei erlaubt es, sinnvoll über das Ritual in der Öffentlichkeit zu sprechen, wobei auf die Präsentation missverständlicher Bilderwelten und – was die Brüder Freimaurer betrifft – auf schurzbekleidete Auftritte in der Öffentlichkeit, soweit es immer geht, verzichtet werden sollte. Der Freimaurer muss einsehen, dass zwischen öffentlicher Präsenz und Enthüllungssucht ebenso Grenzen vorhanden sind wie zwischen Selbstrespekt und Narzissmus. Diese Grenzen dürfen im Interesse einer gedeihlichen Entwicklung unseres Bundes nicht überschritten werden.

Freimaurerei im digitalen Zeitalter Chancen, Gefahren, Herausforderungen

Beitrag zum Großlogentreffen der Großloge AFuAM in Osnabrück, 15. Mai 2015

Ausgangslage

Keine Analyse der Gegenwartsfreimaurerei und der Diskurse, die über ihre Entwicklungsperspektiven geführt werden, kann auf eine Beschäftigung mit der Digitalisierung, insbesondere mit dem Internet verzichten. Das Internet hat für die Freimaurerei einen Veränderungsprozess ausgelöst, der zwar von den Brüdern, den Logen und der Großloge immer stärker wahrgenommen, in seiner Reichweite und Wirkung jedoch noch nicht in hinreichendem Maße analytisch-kritisch reflektiert wird.

Ausgangspunkt einer solchen Reflexion muss eine im digitalen Kontext zunächst paradox klingende Feststellung sein:

Freimaurerei findet nicht im Internet statt, sondern im Miteinander der Brüder, im Verhalten in der Loge und in der Bewährung im gesellschaftlichen Alltag.

Freimaurerei ist sehr wesentlich direkte, medial unverstellte Begegnung zwischen Menschen und persönliche Kommunikation von Angesicht zu Angesicht ist digitaler Kommunikation bei Weitem überlegen.

Insbesondere können digital vermittelte Information und Kommunikation die Inhalte der Freimaurerei – *Freundschaft und gemeinsames Nachdenken über die Grundlagen des Bundes und seine Werte sowie die vielfältige soziale, moralische und rituelle Praxis der Logen* – nicht ersetzen. Und um diese vor allem, freilich auch um ihre überzeugende Vermittlung nach außen, auch auf digitale Weise, haben wir uns zu kümmern.

Wenn unter dem Leitthema „Freimaurerei im digitalen Zeitalter" von Chancen, Gefahren und Herausforderungen gesprochen werden soll, so können in Anbetracht der Breite des Themas von mir nur einige zentrale Gesichtspunkte erörtert werden.

Die folgenden *sieben* liegen mir besonders am Herzen:

1. Öffentliche Präsenz

Durch das Internet kommt es zu einer verstärkten, förmlich explosionsartig gesteigerten *Präsenz der Freimaurerei in der Öffentlichkeit* über die Homepages von Logen und Großlogen, den Großlogen-*Newsletter*, die persönlichen Seiten und Blogs der Brüder, die sozialen Netzwerke wie Facebook mit seinen zahlreichen Freimaurer-Gruppen und Twitter, die Mitteilungen der freimaurerischen Kultur- und Forschungseinrichtungen und so weiter und so fort. Auch das wachsende Zusammenwirken von Freimaurern und Freimaurerinnen verdient Interesse. Hier zeichnet sich so etwas ab wie eine Brüder und Schwestern umfassende Gesamtfreimaurerei, und ich neige dazu, darin einen wichtigen Beitrag zur Entwicklung eines ins Positive veränderten Freimaurerbildes in der deutschen Öffentlichkeit zu sehen.

Insgesamt eröffnet die umfangreiche und ständig weiter zunehmende digitale Präsenz der Freimaurerei jedenfalls mannigfaltige, völlig neue Kommunikationsmöglichkeiten zwischen der Freimaurerei, den Logen und der Gesellschaft.

Dies ist vor allem für die Logen von großer Bedeutung: Die Homepage der Loge mit ihrer jeweils spezifischen grafischen Gestaltung und den auf den Charakter der Loge und die örtlichen Bedingungen zugeschnittenen Texten bringt die *Identität der Loge* zum Ausdruck und ist zu einem wesentlichen Mittel geworden, neue Suchende zu gewinnen. Freilich wäre dafür zu sorgen, dass die Logenseiten mit ihren Informationen immer aktuell sind.

2. Gewinnung von Mitgliedern

Durch das Internet – und nicht zuletzt durch die Seiten der Logen – entwickelte sich ein neuer *Mechanismus der Mitgliederrekrutierung*. Alte Mechanismen der Ansprache von Kandidaten für eine zukünftige Logenmitgliedschaft über Verwandte und Bekannte oder auch das Ausfindigmachen von Interessenten durch traditionelle „Schleppnetze“ wie Annoncen in der Tagespresse und öffentliche Veranstaltungen haben gegenüber dem „Superschleppnetz Internet“ ganz erheblich an Wirkungskraft eingebüßt. Logenberichte weisen inzwischen auf Internet-Rekrutierungsquoten von bis zu 90 % hin. Oft wird dies von den Logen als alternativlos und eindeutig positiv hingestellt. Doch trifft man gelegentlich auch auf Skepsis und auf Stolz darauf, dass – ich zitiere den Meister vom Stuhl einer kürzlich von mir besuchten Loge – „die letzten sieben Aufnahmen ohne Beteiligung des Internets zustande kamen.“

In der Tat: Der „Rekrutierungsweg Internet“ kann zum Wachstum der Logen, auch zu Qualitätssteigerung und Verjüngung der Mitgliederstruktur beitragen, – allerdings nur dann, wenn es gelingt, die zweifellos auch angezogenen „problematischen“, manchmal gar „obskuren“ Interessenten rechtzeitig als solche zu erkennen und als Kandidaten auszuscheiden. Dafür, dass diese erst gar nicht an die Logentür anklopfen, müssen und können klare mediale Eigenaussagen der Freimaurer beitragen, „Informationen aus erster Hand“, die solides Wissen transportieren, vor allem aber auch *Wesen und Geist der Freimaurerei* erkennen lassen, die ja so gar nichts mit Düsternis, Obskurantismus und Verschwörungsmythen zu tun haben.

Manche Logen haben außer den üblichen Prüfungsverfahren spezielle „Filter“ eingesetzt, beispielsweise erfahrene Brüder, ohne deren positive Bewertung zum „Internetkandidaten“ kein weiterer Kontakt aufgenommen wird.

3. Kommunikation unter Brüdern

Die Digitalisierung eröffnet vollständig neue Möglichkeiten für die *Kommunikation unter den Brüdern*, national und weltweit. Bereits durch den umfangreichen E-Mail-Austausch, ohne den Freimaurerei in Loge und Großloge wohl kaum noch organisierbar wäre, immer mehr aber auch mittels besonderer Netzwerke, Social media und interner Bestandteile der Logenseiten erhöht sich die Dichte der Kontakte von Brüdern innerhalb der Logen, vor allem aber über die Logengrenzen hinweg, und die Intensität der über Zustand und Entwicklungsmöglichkeiten der Freimaurerei geführten Diskurse nimmt zu. Ich halte dieses *digitale*

Aufeinanderzugehen für hilfreich und positiv, ja für unverzichtbar. Denn *Freimaurerei lebt durch Vernetzung*. Nur wenn viele Brüder – und zunehmend ja auch Schwestern – innerhalb des gemeinschaftlichen Ganzen der Freimaurerei zusammenwirken, kann sich das *soziale und symbolische Kapital* unseres Bundes als Voraussetzung einer stabilen zukünftigen Entwicklung kräftig entfalten.

Allerdings: zuweilen muss – dafür sprechen wirklich die Fakten – auch darüber nachgedacht werden, *wie Stil und Ethik der Kommunikation innerhalb der Freimaurerei verbessert werden können*. Denn es ist in der Tat nicht immer vom Feinsten, was da wahrzunehmen ist.

In einer freimaurerischen Zeitschrift knüpfte der Verfasser kürzlich an das Fastenmotto der evangelischen Kirche an: „7 Wochen ohne runtermachen". Der Autor hielt es für selbstverständlich, dass dies doch auch für den Freimaurer eine zentrale Orientierung für den Umgang mit den Mitmenschen zu sein habe. Doch leider „weit gefehlt". Die Dimension der Auseinandersetzungen im Logenleben stimme ihn nachdenklich. Dabei müsste es doch eigentlich einfach sein, in der Freimaurerei sensibel mit Kritik und Belehrungen umzugehen, sich in der Kommunikation brüderlich, konstruktiv und selbstkritisch zu verhalten und den Mitbruder *weniger runterzumachen* – generell und dauernd und nicht nur für 7 Wochen. Auch ein sehr engagiertes Mitglied einer Facebook-Freimaurergruppe stellt bedauernd fest: „Hier wird nicht selten wenig brüderlich miteinander umgegangen. Hinter einer Tastatur lässt sich jemand leichter kritisieren, als es ihm persönlich ins Gesicht zu sagen. Das Grundprinzip der Brüderlichkeit bleibt auf der Strecke."

Daher gilt bei aller Zunahme der digitalen Kommunikation etwas an sich ganz Triviales und doch oft Übersehenes: *Das persönliche Gespräch ist in der Freimaurerei nicht zu ersetzen*. Die meisten seiner Eigenschaften und Leistungen sorgen dafür, dass es in vielerlei Hinsicht jeder anderen Form des Austauschs einfach überlegen bleibt:

- So bieten persönliche Gespräche permanent Rückkopplungsmöglichkeiten.
- Unklarheiten können durch Rückfragen umgehend beseitigt werden.
- Die Intensität des Kontakts ist hoch, da die nonverbale Ebene der Kommunikation – Mimik, Gestik, Haltung, Blickkontakt – einbezogen ist.
- Auch andere zu überzeugen und für eine Idee zu begeistern, gelingt am besten im persönlichen Gespräch.
- Das „laut denken mit dem Freunde" – das wir so gern für die Freimaurerei beanspruchen – gelingt vor allem in der real präsenten Gruppe.

Schließlich ist das persönliche Gespräch in schwierigen, konfliktträchtigen Situationen der beste Weg zur Lösung von Problemen.

4. Blogs

Eine zunehmende Rolle bei der Repräsentanz von Freimaurern im Internet spielen die sog. Blogs, auf Webseiten gestaltete, meist öffentlich einsehbare Internetpublikationen, in denen mindestens eine Person, kurz „Blogger" genannt, *Aufzeichnungen macht, Sachverhalte protokolliert („postet") oder Gedanken niederschreibt*. Blogs dienen der öffentlichen Information über die Freimaurerei, sie dienen aber auch der Kommunikation der Brüder (und Schwestern) untereinander, indem sie zur Stellungnahme einladen. Sie dienen allerdings auch der Selbstdarstellung, denn mit ihren tagebuchartigen, aus der Ich-Perspektive geschriebenen Einträgen haben die Blogs eine ausgeprägt subjektive Ausrichtung. Der öffentliche Zugang der Blogs bedeutet ein *sich Outen des Bloggers als bekennender Freimaurer*. Dies führt zu einer aus meiner Sicht durchaus erwünschten – und den Unterstellungen der Verschwörungs„theoretiker" widersprechenden – Präsenz des Bruders in der Öffentlichkeit. Ich empfinde die Möglichkeit, an den Gedanken der Blog-Autoren teilzuhaben, als durchaus anregend, auch wenn mich bei den Bloggern gelegentlich ein *ausgeprägter Hang zur Selbstdarstellung* irritiert, dem die Korrektur durch eine Dosis Zurückhaltung und Selbstkontrolle nicht schaden könnte. Eine Zensur der Blogs steht mir nicht zu. Ich möchte aber zwei davon wegen ihrer in meiner Sicht hoch einzuschätzenden Qualität hervorheben:

- den Blog „Freimaurergedanken" von René Schon, wegen seiner Beiträge zur Weiterentwicklung der Freimaurer und (sozusagen als Zugabe) der Wiedergabe vieler von ihm gescannter oft schwer zugänglicher Dokumente, vor allem zum „Freimaurerbund zur aufgehenden Sonne" sowie
- den Blog „FrauMaurer", der von Freimaurerinnen der Frauengroßloge von Deutschland gestaltet wird. Hier werden zu bestimmten Stichworten (dem digitalen Kontext entsprechend heißt es da natürlich „tags") Gedanken geäußert, die ebenso prinzipiell wie modern, ebenso zurückhaltend wie deutlich, ebenso klar wie empathisch ausfallen. Freimaurerei als sich schrittweise

entfaltende Lebenskultur, als Prozess, an dem man teilhaben möchte, weil er menschlich offen sowie intellektuell redlich gestaltet und kommuniziert wird: das wird den Lesern dieser Blogseite auf sympathische Weise nahegebracht.

5. Seriöse und unseriöse Informationen

Durch das Internet sind die *Informationen über die Freimaurerei ins völlig Unüberschaubare* angewachsen, und zwar durch Texte von Institutionen und Personen, von „regulären" und „irregulären" Freimaurern, von Nichtfreimaurern und auch von *ehemaligen* Freimaurern, (womit ein neuer Typus von „Verräter-Publikationen" entstanden ist).

Die Internet-Darstellungen zur Freimaurerei beinhalten seriöse Informationen, sie geben Resultate der Freimaurerforschung wieder und sie machen seltene Quellen zugänglich – etwa durch das Scannen alter Bücher (und ich sage, wahre Schätze sind da zu entdecken). Die Internetdarstellungen transportieren aber auch freimaurerisches Halbwissen sowie alte und neue Fantasie- und Verschwörungswelten, auf die die Freimaurer und ihre Institutionen angemessen zu reagieren haben. Was seriöse Informationen betrifft, die nützlich sind, wenn sie auch Schwächen aufweisen, so würde ich – zum Beispiel nur und sicher sehr unvollständig – hinweisen auf *Wikipedia*, auf *www.freimaurer-wiki.de*, auf die Seite der *Hamburger Internetloge (www.internetloge.de)*, auf *www.muellerscience.com* sowie auf die Seiten des *Netzwerks Freimaurerforschung (www.freimaurerforschung.de)* und der *Forschungsloge Quatuor Coronati (www.quatuor-coronati.de)*.

Zu überlegen wäre, ob es im Internet nicht noch *mehr Material zur konzeptionellen Weiterentwicklung der Humanitären Freimaurer*ei geben sollte. Was ist denn diese Freimaurerei, wenn wir sie nicht immer nur mit der mittlerweile zur Leerformel mutierten Aussage beschreiben wollen: „Ihre Mitglieder stehen in der Tradition des Humanismus und der Aufklärung"? Muss da nicht – um die eigene Identität ganz deutlich zu machen – salopp gesagt „mehr Butter bei die Fische"? Ich meine „ja" und komme später noch einmal darauf zurück.

6. Die Gegner sind präsent

Das Internet eröffnet natürlich auch den Gegnern der Freimaurerei große Spielräume. Eine Fülle von Texten und Filmen im Youtube-Format – versammelt in der Regel um die alten Stichworte: „antichristlich", „okkult" (zuweilen bis hin zum Vorwurf des Satanismus) und „politisch-verschwörerisch" – propagieren pausenlos die Gefährlichkeit der Freimaurerei.

Von besonderer Bedeutung ist dabei, dass die Freimaurerei durch das Internet auf noch nie dagewesene Weise der *Macht der bunten und bewegten Bilder* ausgesetzt ist. Freimaurerfilme im You-Tube-Format – oft solche antimasonischen Inhalts – geistern durch das Netz und ziehen Betrachter an. Die Titel und Bezeichnungen dieser Filme sprechen für sich selber.

Hier einige Beispiele:

- „Wer regiert die Welt? – Juden? Zionisten? Illuminaten? Freimaurer?";

- „Welteroberungspläne der Aufklärer: Freimaurer und Illuminaten“;
- „Wer die Welt wirklich regiert: Über Illuminati, Freimaurer, Bilderberger“.

Ist das schon problematisch genug, so wird es nur selten besser, wenn Freimaurer mit eigenen Filmen oder mit einem allzu unbedachten „Sich-Filmen-Lassen“ darauf zu reagieren versuchen.

Film ist ein „ritualsüchtiges“ Medium, das mit großer Vorsicht gehandhabt werden muss. Wenn Freimaurer sich in rituellen Kontexten in Logenräumen und maurerisch bekleidet filmen lassen, zur Aufklärung der Öffentlichkeit wie sie meinen, in bester Absicht also, dann müssen sie dennoch immer damit rechnen – dies ist durch viele Beispiele belegt –, dass die Produzenten der Filme die *Beiträge der Freimaurer in düstere Kontexte rücken* und dass die so entstehenden Mixturen höchst widersprüchlich angekündigt und kommentiert werden.

So heißt es etwa in der Einleitung des von Arte im Rahmen der dreiteiligen Serie „Geheimbünde“ im Januar 2014 gesendeten, vom ZDF bei terraX wiederholten und jetzt über youtube verfügbaren Freimaurerfilms „Die Erben der Templer“:

> *„Rund vier Millionen Freimaurer gibt es auf der Welt, wohl kein anderer Geheimbund hat mehr Mitglieder. Und doch weiß niemand genau, was in den Tempeln der Freimaurer geschieht. Bei ihrem bizarren Aufnahmeritual müssen die Logenbrüder ein Schweigegelübde ablegen. Wer es bricht, wird bestraft … Aber was fasziniert an dem Geheimbund? Gelangt man im Tempel tatsächlich zu gehei-*

mem Wissen? Und warum dürfen die Freimaurer nicht über die Tempelarbeit sprechen – wenn sie doch nur der Humanität dient, wie die Mitglieder behaupten? ... Und diese ‚Geheimniskrämerei' ist es, die die Verschwörungstheorien nährt.“

Fragt man nach – relativ – gelungenen Filmen zur Freimaurerei, die ebenfalls bei youtube einsehbar sind, so möchte ich drei Produktionen nennen:

- den vom MDR im Rahmen von lexi-tv hergestellten Beitrag „Freimaurer“,
- den für Arte produzierten Film von Michael Meert „Alle Menschen werden Brüder – Die Freimaurer und die Musik“
  sowie
- die von WDR und SWR in Zusammenarbeit mit ARD-alpha in der Reihe „Planet Wissen“ produzierte Dokumentation „Die Geheimnisse der Freimaurer“, die ihr Niveau im Wesentlichen der Mitwirkung von Br. Klaus-Jürgen Grün verdankt.

Zwischenbilanz

Ziehen wir eine Zwischenbilanz: Insgesamt hat das Internet die Ausgangslage für den Diskurs mit der Öffentlichkeit gründlich verändert. Einerseits kann – zumindest partiell – von einer *besser informierten Öffentlichkeit* ausgegangen werden, und die Kommunikation zwischen innen und außen gewinnt an Dichte und Niveau. Andererseits aber muss mit einem – ja durchaus auch dem Zeitgeist entsprechenden – *Aufblühen alter und neuer Verschwörungs- und Fantasy-Welten* gerechnet werden.

Was das letztere betrifft, so gilt freilich bis heute auch dies: Die Freimaurer leiden nicht nur an der sie umgebenden Mythologie, an der faszinierenden Aura des Geheimen, in der Sicht vieler Brüder profitieren sie auch davon. Denn es sind nicht zuletzt die Mythen, die die Freimaurerei im Gespräch halten, die ihr – bis hin zu den Dan-Brown-Fans – viele Neugierige zuführen und die den einen oder anderen Bruder immer wieder in die Versuchung führen, im *Spiegelbild obskurer Verzerrungen die Konturen eigener Bedeutung* zu erkennen. Und so müssen wir uns angesichts des qua Internet gegenwärtig wieder dichter werdenden Geflechts antimasonischer Mythen stets aufs Neue fragen, inwieweit wir selbst durch unsere Bilderwelten, durch manche Schwammigkeit und Prätention der Selbstdarstellung und durch die Art und Weise unserer öffentlichen Auftritte zum Stoff der Mythenbildung beitragen.

7. Umgang mit dem Ritual

Doch ob mit oder ohne Bilder: Nicht zuletzt bietet das Internet in einem Ausmaß ohne jede historische Präzedenz *Informationsmöglichkeiten über die freimaurerischen Rituale*. Mit wenig Zeitaufwand für Recherchen lassen sich die Texte vieler Rituale unterschiedlicher Systeme und Grade ausfindig machen und zwecks Speicherung auf der Festplatte des eigenen Computers „abspeichern".

Die hier vorhandenen Möglichkeiten sind von großer Bedeutung für das gesellschaftliche Bild der Freimaurerei. Denn in der öffentlichen Wahrnehmung, vor allem in der Wahrnehmung der Gegner der Freimaurerei, ist das „maurerische Geheimnis" noch immer *in erster Linie das*

Geheimnis der verschwiegenen Rituale, und die mannigfaltigen Formen von Missdeutungen, Kritik, Ablehnung und Verurteilung machen sich immer wieder am Geheimnis der Rituale fest:

- Für die *Kirchen, namentlich die katholische,* verhüllen sich in den Ritualen Elemente einer alternativen Religiosität, wenn nicht gar einer anderen Religion, zumindest aber der Ungeist des Relativismus.
- Für die *Vertreter der Verschwörungsmythen* bietet der geheime Raum des Rituals den Rahmen für das Aushecken immer neuer Verbrechen und Anschläge gegen die gesellschaftliche Ordnung, gegen Volk und Staat.
- Für den *Volksaberglauben* konstituiert das Ritual die besser strikt zu meidende Welt des Makaber-Gruseligen, bei dem zuweilen auch Satanisches im Spiele ist.
- In der Sicht *intellektueller Kritiker* kaschieren Ritual und Geheimnis Ansprüche auf Selbsterhöhung und persönliches symbolisches Kapital, wenn sie nicht gar als Ausdruck des Lächerlichen gelten, in vielen Variationen, für die der Philosoph Ernst Bloch einst im Architekturkapitel seines Hauptwerks „Das Prinzip Hoffnung" das Motto mit den Worten vorgegeben hatte, Freimaurerei sei nichts als eine „wahnhaft gesittete Mummerei".

Worauf es für die humanitäre Freimaurerei der GL AFuAM angesichts dieser Einstellungen ankommen sollte, ist ein *klares Herausarbeiten und öffentliches – auch digitales – Kommunizieren der Funktionen des Rituals*. Hierzu ist nicht erforderlich, über Einzelheiten des Rituals zu informieren, und somit besteht kein Risiko, die „Arkandisziplin" im traditionellen Sinne zu verletzen – zumal dies ja ohnehin immer wieder im Internet geschieht.

Doch wenn Außenstehende sich detailliert über Rituale informieren können und wenn sie mit Freimaurern darüber kommunizieren wollen, dann benötigen die freimaurerischen Gesprächspartner nicht nur mehr Wissen über Inhalt und Funktion von Ritualen in Freimaurerei, Kultur und Gesellschaft. Erforderlich ist auch eine neue Schwerpunktsetzung im öffentlichen Umgang mit dem Ritual:

- Einmal wäre deutlich zu machen, dass das Ritual zwar ein wesentliches Element der Freimaurerei darstellt, dass die *Freimaurerei sich aber keineswegs im Rituellen erschöpft*, sondern auch *Freundschaft, Geselligkeit, ethische Orientierung und moralisches Handeln als gleichwertige Bestandteile* umfasst.
- Zum anderen hätte an die Stelle einer Begriffswelt, die um „Arkandisziplin" und „Geheimnis" angesiedelt ist, eine Begriffswelt zu treten, die um konstituierende Merkmale der Freimaurerei wie *Privatheit, Diskretion und Schutz des persönlichen Vertrauens* kreist.

Diskretion und *Privatheit* sind gerade auch bei digitaler Kommunikation unverzichtbar und vom Freimaurer zur eigenen Sicherheit und zur Sicherheit seiner Brüder unbedingt zu bewahren.

Vor allem aber kommt es darauf an, die für das Ansehen der Freimaurerei relevanten „Öffentlichkeiten" der modernen Gesellschaft über das zu informieren, *was freimaurerische Rituale ihrem Wesen nach sind, welche Funktionen sie im Freimaurerbund wahrnehmen sollen und durch welche Dimensionen sie beschrieben werden können.*

Mir käme es darauf an, in unseren Selbstdarstellungen – seien sie digital oder analog – im Hinblick auf das freimaurerische Ritual deutlich zu machen, dass es sich bei diesem um nichts Magisches, wenn nicht gar Obskures handelt, sondern um ein *spezifisches Medium der Kommunikation,* das Denkanstöße vermittelt, den Freimaurer durch Symbole und symbolische Handlungen formt und der sozialen und diskursethischen Praxis der Loge eine die Gesamtperson des Bruders erfassende spirituelle Dimension hinzufügt.

Insgesamt muss in der digitalen Kommunikation mit der Gesellschaft klar erkennbar sein, *was Humanitäre Freimaurerei ist und was sie nicht ist.*

Und ich wiederhole einen Gedanken von vorhin:

Wenn wir immer wieder herausstellen, als Alte Freie und Angenommene Maurer *in der Tradition des Humanismus und der Aufklärung* zu stehen, so ist dies zwar richtig, aber es kann keineswegs genügen. Es genügt auch nicht die Beschäftigung mit der humanistisch-aufklärerischen Tradition vergangener Epochen. Was Humanismus und Aufklärung *heute* bedeuten, was ihre Quellen und Bezüge *in der Gegenwart* sind und auf welche Weise sie der Freimaurerei *im Hier und Jetzt* der zur digitalen Gesellschaft werdenden Moderne Profil geben, insbesondere auch der Praxis der Freimaurerei, das müsste – so scheint mir – *viel klarer erarbeitet und kommuniziert werden* als bisher.

Stichwort „erarbeitet“: Wenn sich die Großloge AFuAM jetzt anschickt, den Brüdern Erläuterungen und Einführungen, ja „Handbücher“ zur Verfügung zu stellen, so sollten sich diese nicht allein auf die Sektoren „Freimaurerische Ordnung“ und „Ritual“ beziehen. Ich sehe *Entwicklungs-* und *Erläuterungsbedarf* vor allem im Hinblick auf die *konzeptionellen Inhalte* der Freimaurerei. Erst wenn wir wissen, was Humanitäre Freimaurerei *inhaltlich* für uns bedeuten soll, lässt sich erörtern, *in welchen rituellen For-*

men unsere Konzeptionen sinnvoll Ausdruck finden können. (Und über eines sollten wir uns im Klaren sein: Durch immer neue Preisverleihungen an Außenstehende lässt sich eigenes Profil nicht gewinnen.)

Was die *Kommunikation* betrifft, so ist das Internet in all seinen Erscheinungsformen zum unverzichtbaren Medium geworden. Doch weil wir im Internet ja *nicht unter uns* sind, weil wir vielmehr permanent auf die zerklüfteten Welten der Fehlinformationen, des Halbwissens, der gut gemeinten, aber wenig überzeugenden Selbstdarstellungen, der böswilligen Unterstellungen und der Verschwörungspathologien stoßen, sollten wir *ebenso klar wie deutlich, ebenso modern wie adäquat vernetzt* in unseren medialen Auftritten sein.

Wie wir das am besten machen, muss *schnell und gründlich überlegt und umgesetzt* werden.

Die Internetpräsenz unserer Logen, der Großloge, der freimaurerischen Einrichtungen und der Brüder muss *in ihrer Gesamtheit* zu einer sicheren Basis für Wissen und Beurteilung werden, zu einer verlässlichen Wegweisung in die faszinierenden Landschaften der Freimaurerei. Die Bausteine einer solchen Freimaurerei – *Geselligkeit und Freundschaft, ethische Orientierung, rituelle Einbettung und Vermittlung von Lebenskultur* – sollten auf den von Freimaurern gestalteten Internetseiten unmissverständlich deutlich werden. Helfen dabei würde sicher auch mehr Information über die guten Freimaurer-Beiträge im Netz.

Mut zum Unterscheiden, Arbeit an eigener Verhaltenskultur

Erforderlich ist schließlich, Klarheit darüber zu vermitteln, wodurch sich die Humanitäre Freimaurerei *von anderen Spielarten des freimaurerischen Formenkreises unterscheidet*, etwa von der religionsnahen christlichen Konzeption und Praxis der Großen Landesloge (FO). Nicht zuletzt die Suchenden müssen rechtzeitig erkennen können, dass es *voneinander abweichende Formen und Verständnisse von Freimaurerei* gibt, die der Redlichkeit halber nicht verwischt werden und nicht erst nach der Aufnahme sichtbar werden dürfen. Die Vorstellung, es gäbe „nur eine Freimaurerei" in Deutschland, ist nichts weiter als ein Mythos, der den Blick auf die Realität verstellt und sich negativ auswirkt auf die Klarheit der humanitären Konzeption der Großloge AFuAM und ihrer Praxis. Daher sollten nicht zuletzt im Hinblick auf das große Jubiläum 2017 die Unterschiede innerhalb der deutsche Freimaurerei nicht außer Betracht gelassen werden.

Schließlich noch einmal in aller Deutlichkeit: Unverzichtbar bei allem, was mit der digitalen Kommunikation geschieht, ist die Hebung des brüderlichen Umgangsniveaus, ist die wirklich ernst genommene und nicht nur deklaratorische Arbeit an der eigenen maurerischen Verhaltenskultur.

Stil und Inhalt sind in der Freimaurerei nicht zu trennen. Auch durch die Art und Weise, über die Freimaurerei zu kommunizieren, aber auch über die Herausforderungen der „profanen Welt" und die Pflichten des Freimaurers, sich ihnen gegenüber zu bewähren, wecken wir bei interessierten und geeigneten Außenstehenden den Wunsch, Freimaurer zu werden.

Freimaurerei – überzeugend praktiziert – hat einen hellen, lichten Klang. Aber denken wir daran, meine Brüder: es ist der Ton, der die Musik macht.

Wieder einmal Lessing
Auf den Spuren eines modernen Denkers

Vortrag auf der 52. Arbeitstagung der Forschungsloge „Quatuor Coronati", 14. und 15. Oktober 2017 im Logenhaus Lemförder Straße, Hannover

„Nichts geht über das laut denken mit einem Freunde."

Gotthold Ephraim Lessing, Ernst und Falk

Zukunft braucht Herkunft

Warum interessieren uns die „klassischen" Autoren der Freimaurerei? Kommt es daher, dass uns Freimaurern von heute nichts mehr einfällt? Suchen wir den Trost der vergangenen Hoffnung, der von ihnen ausgeht? Benutzen wir sie je nach Standpunkt argumentativ im Streit der freimaurerischen Lehrarten? Oder sind sie für uns *inhaltlich* wichtig, durch die Konzeptionen, für die sie stehen, durch ihre spezifischen Sichtweisen von Freimaurerei, wegen der „wahren Ontologien" des Bundes, an denen sie sich abgearbeitet haben, oder auch durch ihr methodisches Vorgehen, durch die Art und Weise der „Annäherung an Freimaurerei", die wir bei ihnen vorfinden?

Sicher ist von allem etwas dabei, und gleichermaßen ist eines gewiss: Die Tradition des Humanismus und der Aufklärung ist – vom Standpunkt der Freimaurerei aus betrachtet – nun einmal die Tradition der Lessing und der Herder und der Wieland und der Fichte.[82] Und wir brauchen diese Tradition! Insbesondere der kürzlich verstorbene Gießener Philosoph Odo Marquardt hat immer wieder überzeugend dargelegt, dass „Herkunft" erforderlich ist, wenn Gegenwart und Zukunft gelingen sollen. Seine Argumente: Wir Menschen sind „zeitknapp". Die Kürze unserer Existenz hindert uns daran, jeweils neue Komplettausstattungen unserer Lebenswelten zu schaffen. Menschen vertragen nicht zu viel Innovation, und unsere Veränderungen müssen getragen werden durch unsere Nichtveränderungen: „Neues ist nicht möglich ohne viel Altes; Zukunft braucht Herkunft."[83]

Allerdings müssen wir fragen, welche „Herkünfte" als Grundlagen für die Gestaltung der Zukunft taugen, und da meine ich, dass unter „unseren" Klassikern kaum einer im Hinblick auf Inhalte und Methoden so wichtig, so anregend, so ergiebig für uns Freimaurer von heute ist wie Gotthold Ephraim Lessing: Einerseits bietet uns Lessing immer wieder inspirierende Themen für eigene Variationen, andererseits lehrt uns der Umgang mit ihm durch die knapp zweieinhalb Jahrhunderte masonischer Lessing-Rezeption hindurch, wie man mit den Leuchttürmen der Vergangenheit besser nicht umgehen sollte.

82 Ausführlich dazu: Höhmann, Hans-Hermann: *Zwischen Esoterik und Aufklärung. Humanistische Freimaurerei als Projekt für des 21. Jahrhundert*, Leipzig 2013, S. 24-33.

83 Marquard, Odo: *Zukunft braucht Herkunft. Philosophische Betrachtungen über Modernität und Menschlichkeit*, in: *Philosophie des Stattdessen. Studien*, Stuttgart 2000, S. 66-78, hier S. 71.

Ressourcen der Freimaurerei und Notwendigkeit historischer Reflexion

Doch machen wir zunächst einen Umweg und fragen wir, worin eigentlich die Ressourcen der Freimaurerei bestehen, wenn diese am Markt der sozialen Einbindung tätig werden und erfolgreich seien will?

Drei wesentliche Faktoren auf der Seite unseres Bundes sind – so meine ich – zu benennen, wenn wir erklären wollen, was Menschen zur Freimaurerei bringt: (1) geistige Lebendigkeit und intellektuelles Niveau, (2) mitmenschliche Empathie und soziale Offenheit sowie (3) überzeugende Inhalte in konzeptioneller, ritueller und strukturell-organisatorischer Hinsicht.

Die ersten beiden Faktoren verstehen sich von selbst. Sie sind unverzichtbare, wenn auch oft defizitäre Kernelemente der freimaurerischen Praxis. Wenn wir nach dem dritten Faktor, nach den Inhalten fragen, wenn wir mit Lessing wissen wollen „was und warum die Freimaurerei ist", dann antworten wir gern mit Hinweisen auf Humanismus und Aufklärung, und die Bekenntnisse dazu gehen uns locker über die Lippen. Doch ein eigentlicher „Humanismus- und Aufklärungsdiskurs" ist innerhalb der deutschen Freimaurerei der Gegenwart kaum zu entdecken. Die Beschäftigung mit beidem – mit H & A, so kürze ich sie einmal ab, – ist außerhalb unseres Bundes, in der profanen intellektuellen Landschaft der Gesellschaft, viel inhaltsreicher und lebendiger als bei uns. Insbesondere zur Frage, was H & A *heute* bedeuten, sind wir oft allzu wortkarg. Auch wenn man uns fragt, was denn unsere *Quellen* sind für einen *im Hier und Heute plausiblen Humanismus* und für eine auf *stimmige*

Weise reflektierte Aufklärung, geraten wir nicht selten in Verlegenheit.

Wir müssen also fleißig sein, wenn wir *bewusst* und *nach innen und außen auskunftsfähig* in der Tradition von Humanismus und Aufklärung stehen wollen. Und dies bedeutet vor allem, das Denken des 18. Jahrhunderts zu erfassen und produktiv neu zu denken. Denn so wichtig die Verständigung über die Realitäten von heute im Diskurs der Freimaurer über ihre Konzepte ist, die notwendige Tiefe gewinnen diese Diskurse doch nur dann, wenn sie sich mit *Erinnerungskultur und historischer Reflexion* verbinden, denn noch einmal: Zukunft braucht Herkunft.

Die europäischen Bürgerkriege des 19. und 20. Jahrhunderts haben dem Europa der Aufklärung im *Sinne einer den europäischen Eliten gemeinsamen Lebens- und Denkweise ein Ende* gesetzt. An diese gemeinsame Lebens- und Denkweise hätten die heutigen Eliten Europas – und darunter auch die Freimaurer – wieder anzuknüpfen. Um aber an gemeinsame Vergangenheiten anknüpfen zu können, müssen die Europäer der Gegenwart – so hat es der in Harvard lehrende amerikanische Historiker Robert Darnton einmal formuliert – „einen Salto rückwärts über das 19. und 20. Jahrhundert springen und sich von Neuem mit der europäischen Dimension des Lebens im Zeitalter der Aufklärung auseinandersetzen".[84]

Nicht, dass irgendwer das 18. Jahrhundert wieder aufleben lassen wollte – lebte damals doch die große Mehrheit

84 Darnton, Robert: *Das Glück der Gemeinschaft*, in: Aust, Stefan/Schmidt-Klingenberg, Michael (Hrsg.): *Ein Kontinent macht Geschichte. Experiment Europa,* Stuttgart/München 2003, S. 125-143, hier S. 126.

der Europäer im Elend und war doch die Aufklärung selbst eine komplexe Bewegung voller Widersprüche und Gegenströmungen – Stichwort „Dialektik der Aufklärung“. Doch die Aufklärung ist nun einmal der Ursprung der freiheitlich-demokratischen Werte, die heute das *Herzstück unserer Gesellschaft* ausmachen und das in einer Form, die eine wirkliche, zukunftsträchtige Alternative zum Nationalismus, zum völkischen Denken und zum Fundamentalismus ermöglicht. Und wenn wir „neu Denken“ und „Aufklärung“ im 18. Jahrhundert sagen, dann sind wir bei Gotthold Ephraim Lessing.

Lessings Freimaurer-Schriften

Drei Arbeiten Lessings sind für die Freimaurerei von besonderer Bedeutung: (1) „Nathan der Weise“, als dramatische Erzählung von Menschlichkeit, religiöser Toleranz, Relativität des Glaubens und Bindungskraft der Freundschaft, (2) die „Erziehung des Menschengeschlechts“ als Quintessenz von Lessings religionskritischem Denken, als analytisches Bekenntnis zur Wandelbarkeit des Religiösen im Prozess der Geschichte und (3) „Ernst und Falk. Gespräche für Freymäurer“ als Begründung der „Wesenheit Freimaurerei“ und als Verortung ihres Geheimnisses in den „wahren Taten“ der Freimaurer. Im „Nathan“, vor allem aber in der „Erziehung des Menschengeschlechts“ geht es Lessing um die Perspektive einer vernünftig-moralischen Autonomie des Menschen als dem gesetzmäßigen Resultat seiner Entwicklung:[85]

85 Vgl. hierzu und zum Folgenden: Förster, Wolfgang: *Lessings Religionskritik und Geschichtsphilosophie – Kul-*

Als schließlich hervortretende Wahrheit Gottes erscheint die Natur. An die Stelle göttlichen Handelns tritt das Tun der Menschen. Den Platz der Erlösung nimmt die zukünftige Gestaltung des Diesseits ein. An die Stelle chiliastischer Erwartung tritt ein gesetzmäßiger Prozess, in dem sich Tun und Erkennen der Menschen entwickeln und sich ihre Kräfte entfalten, um Gutes zu bewirken.

Die „Erziehung des Menschengeschlechts“ markiert den Transformationsprozess von Theologie in Philosophie, in die Philosophie der bürgerlichen Gesellschaft. Die theoretische Begründung menschlicher Selbstbestimmung ist die Quintessenz des religionskritischen Denkens Lessings.[86]

Behandelt Lessings „Erziehung des Menschengeschlechts“ die moralisch-geistige Bildung der Menschheit in ihrem Fortschreiten von Stufe zu Stufe, so beinhalten die zur gleichen Zeit entstandenen „Freimaurergespräche“ die Begründung und Beschreibung der *wahren Taten der Freimaurer,* die erforderlich sind, um die *Glückseligkeit jedes einzelnen Individuums* in der bürgerlichen Gesellschaft zu verwirklichen.[87] Denn, so heißt es scharf anti-ideologisch pointierend in Lessings Text, die Natur habe nicht „die Glückseligkeit eines abgezogenen Begriffs – wie Staat, Vaterland und dergleichen zur Absicht gehabt, sondern die Glückseligkeit *jedes wirklichen einzelnen* Wesens“.

---

minationspunkt der deutschen Aufklärung, http://www.zeitschrift-marxistische-erneuerung.de/article/533.lessings-religionskritik-und-geschichtsphilosophie-kulminationspunkt-der-deutschen-aufklaerung.html, aufgerufen am 07.11.2017, siehe auch die dort angegebene Literatur.

86 Ebenda.

87 Ebenda.

Lessings Freimaurergespräche *Ernst und Falk* sind für jeden nachdenklichen Freimaurer von bleibender Faszination.[88] Nicht allein die geschichtliche, die aktuelle Bedeutung der Schrift gilt es zu entdecken, wenn nach konzeptioneller Orientierung für die Logen- und Großlogenpraxis der Gegenwart gesucht wird. Gewiss: Lessings Schrift ist nicht als direkt anwendbarer analytischer Kommentar zur gesellschaftlichen Gegenwart zu lesen. Sie steht im Kontext des späten 18. Jahrhunderts und muss primär als Beitrag zum staatsphilosophischen Diskurs der Spätaufklärung verstanden werden. Doch ist der Text erstaunlich aktuell geblieben und zwar sowohl wegen seines analytischen Gehalts in inhaltlicher und methodischer Hinsicht als auch wegen seiner Qualität als brillante Themenvorgabe für das eigene gegenwartsbezogene Weiterdenken.

Lessing-Perzeption im Kontext der Freimaurerei ist als solche allerdings weder neu noch originell. Immer wieder wurde versucht, Lessing im Allgemeinen und *Ernst und Falk* im Besonderen für jeweils konkrete freimaurerische Begründungsbedürfnisse zu nutzen. Aus der Schrift in Vorträgen, Tempelzeichnungen und Artikeln zustimmend oder kritisch zu zitieren, war innerhalb der deutschen Freimaurerei ins-

88 Die interessanteste Edition ist immer noch: Lessing, Gotthold Ephraim: *Ernst und Falk mit den Fortsetzungen Johann Gottfried Herders und Friedrich Schlegels, hrsg. und mit einem Nachwort versehen von Ion Contiades*, Frankfurt am Main 1968. Vgl. auch Dziergwa, Roman: *Lessing und die Freimaurerei. Untersuchungen zur Rezeption von G. E. Lessings Spätwerk „Ernst und Falk. Gespräche für Freymäurer" in den freimaurerischen und antifreimaurerischen Schriften des 19. und 20. Jahrhunderts (bis 1933)*, Frankfurt am Main u. a. 1992.

besondere im langen 19. Jahrhundert weit verbreitet. Gesamtsicht und Dialektik des Ansatzes wurden freilich dabei oft verfehlt, und von Lessings geschlossenem Entwurf blieb meistens nur ein Steinbruch für Zitate übrig. Insbesondere wurde – dem Zeitgeist folgend – die Bedeutung Lessings als einem gesellschaftspolitischen Denker von hohem Rang fast regelmäßig übersehen.

Häufig wurde Lessing zur Galionsfigur im masonischen Richtungsstreit. Während die liberal-humanitäre Richtung Lessing mit pseudoreligiösen Weihen umgab und ihn als Fahnenträger an die Spitze ihrer jeweiligen tages- und logenpolitischen Forderungen stellte, lehnten altpreußisch-christlich orientierte Autoren Lessings vermeintlichen Rationalismus ab und zogen sich ihm gegenüber in ein emotionales, christlich-mystisches Erlebnis von Freimaurerei zurück.

Als die extremen Exponenten der Verherrlichung und der Verdammung Lessings können Joseph Gabriel Findel und Ferdinand Runkel genannt werden.[89] Für Findel ist Lessing der „Wegweiser der Nation", der „Bannerträger des Lichts", „der Luther der Aufklärung", der Führer, der „die deutsche Freimaurerei auf den Boden der alten und unverfälschten Maurerei zurückbringt".

Die entgegengesetzte Extremposition vertritt Ferdinand Runkel, der in seiner „Geschichte der Freimaurerei in Deutschland" von 1932 feststellt, dass es für Lessing als dem „Kritiker" und „Rationalisten" schlechterdings un-

---

89 Vgl. Dittrich, Wolfgang: *Aspekte der Lessing-Rezeption in der deutschen Freimaurerei*, in: *Quatuor Coronati Jahrbuch für Freimaurerforschung*, Nr. 41/2004, S. 149-168. Die Findel- und Runkelzitate sind dem Text von W. Dittrich entnommen.

möglich sei, das Wesen der Freimaurerei zu erkennen. Lessings Gedanken seien „sehr überschätzt worden“, der Dichter spräche von der Freimaurerei „wie der Blinde von der Farbe“ und „das innere Wesen der Kunst, das Mysterium (sei ihm) nicht aufgegangen. Jeder Freimaurer, der im Christentum die höchste Form des religiösen Mysteriums erlebt hat, (müsse) Lessing als Freimaurer ablehnen.“

Doch verlassen wir den Streit um Lessing und versuchen wir, dem ungebrochenen intellektuellen Anregungspotenzial nachzugehen, das von Lessing ausgeht.

Ungebrochenes intellektuelles Anregungspotenzial

Die Entwicklung der Moderne seit der Aufklärung hat große Errungenschaften gebracht. Sie hat in ihrer Dialektik aber auch zu Strukturen, Verhaltensweisen, Abläufen und Denkgewohnheiten beigetragen, die die humanitäre Substanz der Gesellschaft bedrohen und gefährliche Spaltungen aufreißen lassen:

Ich kann im heutigen Kontext nur Stichworte dazu nennen: Kriege alten Typs zwischen Staaten und neuen Typs innerhalb von Gesellschaften; Fundalismen und terroristische Gewalttaten; Animositäten zwischen den Vertretern verschiedener Ethnien und Kulturen; Disharmonien zwischen den Menschen und ihren natürlichen Lebensgrundlagen; innerpersonale Trennungen und Entfremdungen des Menschen: Verlust eines stabilen menschlichen „Selbst“.

Soll nun die Gesellschaft – national wie international – eine Zukunftsperspektive haben, so bedürfen alle diese Trennungen der Überwindung. Überwinden von Trennungen aber ist nichts anderes als das große Thema Lessings. Lessings humanistischer Ausgangspunkt – und damit zentraler Angelpunkt seiner allgemeinen wie freimaurerischen Anthropologie – ist, ich habe bereits darauf hingewiesen, die Glückseligkeit jedes einzelnen Menschen. Staat und bürgerliche Gesellschaft sind für die Menschen geschaffen, damit „in dieser Vereinigung jeder einzelne von ihnen seinen Teil von Glückseligkeit desto besser und sicherer genießen kann". Überindividuelle, kollektivistisch-ideologische Staatszwecke lehnt Lessing ab: „Jede andere Glückseligkeit des Staates", so heißt es weiter, „bei welcher auch noch so wenig einzelne Glieder leiden und leiden müssen, ist Bemäntelung der Tyrannei. Anderes nicht!"

Aber Staat und bürgerliche Gesellschaft können – so Lessing weiter – nur vereinigen, indem sie die Menschen zugleich trennen. Auch die beste Staatsverfassung kann nicht die Existenz mehrerer Staaten verhindern, denn ein universeller Weltstaat wäre aufgrund seiner ungeheuren Dimension zu keiner Verwaltung fähig. Mehrere Staaten aber hätten unterschiedliche Interessen, Gewohnheiten und Sitten, folglich unterschiedliche Sittenlehren und deshalb wiederum verschiedene Religionen.

Aber nicht nur in verschiedene Völker und Religionen teile und trenne die bürgerliche Gesellschaft, nein, in Form der unterschiedlichen Stände setze sie ihre Trennungen gleichsam bis ins Unendliche fort. Diese Trennungen sind in Lessings Sicht „schrecklich", aus ihnen folgt das Übel der Welt, und dennoch sind sie – dies sieht Lessing viel realistischer als siebzig Jahre später Karl Marx – prinzipiell unaufhebbar: denn ihre Aufhebung würde Staat und Gesellschaft selbst zerstören. Lediglich als Vision einer fernen Zukunft ist der Gedanke einer Aufhebung von Staat und traditioneller Gesellschaft zulässig.

Von Übel sind auch die Rückwirkungen der Trennungen auf die Menschen, denn „wenn jetzt ein Deutscher einem Franzosen, ein Franzose einem Engländer ... begegnet, (– aktuell wäre zu sagen: ein Deutscher einem Türken begegnet –) so begegnet nicht mehr ein *bloßer* Mensch einem *bloßen* Menschen, die vermöge ihrer gleichen Natur gegeneinander angezogen werden, sondern ein *solcher* Mensch begegnet einem *solchen* Menschen, die ihrer verschiedenen Tendenz sich bewußt sind, welches sie gegeneinander kalt, zurückhaltend, mißtrauisch macht, noch ehe sie für ihre einzelne Person das geringste miteinander zu schaffen und teilen haben."

Mit der gleichen Notwendigkeit, wie die Menschen den Staat brauchen, wie dann aber Trennungen entstehen zwischen Völkern, Religionen und Ständen, wie diese Trennungen wiederum mit unvermeidbaren Übeln verbunden sind, muss es nun Menschen geben, die durch Taten besonderer Art, Taten nämlich, die überflüssig machen, was man gemeinhin „gute Taten" nennt und was wir heute unter den Komplex der Sozialpolitik subsumieren würden, die durch hiervon *grundsätzlich zu unterscheidende „wahre" Taten* die genannten unheilvollen Trennungen so weit als möglich überbrücken, – ohne die Trennungen selbst, wegen der gleichfalls zerstörerischen Wirkungen, die dies zur Folge hätte, gänzlich abzuschaffen.

Doch nicht alle Menschen sind zu solchen Taten befähigt, nur eine Elite ist in der Lage, an diesem guten Werk mitzuwirken. Diese Menschen, die weisesten und besten eines jeden Staates, aber sind die Freimaurer, die Freimaurer, die es – wie Lessing sagt – „mit zu ihrem Geschäft gemacht haben, die Trennungen, durch die die Menschen einander so fremd werden, wieder so eng wie möglich zusammenzuziehen." Dies sind die „wahren Taten" der Freimaurer, und aus ihnen besteht ihr Geheimnis. Solchermaßen „wahre Taten" zu vollbringen bedeutet aber, so Lessing zum Schluss seiner Schrift, „Grundsätze der Freimaurerei exoterisch zu machen, und (lediglich) das, was sich nicht exoterisch machen läßt, unter Hieroglyphen und Symbolen zu verstecken".

Liest man Lessings „Ernst und Falk" im Hinblick auf die Vorwegnahme moderner Ideen, so entdeckt man im Kontext der „wahren Taten" einen Gedanken, der mehr als 200 Jahre später als die sogenannte „Böckenförde-Formel" wieder auftaucht. Der freiheitliche Rechtsstaat, so der Rechtsprofessor und Verfassungsrichter Ernst-Wolfgang Böckenförde im Jahre 1976, lebe von Voraussetzungen, die er um der Freiheit Willen durch Gesetz und Rechtszwang selbst nicht schaffen können und die, sollen sie in der politischen und gesellschaftlichen Realität wirksam werden, auf „die moralische Substanz des Einzelnen und die Homogenität der Gesellschaft" angewiesen seien.[90] Bei Lessing heißt es dem Sinne nach gleich, dass der Staat die „schrecklichen Grenzen" zwischen Staaten, Kirchen, gesellschaftlichen Gruppen und Individuen durch Gesetzeskraft nicht einreißen könne. Zu ihrer Überwindung bedürfe es vielmehr eines „zusätzlichen Werkes", eines *opus supererogatum*, und

90 Böckenförde, Ernst-Wolfgang: *Die Entstehung des Staates als Vorgang der Säkularisation*, in: *Recht, Staat, Freiheit, Studien zur Rechtsphilosophie, Staatstheorie und Verfassungsgeschichte*, Frankfurt am Main 1991, S. 42-64, hier S. 60.

er wünscht sich, dass die Freimaurer es „mit zu ihrem Geschäft“ machten, daran kräftig Anteil zu haben.

Sozialer Rahmen dieser Kultur der Vermittlung, deren Medium und Ziel Freundschaft und Menschenliebe sind, und die sich in einem offenen Prozess der Wahrheitssuche realisiert, ist die bürgerliche Gesellschaft, deren vehementer Anwalt Lessing ist. *„Die bürgerliche Gesellschaft – wofür hältst Du sie?“*, fragt der Freimaurer Falk seinen Freund Ernst beim Spaziergang auf der Bad Pyrmonter Hauptallee. Und dieser erwidert: *„Für etwas sehr Gutes“*. Denn – so stimmen die Freunde überein: *„... das bürgerliche Leben des Menschen, alle Staatsverfassungen sind nichts als Mittel zur menschlichen Glückseligkeit“*. Und ein wenig später – nach Erörterung auch ihrer negativen Seiten – präzisiert Falk das für das politische Aufklärungsverständnis Lessings Wesentliche: *„Wenn die bürgerliche Gesellschaft auch nur das Gute hätte, dass allein in ihr die menschliche Vernunft angebauet werden kann, ich würde sie auch bei weit größeren Übeln noch segnen.“*[91]

Lessings Begriff von Freimaurerei

Lessings vielschichtiger Begriff von Freimaurerei lässt mindestens vier verschiedene, bis heute fruchtbare Aspekte erkennen:

- Freimaurerei „ihrem Wesen nach“, d. h. als gesellschaftliche Funktion, Trennungen zu überwinden, und als solche „ebenso alt wie die bürgerliche Gesellschaft“;

91 Lessing, Ernst und Falk, a.a.O., S. 26.

- Freimaurerei als Elite der Weisesten und Besten, die die genannte gesellschaftliche Funktion des Brückenschlags zwischen Nationen, Religionen und Ständen als *opus supererogatum* ausübt;
- Freimaurerei als historisch-konkrete Erscheinung des ausgehenden 18. Jahrhunderts, die von Lessing überwiegend kritisch behandelt wird, und schließlich
- Freimaurerei als Freundschaftsbund, als Mitmenschlichkeit im Dialog, („nichts geht über das *laut denken* mit einem Freunde"), als fruchtbare Methode auch, durch Fragen dem Gesprächspartner zu Wissen und klaren Begriffen zu verhelfen.

Freimaurerei als jetzt und in Zukunft wahrzunehmende gesellschaftliche Funktion und Freimaurerei als reale historische Erscheinung fallen nicht zusammen, denn „Loge verhält sich zur Freimaurerei wie Kirche zum Glauben". Hier setzt der freimaurerkritische Schriftsteller Lessing ein, dem, wie er sagt, „das Logenwesen, so wie es jetzt getrieben wird, gar nicht zu Kopf will", und der eine anregende, aber auch unbequeme Lektüre zur Frage bietet, wie weit die jeweils real existierende Freimaurerei von der „Wesenheit Freimaurerei" abfallen und sich Freimaurerei von sich selbst entfernen kann.

Lessing kritisiert aber nicht nur das zu seiner Zeit verwirklichte „konkrete Schema der Freimaurerei" mit seinen Tempelherren- und Goldmacherschwärmereien, – weshalb sein Protagonist Ernst, der inzwischen Freimaurer geworden ist, seinem Freund Falk ja auch den Vorwurf macht, er habe ihn zu einem *albernen Schritt verleitet*, Lessing stellt auch den Ansatz einer institutionalisierten Freimaurerei überhaupt in Frage, beruhe doch Freimaurerei „im Grunde nicht auf äußerlichen Verbindungen, die so leicht in bürgerliche Anordnungen ausarten; sondern auf dem gemeinschaftlichen Gefühl sympathisierender Geister".

Freimaurerei ist ein Freundschaftsbund. Trennung durch und in Freundschaft zu überwinden, über die „wichtigsten Dinge" laut mit dem Freunde nachzudenken, trennende Mauern mit kommunikativen Leitern zu überwinden, darin bestehen die Taten, die „wahren Taten" der Freimaurer. Lessing spricht vom Hang, „in und neben der großen bürgerlichen Gesellschaft, kleinere vertraute Gesellschaften zu bilden", entwickelt, um diesen Gesichtspunkt plausibel zu machen, die zwar historisch verfehlte, aber konzeptionell stimmige Masonei-These und definiert am Ende seiner Schrift Freimaurerei als die Gesellschaft, „die sich von der Praxis des bürgerlichen Lebens zur Spekulation erhebt, um zu untersuchen, was unter dem Brauchbaren wahr ist", d. h., was der Idee der „wahren" Taten entspricht.

Lessing und die Freimaurerei der Gegenwart

Was kann Lessing im Hinblick auf die Freimaurerei der Gegenwart für uns bedeuten? Folgende Konsequenzen und Anwendungen scheinen mir interessant:

Zunächst: Lessings analytischer Grundbefund, dass die bürgerliche Gesellschaft gespalten ist, und dass zwischen den unterschiedlichen Gruppierungen, aus denen sie besteht, Klüfte und Gräben bestehen, die den inneren wie den äußeren Frieden gefährden und die man nicht dadurch beseitigen kann, dass man die Strukturen der Gesellschaft zerstört, ist für heute ebenso aktuell wie für das 18. Jahrhundert. Jede pluralistische Gesellschaft bedarf des Kittes, der sie zusammenhält – so kürzlich Bundespräsident Steinmeier – und jeder Gesellschaft – so ebenfalls jüngst der Bundespräsident – droht Zersplitterung durch immer wieder neu errichtete Mauern. Und je mehr sich die Gesellschaft aufspaltet, wie wir es in der Tat gegenwärtig erleben, desto dringlicher stellt sich die Frage nach wirkungsvollen Überbrückungsstrategien. Um solche zu entwickeln, bedarf es geeigneter Institutionen, problemadäquater politischer Konzepte und Politiker mit Leidenschaft und Augenmaß (Max Weber). Es bedarf aber auch der gesellschaftlichen Resonanz, es bedarf einer den internationalen und sozialen Frieden fördernden politischen Kultur, es bedarf einer Einstellung der Eliten, die so wirkt, wie Lessing es sich vom *opus supererogatum* der Freimaurer versprochen hat.

Lessings Verständnis der bürgerlichen Gesellschaft und ihrer Trennungen gilt aber nicht nur für den Bereich von Politik und Gesellschaft. Sie lässt sich auf die Freimaurerei übertragen: Auch der Freimaurerei geht es – „ontologisch" im Sinne Lessings betrachtet – um den wirklichen heutigen Einzelmenschen, seine Freiheit und Würde, rituell bestimmt durch seine individuelle Initiation. Um diese zu vermitteln, bedarf es der Vereinigung zur Freimaurergruppe, zur Loge insbesondere, zur Großloge. Diese Freimaurergruppen aber sind wie Staat und Gesellschaft, sie vereinigen nicht nur, sondern sie trennen auch. Und während sie institutionell-organisatorisch trennen, verändern und verwandeln sie die Menschen in den Logen. Aus *bloßen* Brüdern werden *solche* Brüder: Brüder unterschiedlicher Logen mit zuweilen gegensatzlichen Interessen; Brüder verschiedener Großlogen und Lehrarten mit oft seltsamen Ambitionen: anglophile und frankophile Brüder; Brüder mit hohen Graden und Brüder ohne solche; reguläre Brüder und – horribile dictu – irreguläre Brüder und so weiter und so fort.

Die Folge ist, dass aufgrund dieser Trennungen alles andere als ein hohes Konfliktpotential innerhalb der Freimaurerei erstaunlich wäre, und deshalb bedarf es immer wieder intensiver Anstrengungen, um die unvermeidlichen aber keineswegs guten, ja – mit den Worten Ernsts – durchaus „schrecklichen" Trennungen zwischen den Brüdern zu überwinden: Es bedarf gleichsam – auf diese Formel hat es ein Bruder meiner Loge einmal gebracht – permanent der *Freimaurerei in der Freimaurerei*; es ist ein Verhalten erforderlich, das Trennungen überbrückt, ohne freilich die Eigenständigkeiten freimaurerischer Gruppen und die mit ihnen verbundenen Identitäten zu zerstören.

Lessing schärft unsere Aufmerksamkeit dafür, dass Freimaurerei sich selbst verfehlen kann, dass neben der eigentlichen, der „wahren" Freimaurerei eine schädliche, eine „Zweite Freimaurerei" besteht, gegen die es vorzugehen gilt und der sich auch die Freimaurerforschung intensiv zuzuwenden hätte. Allerdings: Für Lessing sind Institutionen wie Logen und Orden – was ihren Charakter als Organisationsformen betrifft – von relativ geringer Bedeutung. Entscheidend ist „das gemeinschaftliche Gefühl sympathisierender Geister", von Bedeutung allein sind die Taten der Freundschaft. Freimaurer sind vor allem Freunde, die laut miteinander denken, die nicht mit Vorurteilen und Ideologien gegeneinander vorgehen, die vielmehr kritisch sind und offen.

Schließlich: Was wir von Lessing auch lernen sollten, ist, dass sich eine engagierte *Identifizierung* mit der Freimaurerei auf der einen Seite und die gleichzeitige kluge und differenzierte *Distanzierung* von der Freimaurerei auf der anderen Seite durchaus miteinander verbinden lassen, ja das eine solche Verbindung höchst erwünscht ist. Wir Freimaurer ersticken viel zu oft in einer flachen und nicht selten langweiligen Akklamation. Wir sind offensichtlich häufig *einfach zu nahe dran an der Freimaurerei*, um mit gelassener Distanz mit ihr umzugehen und unseren Bund auch einmal mit einem Augenzwinkern zu betrachten.

Wir lassen uns auch viel zu oft von unseren Ritualen erdrücken. Statt wichtige, doch zugleich elastische Werkzeuge unserer Selbstverständigung in ihnen zu sehen, wir sind in Versuchung, sie als höhere Offenbarung anzusehen und nicht als von uns früher oder später selbst geschaffenes Menschenwerk, weshalb wir dann auch Schwierigkeiten haben, fruchtbare Ritualdiskurse zu führen.

Von Lessing können wir lernen, dass Rituale sekundär sind und den Ideen nachfolgen:

Auf Ernsts Frage:

„Die Freimaurerei wäre nichts Willkürliches? – Hat sie nicht Worte und Zeichen und Gebräuche, welche alle anders sein können und folglich willkürlich sind?“,

lässt Lessing sein alter ego Falk antworten:

„Das hat sie. Aber diese Worte und Zeichen und diese Gebräuche sind nicht die Freimaurerei.“

Schließlich: wenn Lessings lehrt, dass man sich auch mit etwas identifizieren kann, indem man Abstand dazu gewinnt, dann sollten wir neben dem eigenen Nachdenken auch die *Freimaurerforschung der externen Wissenschaftler* stärker berücksichtigen als bisher, die ja – beginnend mit Reinhart Kosellecks „Kritik und Krise“ – in den letzten Jahrzehnten erheblich zum Lessing-Diskurs beigetragen hat.[92]

Gehen wir all diesen Gedanken und Denkanstößen nach, so kann Lessing uns helfen, die alte, doch auch für uns entscheidende – von mir eingangs bereits zitierte Frage – besser zu beantworten als bisher: „Was und warum Freimaurerei ist, wann und wo sie gewesen, wie und wo sie befördert oder gehindert wird."

Mir legt die Lektüre Lessings die folgende Antworten nahe: Freimaurerei ist da lebendig,

- wo sie „nicht willkürlich" ist, sondern „notwendig", und das heißt, wo sie eine *gesellschaftlich nützliche Funktion* wahrnimmt,
- wo sie mit der Gesellschaft in einer *Beziehung von Herausforderung und Antwort* verknüpft ist,
- wo sie durch „wahre Taten" – und das heißt durch Überwindung von Trennungen und Stiften von Gemeinsamkeit, von Kitt in der Gesellschaft – langfristig und dauerhaft Gutes bewirkt.

Ob wir es wohl schaffen, dass es auch über unsere Freimaurerei, die Freimaurerei des 21. Jahrhunderts, einmal heißt, sie sei nichts „Willkürliches", nichts „Entbehrliches", sondern etwas „Notwendiges" gewesen? Wir sollten darüber nachdenken, und unsere Taten, unsere „wahren" Taten, die *Taten, aus denen unser Geheimnis besteht*, danach ausrichten.

---

92 Koselleck, Reinhart: *Kritik und Krise. Ein Beitrag zur Pathogenese der bürgerlichen Welt*, Freiburg/München 1959.

Weisheit, Stärke, Schönheit
Freimaurerei und das Konzept Lebenskunst

Festvortrag zum Frühlingsfest nordhessischer und südniedersächsischer Logen am 13. Mai 2018 im Kasseler KulturBahnhof

I.

Lebenskunst ist im Gespräch. Knapp eine Million Suchergebnisse verzeichnete die Suchmaschine Google in der letzten Woche; Dutzende von Büchern wurden publiziert, als Ratgeber für ein gutes Leben schlechthin oder mit speziellen Lebenskunstempfehlungen für Alter, Krankheit, Beziehungsprobleme, Sexualität und geschäftlichen Erfolg. Es werden Kurse angeboten, die Lebenskunst mit Wellness zusammenbringen, mit Meditation, mit der breiten Skala modisch gewordener asiatischer Praktiken wie Zen, Tai-tschi und Qi Gong. Es wurden gar Institute gegründet, wie das Institut für Lebenskunst und Tantra in Berlin oder das Institut für Lebens- und Kochkunst in Leipzig und Frankfurt. Sogar die sonst eher unmodisch und streng präsentierende Evangelische Kirche empfahl unlängst auf der EKD-Homepage neue Bücher über den Dichter Paul Gerhard unter der Überschrift „Lebenskunst in Liedern".

Ernster zu nehmen ist, dass ein so renommierter Verlag wie Suhrkamp eigens eine „Bibliothek der Lebenskunst" eingerichtet hat, in der mittlerweile über 20 einschlägige

Publikationen erschienen sind, darunter Bücher des deutschen „Lebenskunstpapstes“ Wilhelm Schmid, der seinerseits kräftig zur Popularisierung des Lebenskunstdiskurses und seiner philosophischen Fundierung beigetragen hat, zuletzt mit dem zur Lektüre sehr zu empfehlenden Band „Selbstfreundschaft. Wie das Leben leichter wird“.

Was, meine Schwestern und Brüder, ist Lebenskunst? Warum ist Lebenskunst heutzutage so aktuell? Und schließlich: Was hat Lebenskunst in Geschichte und Gegenwart mit Freimaurerei zu tun?

II.

Lebenskunst gilt der Verwirklichung eines gelingenden, erfüllten Lebens mittels einer selbstbestimmten, als sinnvoll empfundenen Lebensführung. Lebenskunst hat somit zwei Bestandteile: ein Leben, das erfüllt ist, und eine Lebensführung, die der Mensch selbst bestimmen kann.

Lebenskunst – oder präziser: das „Problem Lebenskunst“ – entspringt zwei unterschiedlichen, doch miteinander verbundenen Grundbedingungen menschlicher Existenz:

Da ist auf der einen Seite die grundlegende Ich-Funktion der Lebensfreude, der Selbstentfaltung, der schöpferischen Aggression im Sinne eines kreativen Herangehens an die den Menschen umgebenden sozialen und materiellen Bedingungen: Kurz: Da ist Leben, das leben will.

Und da ist auf der anderen Seite der Umstand, dass dieses Sich-Ausleben des menschlichen Ichs nicht unbegrenzt möglich ist: Es scheitert bereits an der unerbittlichen Kürze unseres Lebens, es scheitert an materiellen und physischen

Grenzen; es scheitert an sozialen Schranken, denn in einer Gesellschaft der Vielen ist der Einzelne nun einmal grundsätzlich in seiner Ich-Projektion, im Ausleben seiner Triebe, im Verfolgen seiner persönlichen Ziele beschränkt.

Der Mensch muss aus dieser Situation folglich das Beste machen. Es gilt das: „Carpe diem", das „Nutze den Tag" der alten Philosophen. Es kommt darauf an, die Konsequenzen aus dem zu ziehen, was der römische Philosoph Seneca folgendermaßen beschrieben hat: „Ein kleiner Teil des Lebens nur ist wahres Leben; der ganze übrige Teil ist nicht leben, ist bloße Zeit."

Also müssen wir lernen, aus Zeit Leben zu machen!

Lebenskunst ist vor allem dann erforderlich, wenn alte Ordnungen ihre Bindungskraft verlieren, wenn die Daseinsbedingungen neu und unsicher sind und wenn die Autonomie des Individuums zunimmt.

Drei große Perioden des Lebenskunstdiskurses in der abendländischen Geschichte erfordern besondere Aufmerksamkeit:

- Der Beginn des abendländischen Denkens, als – erst in Athen und dann in Rom – Philosophie und Lebenskunst weithin zusammenfielen. Die klassischen Autoren der Lebenskunst jener Zeit von den Kynikern bis zu den Epikuräern, von Seneca bis Marc Aurel und Plutarch begegnen uns bis heute in vielen Anthologien und Aphorismen-Sammlungen.
- Die frühe Neuzeit, das siebzehnte und achtzehnte Jahrhundert, gekennzeichnet in vielerlei Hinsicht wie die Jetzt-Zeit durch Krise, Umbruch und Aufbruch – und nicht zufällig auch durch die Entstehung der Freimaurerei. Viele Autoren dieser Epoche von Montaigne bis

Knigge, von Goethe bis Schopenhauer prägen mit ihren Sentenzen zur Lebenskunst bis heute das Nachdenken über Mensch, Moral und Gesellschaft.

- Schließlich die Gegenwart, die Moderne heute oder die „andere" Moderne, wie Wilhelm Schmid sie nennt.

Drei Charakterzüge der Gegenwart, die alle auf große Verunsicherungen hinweisen, möchte ich hervorheben:

- So bedeutet Moderne heute *Veränderungen von Glaubenssystemen, Wertorientierungen und Lebensstilen* im Sinne einer immer heterogener, unverbindlicher und flüchtiger werdenden „Multioptionsgesellschaft" (Peter Gross). Wenn alles möglich ist und alles erlaubt, fällt Orientierung schwer.
- So bedeutet Moderne heute *Veränderung von Wahrnehmungen und Interessen* im Sinne einer „Erlebnisgesellschaft" (Gerhard Schulze), die sich auf unterhaltsame Events und wechselnde Oberflächenreize orientiert. „Wir amüsieren uns zu Tode", hat der amerikanische Medienwissenschaftler Neil Postman schon vor Jahren eines seiner Bücher genannt. Wenn alles amüsant sein soll, kommt sinnvolles Leben kaum zustande.
- Vor allem aber bedeutet Moderne heute eine tiefgehende *Umstrukturierung und Neuformierung der Realgesellschaft*, geprägt durch
    - die Wandlungen in der Altersstruktur der Gesellschaft,
    - die drohende Desintegration der Generationen,
    - das veränderte Verhältnis der Geschlechter zueinander,
    - das Flüchtlings- Migrations- und Integrationsproblem,

- die Umwälzungen in der Arbeitswelt – neuerdings insbesondere durch die ebenso unaufhaltsame wie in ihren Auswirkungen unübersichtliche Digitalisierung,
- schließlich die veränderten Formen der sozialen Einbindung und Vernetzung der Menschen, im Sinne einer geringeren Bereitschaft zu dauerhafter Bindung an die hergebrachten bürgergesellschaftlichen Gruppierungen (Robert Putnam).

Auch diese Strukturelemente der Gegenwart haben große Bedeutung für das „Problem Lebenskunst".

Worum geht es einer Lebenskunst, die angesichts all dieser Veränderungen und Verunsicherungen nicht oberflächlich, sondern reflektiert und vernünftig sein will?

Wie schon hervorgehoben, gilt Lebenskunst der Verwirklichung eines gelingenden, erfüllten Lebens mittels einer selbstbestimmten, als sinnvoll empfundenen Lebensführung. Doch Definitionen bleiben leer, wenn sie nicht gefüllt werden mit Überlegungen, was das nun heißen soll, *sinnvoll und selbstbestimmt* zu leben.

III.

Ich möchte – Wolfgang Kersting folgend – für ein solches Leben vier Prinzipien benennen, über die sich im Kontext Lebenskunst ein gründliches Nachdenken lohnt:

- das Prinzip von Maß und Mitte,
- das Prinzip der Balance,
- das Prinzip der Kommunikation sowie
- das Prinzip der Einübung und Habitualisierung.

Erstens: Das Prinzip von Maß und Mitte:
Wie immer wir im Leben fühlen, wahrnehmen oder handeln: ein *Entweder–oder extremer Positionen* ist individuell und sozial unbekömmlich. „Daher kommt es immer auf das richtige Maß an. Zumeist tun wir des Guten zu wenig; zuweilen tun wir aber auch des Guten zu viel. Das Gute, Richtige, Vortreffliche liegt in der Mitte zwischen einem Zuviel und einem Zuwenig. Diese Mitte ist freilich schwer zu treffen; das Leben gleicht einer Zielscheibe, bis zum Rand gefüllt mit Möglichkeiten, das Ziel zu verfehlen" (Wolfgang Kersting). Der Lebenskünstler tritt somit gleichsam als „*Lebens-Kunstschütze*" in Erscheinung.

Zweitens: Das Prinzip der Balance:
Das Prinzip der Balance beschreibt ein Organisationsprinzip, das sich auf das *Ganze des Lebens* und seine wesentlichen Elemente erstreckt. Immer gilt es, vier Großbereiche des menschlichen Interesses auszugleichen und in Balance zu halten.

Da ist zuerst unser *Gesundheitsinteresse*. Es ist grundlegend, denn wenn unsere Gesundheit schwindet, wenn wir gar krank werden, dann sind auch alle anderen Lebensbereiche betroffen. Gesundheit ist sicherlich nicht alles, aber ohne Gesundheit ist alles andere nichts.

Der zweite Interessenbereich umfasst unsere *materiellen Interessen*, unsere Interessen am Konsum und am Besitz äußerer Dinge. Materielle Lebensgrundlagen sind erforderlich, doch die Jagd nach Besitz kann – wie Karl Marx gesagt hat – die Rolle von „Moses und den Propheten" einnehmen.

Der dritte Interessenbereich ist der Bereich unserer *sozialen Interessen*. Wir erstreben nicht nur körperliches Wohlbefinden, wünschen uns nicht nur Besitz und eine sowohl lohnende als auch befriedigende Beschäftigung, wir haben auch soziale Bedürfnisse, wir wollen geliebt und anerkannt werden, wir wollen Gemeinsamkeit mit anderen erleben, wir benötigen die Anderen, um uns in ihnen zu erkennen, um aus ihrer Wertschätzung Selbstwertgefühl zu gewinnen. Die Anderen sind der Spiegel, der uns sichtbar macht, ohne den wir auch für uns selbst unsichtbar bleiben.

Und dann ist da noch das *Sinnbedürfnis*. Menschen wollen Sinn, manche sind gar süchtig nach Sinn. Sie können von den Warum- und Wozu-Fragen nicht lassen. Sie wollen den Vorhang der Erscheinungen durchstoßen und suchen nach einer tieferen Wirklichkeit, suchen nach metaphysischer Geborgenheit, die über den Tod hinaus dauert.

Lebenskunst bedeutet nun, zwischen den vier genannten Lebensbereichen eine Balance herzustellen, keine Hierarchie, sondern eine gleichsam dynamische Ausgewogenheit!

- Gesundheit ja – aber keine ständige Sorge um sie, und kein „zum Hypochonder werden“;
- Besitz ja – aber keine Gier, keine Jagd nach Konsum, und keine Abhängigkeit davon;
- Menschliche Beziehungen ja – aber keine Dominanz über andere und keine symbiotische Verschmelzung mit ihnen;
- Orientierung auf Sinn ja – aber kein permanentes Grübeln, das Lebensfreude und Lebensaktivität beeinträchtigt.

Drittens: Das Prinzip der Kommunikation

Lebenskunst bedeutet und erfordert zugleich Beziehungen herzustellen und Umgangsstile zu entwickeln:

- Stile des Umgangs mit sich selbst: Selbstrespekt und Selbstfreundschaft, verbunden mit Selbsterkenntnis und Selbstkritik,
- Stile des Umgangs mit anderen Menschen: Mitmenschlichkeit, tolerantes Verstehen ohne Unterwerfung und Symbiose,
- Stile des Umgangs mit den Dingen der Welt: Verantwortung übernehmen für Gesellschaft und Umwelt,
- Stile des Umgangs mit Transzendenz, was bedeutet im Hinblick auf letzte Fragen Frieden zu finden.

Viertens: Das Prinzip der Einübung und Habitualisierung

Konzepte und Ratgeber der Lebenskunst, Philosophien der Lebenskunst gar, führen nur dann zu einer Praxis des gelingenden, erfüllten Lebens, wenn sie eingeübt, wenn sie habitualisiert werden, wenn Lebenskunst nicht Rhetorik bleibt, wenn sie den Alltag bestimmt.

Das ist gewiss schwierig, denn die Menschen bringen ihr So-Sein mit, ihren eingeschliffenen Habitus, dessen Übereinstimmung mit dem Habitus der Lebenskunst, d. h. einem Habitus, der Lebenskunst möglich macht, rein zufällig wäre.

Folglich ist Einübung erforderlich, Lebenskunst muss verlässlich werden, sie darf nicht bei jedem Hindernis flüchtig sein.

IV.

Was hat mit alledem nun die Freimaurerei zu tun?

Fünf Thesen sollen am Beginn meiner abschließenden Betrachtung hierzu stehen:

1. Freimaurer sind aufgrund ihrer Tradition *mit der Entwicklung von Lebenskunst* verbunden. In diesem Sinne war und ist *Freimaurerei eine Königliche Kunst* und aufgrund dieser Tradition arbeiten die Freimaurer auch in der Gegenwart an der *Umsetzung von Lebenskunst in die Praxis des menschlichen Lebens.*
2. Freimaurer gehen davon aus, dass Lebenskunst scheitern muss, wenn sie nicht im Verhalten der einzelnen Menschen innerhalb der Gesellschaft *eingeübt und verankert* wird. Deshalb versteht sich auch die Ethik der Freimaurer in erster Linie als eine *Ethik der Einübung.*
3. Freimaurer sind der Auffassung, dass die kleine, überschaubare *Gruppe das leistungsfähigste Medium der Einübung von Lebenskunst* ist. Dies gilt für die Familie, den Kindergarten, die Schule und die Kirchengruppe ebenso wie für die Logen der Freimaurer.
4. Freimaurer sind davon überzeugt, dass in der Freimaurerei *geeignete Methoden zur Einübung von Lebenskunst* vorhanden sind, die sie in der *sozialen*, der *diskursethischen* und der *rituellen Praxis* der Loge sehen.
5. Freimaurer wissen, dass sie in der Praxis der Einübung und der alltäglichen Praktizierung von Lebenskunst *immer wieder scheitern* können und sie haben dafür ein anschauliches Symbol, den rauen, unbehauenen Stein des eigenen Selbst, den sie immer wieder bearbeiten müssen.

Die Grundlagen des Lebenskunstkonzepts in der Freimaurerei sind alt. Sie entstammen dem späten 17. und dem 18. Jahrhundert, der Aufklärungszeit, in die ja auch die Entstehung der Freimaurerei fällt, und sie haben sich im 19. Jahrhundert, der klassischen Zeit des kulturorientierten Bürgertums, voll entfaltet.

Eine besondere Rolle dabei spielen die drei Prinzipien Weisheit, Stärke und Schönheit, die ja auch der Titel meines Vortrags nennt.

Weisheit, Stärke und Schönheit sind für den Freimaurerbund, für die Brüder und für die Schwestern als Gestaltungsprinzipien unverzichtbar, doch Weisheit, Stärke und Schönheit fallen uns nicht zu, sie müssen erarbeitet und verinnerlicht werden.

Weisheit meint wertbezogene Vernunft, intellektuelle Klarheit, Redlichkeit der geistigen Vermittlung, Reflektiertheit, skeptisches Hinterfragen, Erkennen der eigenen Grenzen, Demut, Besonnenheit, Wissen darum, dass törichtes Daherreden und provozieren um jeden Preis nicht nur die eigene Würde beschädigt, sondern auch Diebstahl der begrenzten Lebenszeit anderer ist.

Stärke bedeutet Tatkraft, bedeutet das konstruktive Vermögen, Ideen auch umzusetzen. Weisheit allein reicht nicht aus, Sinn genügt nicht, wenn nicht sinnvoll gehandelt wird. „Es gibt nichts Gutes, außer man tut es“, so kurz und knapp beschied bekanntlich Erich Kästner die wortreich Ausufernden.

Altmeister Goethe brauchte ein paar Verse mehr, wenn er seinen Helden im „Faust“ reflektieren lässt: *„Ist es der Sinn, der alles wirkt und schafft? Es sollte steh'n: Im Anfang war die Kraft! Doch, auch indem ich dieses nieder-*

schreibe, schon warnt mich was, dass ich dabei nicht bleibe. Mir hilft der Geist! Auf einmal seh' ich Rat Und schreibe nun getrost: Im Anfang war die Tat."

Sinn ist gut, aber er läuft ins Leere ohne Kraft, ohne Tat, ohne Stärke.

Wie die Stärke, so ist neben der Weisheit auch die *Schönheit* unverzichtbar als Gestaltungsprinzip des Freimaurerbundes und Maßstab für den brüderlichen Habitus, als Prinzip, das ausgehend vom Ästhetischen, von der apollinischen Dimension, von der Schönheit der Symbole und Rituale, von der Musik im Tempel und bei der Tafel hinüberreicht zur Lebenskunst und Lebenskultur, worin sich ja Freimaurerei – wenn sie gelingt – als „Königliche Kunst" erst vollendet.

Weisheit, Stärke und Schönheit – über alle drei muss immer wieder nachgedacht werden, zumal ja die Freimaurerei mit ihren drei Prinzipien durchaus ihre Probleme hat und die Praxis der Brüder und Logen stets darauf ausgerichtet werden muss, Weisheit vor Worthülsen und Plattitüden zu bewahren, Stärke nicht in Kraftmeierei und verbale Kraftakte ausarten zu lassen und Schönheit vor Hässlichkeit im Umgang miteinander zu bewahren.

V.

Wenn wir nach Quellen fragen, so lassen die historischen Texte, die Rituale und nicht zuletzt auch die Freimaurer-Lieder den Bezug zur Lebenskunst klar erkennen.

Ein paar Beispiele dazu:

Schon die erste Programmurkunde der modernen Freimaurerei in England, die „Alten Pflichten" von 1723, verbinden auf eindrucksvolle Weise die Proklamierung von Werten einer gleichsam höchsten Wertebene, wie die Verpflichtung des Maurers auf die *Befolgung des Sittengesetzes*, mit dem Einfordern wichtiger Alltagstugenden, die im Umgang des Freimaurers mit seinen Brüdern und Mitmenschen zu befolgen sind. So heißt es klar und deutlich: „Alle Maurer sollen an den Arbeitstagen rechtschaffen arbeiten, damit sie an den Feiertagen in Ehren leben können." Oder (für die Zeit nach Schließung der Loge): „Ihr könnt noch in harmloser Fröhlichkeit zusammenbleiben, einander bewirten, wie es eure Verhältnisse euch gestatten, sollt dabei aber jedes Übermaß vermeiden. Ihr sollt keinen Bruder dazu verleiten, mehr zu essen oder zu trinken, als er verträgt, ihn auch nicht daran hindern, zu gehen, wenn Verpflichtungen ihn rufen."

„Über den Umgang mit Menschen" hat dann auch der Freimaurer Adolph Freiherr Knigge eines der schönsten und bis heute anregendsten, wenn auch leider oft trivial missverstandenen Bücher zur Lebenskunst einer Alltagsethik genannt.

Das Ritual greift diese Einstellungen auf. Ich zitiere aus dem Ritual der Großloge der Ancients von ca. 1750, das folgendes Zwiegespräch zwischen dem Meister vom Stuhl und dem 2. Aufseher enthält:

MvSt. *Und was geschah nach der Aufnahme mit euch?*

2. A. *Ich wurde zur Rechten des Meisters gesetzt, und er zeigte mir die Werkzeuge des Lehrlings.*

MvSt. *Welche sind diese?*

2. A. *Das Winkelmaß, um meine Arbeit rechtwinklig zu machen; der Zollstock, um sie einzuteilen, und der Spitzhammer, um alles Überflüssige abzuhauen, um das Winkelmaß gehörig gebrauchen zu können.*

Vielleicht erinnert dies an das, was ich zum Prinzip des „Maßes und der Mitte“ gesagt habe. Im Grunde genommen sind alle wesentlichen freimaurerischen Symbole nichts anderes als *Symbole der Lebenskunst*. Ihr Erleben im Ritual und ihre Reflexion sind es, was die Freimaurerei zur Schule der Lebenskunst werden lässt.

Im Grunde sind alle freimaurerischen Symbole Sinnzeichen der Lebenskunst: der rechte Winkel als Zeichen richtigen, gerechten Handelns, der Zollstock als Anmahnung sinnvoller Zeiteinteilung, der Hammer als Symbol produktiven Schaffens, Zirkel und Kette als erlebter Auftrag zur Brüderlichkeit.

Auf gleiche Weise verdeutlichen die freimaurerischen Grade des Lehrlings, des Gesellen und des Meisters die Chance, die Fähigkeit zu erwerben, besser mit dem Leben umzugehen. Nicht in dem Sinne, dass irgendeiner von uns Meisterschaft für sich beanspruchen könnte, wohl aber als Erfahrung der inneren Weiterentwicklung, der Selbstverwirklichung, des „Werde, der Du bist“.

Auch die Texte der Lieder, die die Freimaurer schon im 18. Jahrhundert sangen, verweisen auf die enge Beziehung zur Lebenskunst.

Ich zitiere zwei Beispiele aus einem Liederbuch der Zeit um 1780.

Lebensregeln
Was alte Weise uns gelehrt,
Das lehrt der Maurer auch:
Er kennt der Dinge wahren Werth,
Und nützlichsten Gebrauch.
Er meidet Geitz und Ueberfluss,
Nicht Triebe der Natur;
Und folgt im würdigen Genuss
Dem klugen Epikur.

Kein Geiz, kein Überfluss, Achtsamkeit im Umgang mit der Natur, würdiger Genuss: hier scheinen sie alle auf, die erörterten Prinzipien der Lebenskunst.

Zur Eröffnung der Loge
Hinweg, der Stolze; o sein Flügel
Schmilzt plötzlich wie der Ikarus!
Hinweg, der Eitle; den kein Riegel
Begränzt als nur sein Ueberdruss!
Wer ist's, den unser Orden liebt?
Der Weisheit, Kunst und Tugend übt.

Kunst meint „Königliche Kunst“, die Weisheit, Stärke und Schönheit vereint und das Konzept der Lebenskunst bestimmt. Dieser Anregung zur Aneignung von Lebenskunst folgen wir auch heute, wenn wir das schöne alte Frühlingsfest der nordhessischen und südniedersächsischen Logen miteinander feiern. Lange bevor ich Freimaurer wurde, kannte ich dieses Fest und erlebte die heitere Stimmung, mit der meine Eltern daran teilnahmen. Und wenn ich nach vielen Jahren Freimaurerei Bilanz ziehe und mich frage, was ich nicht missen möchte an meiner maurerischen Erfahrung, so ist es nicht zuletzt diese heiter-gesellige Lebenskultur, die von unserem alten Bunde ausgeht.

Und nun – ehrwürdiger Meister – sind wir gespannt darauf, ob es bei der folgenden Tafel hier und heute so weiter geht, wie anno 1753 beim Johannisfest der Bayreuther Loge „Zur Sonne“, über das eine zeitgenössische Quelle berichtet:

„Daraufhin brachte man eine Reihe weiterer ‚Gesundheiten‘ aus, allesamt begleitet von Kanonendonner und vom Schein der Feuerwerkskörper und unterbrochen nur von Freimaurerliedern und den Takten der Hofkapelle.“

Alte Pflichten – Neue Pflichten
Ein (fast) vergessenes Dokument von großer Aktualität

Beitrag für die Webseite der Großloge AFuAM vD, veröffentlicht in „Humanität“, Nr. 2/2020

Die Orientierung an den „Alten Pflichten“, festgeschrieben in den Andersonschen Konstitutionen von 1723, gehört für jeden Freimaurer, der sich zur Tradition von Aufklärung und Humanismus bekennt, zu den Selbstverständlichkeiten seines masonischen Denkens und Handelns.[93] Programmatisch ist bekanntlich vor allem die erste dieser Pflichten mit der Überschrift: „Von Gott und der Religion“ geworden:

> *„Der Maurer ist als Maurer verpflichtet, dem Sittengesetz zu gehorchen; und wenn er die Kunst recht versteht, wird er weder ein engstirniger Gottesleugner, noch ein bindungsloser Freigeist sein. In alten Zeiten waren die Maurer in jedem Land zwar verpflichtet, der Religion anzugehören, die in ihrem Lande oder Volke galt, heute jedoch hält man es für ratsamer, sie nur zu der Religion zu verpflichten, in der alle Menschen übereinstimmen, und jedem seine besonderen Überzeugungen selbst zu belassen. Sie sollen also gute und redliche Männer sein, Män-*

93 Eine Wiedergabe der „Alten Pflichten“ findet sich in: Lennhoff, Eugen/Posner, Oskar/Binder, Dieter A.: *Internationales Freimaurer Lexikon*, München 2000, S. 16-23.

ner von Ehre und Anstand, ohne Rücksicht auf ihr Bekenntnis oder darauf, welche Überzeugungen sie sonst vertreten mögen. So wird die Freimaurerei zu einer Stätte der Einigung und zu einem Mittel, wahre Freundschaft unter Menschen zu stiften, die einander sonst ständig fremd geblieben wären."

Die „Alten Pflichten" enthalten tatsächlich die bis in die Gegenwart gültigen Grundlagen der Humanistischen Freimaurerei: Die Bedeutung der gesellschaftlichen Funktion der Freundschaft, die moralische Verpflichtung des Maurers, den von ihm geforderten Habitus von Ehre und Anstand, den Verzicht auf trennende religiöse Festlegungen und die Praxis der Toleranz als Grundlage von Einigkeit und menschlichem Miteinander.

So selbstverständlich der alte Text klingt, so sehr er das Erbe von Aufklärung und Humanismus verkörpert und so umfassend seine Anerkennung in der Weltfreimaurerei immer gewesen ist (nur die altpreußisch-christliche Freimaurerei hatte sich entschieden von ihm distanziert[94]), so sehr wird doch immer wieder gefragt, ob er nicht ersetzt oder wenigstens ergänzt werden müsse durch so etwas wie „Neue Pflichten des Freimaurers", und in der Tat ist immer wieder der Versuch unternommen worden, dem alten Text eine neue, aktuelle Fassung beizugeben oder gegenüberzustellen. Auch Brüder der Forschungsloge „Quatuor Coronati" haben einmal einen solchen Beitrag vorgelegt. Geglückt sind alle diese Versuche nicht, und dafür gibt es einen ganz einfachen Grund: Alte Dokumente stehen in ihrer Zeit, ihre

94 Runkel, Ferdinand: *Geschichte der Freimaurerei, Erster Band,* Neuausgabe Königswinter 2006, S. 15.

Bedeutung besteht in ihrer historischen Wirkung, der man nachspüren kann und muss, aus der man Impulse für die Gegenwart schöpfen kann, an denen aber nicht „herumgeschrieben" werden kann, ohne ihren besonderen, im Falle der „Alten Pflichten" historisch innovativen Charakter zu beschädigen oder gar zu zerstören.

Nun gibt es aber ein Dokument aus dem späten 20. Jahrhundert, dass aus meiner Sicht die Frage nach zeitentsprechenden „Neuen Pflichten" beantworten hilft und dass wegen seiner unverminderten, ja noch angewachsenen Aktualität im Jahre 2017 (20 Jahre nach der Erstveröffentlichung) in einer repräsentativen Ausgabe wieder herausgegeben wurde.[95] Es handelt sich um die „Allgemeine Erklärung der Menschenpflichten" (Universal Declaration of Human Responsibilities), die als Initiative des InterAction Councils im Jahre 1997 den „Vereinten Nationen und der Weltöffentlichkeit zur Diskussion vorgelegt" wurde. Das InterAction Council (kurz IAC) ist eine im Jahre 1983 vom ehemaligen, inzwischen verstorbenen japanischen Premierminister Takeo Fukuda gegründete lose Verbindung früherer Staats- und Regierungschefs, unterstützt von einer sehr respektabel besetzten „Expertenkommission". Nach Angaben von Loki Schmidt haben Takeo Fukuda und der deutsche Ex-Bundeskanzler Helmut Schmidt das Konzept des InterAction Councils gemeinsam ausgedacht und gemeinsam die ersten Aktionen geplant.[96]

---

95 InterAction Council: *Verantwortung. Die Allgemeine Erklärung der Menschenpflichten des InterAction Councel in 40 Sprachen*, Düsseldorf 2017.

96 *Erzähl doch mal von früher, Loki Schmidt im Gespräch mit Reinhold Beckman*, Hamburg 2008, S. 211.

Bedauerlicherweise hat die „Allgemeine Erklärung der Menschenpflichten“ in der internationalen Diskussion nur eine bescheidene Rolle gespielt und ist auch nicht – wie von den Autoren vorgeschlagen und erhofft – zu einer Erklärung der Vereinten Nationen geworden. Andererseits ist die Erklärung immer präsent geblieben.

Die „Erklärung der Menschenpflichten“ ist sicherlich kein freimaurerischer Text im Sinne einer masonischen Autorenschaft, wenn auch sicher nicht daran zu zweifeln ist, dass es unter den Verfassern Freimaurer und Freimaurerfreunde, zu denen wir ja auch Helmut Schmidt zählen dürfen, gegeben hat. Und wenn ich auch sicherlich hier und da eine andere Formulierung gewählt hätte, so kann ich mich doch als Freimaurer voll mit dem Inhalt der Erklärung identifizieren. Religions- und kulturenübergreifend beschreiben die 19 Artikel die Grundlagen für ein ethisch orientiertes Verhalten in einer immer komplexer werdenden Welt, die ohne feste Bindung der Menschen an ein umfassendes Wertesystem nicht überlebensfähig ist. Dieses Wertesystem, auf dessen Wurzeln wir Freimaurer ja immer wieder stoßen, wenn wir nach unserer Herkunft fragen, ist das Wertesystem von Aufklärung und Humanismus.

Wenn wir aufhören, unsere Gedanken und Handlungen an den Prinzipien Humanität, Gerechtigkeit, Solidarität, Toleranz und Friedensliebe auszurichten, hören wir auf, Freimaurer zu sein.

Dies bedeutet aber auch, uns mit Entschiedenheit und Zivilcourage von Intoleranz, Ungerechtigkeit und Rassismus abzugrenzen und uns auf die Pflichten zu besinnen, die wir als Menschen haben, wohlgemerkt: als „bloße" Menschen ohne nationale, religiöse und soziale Zutaten, wie Lessing dies so eindrücklich dargelegt hat. Hierfür gilt es, im Diskurs der Brüder weiterführende Gedanken zu entwickeln, und hierzu können wir uns an der „Erklärung der Menschenpflichten" mit all ihren Facetten und Details abarbeiten – so, als ob es auch „unsere" Neuen Pflichten wären.

Die Allgemeine Erklärung der Menschenpflichten
Vorgeschlagen vom InterAction Council, 1997

Präambel

Da die Anerkennung der allen Mitgliedern der menschlichen Familie innewohnenden Würde und der gleichen und unveräußerlichen Rechte die Grundlage für Freiheit, Gerechtigkeit und Frieden in der Welt ist und Pflichten oder Verantwortlichkeiten einschließt,

da das exklusive Bestehen auf Rechten Konflikt, Spaltung und endlosen Streit zur Folge hat und die Vernachlässigung der Menschenpflichten zu Gesetzlosigkeit und Chaos führen kann,

da die Herrschaft des Rechts und die Förderung der Menschenrechte abhängt von der Bereitschaft von Männern wie Frauen, gerecht zu handeln, da globale Probleme globale Lösungen verlangen, was nur erreicht werden kann durch von allen Kulturen und Gesellschaften beachtete Ideen, Werte und Normen,

da alle Menschen nach bestem Wissen und Vermögen eine Verantwortung haben, sowohl vor Ort als auch global eine bessere Gesellschaftsordnung zu fördern – ein Ziel, das mit Gesetzen, Vorschriften und Konventionen allein nicht erreicht werden kann,

da menschliche Bestrebungen für Fortschritt und Verbesserung nur verwirklicht werden können durch übereinstimmende Werte und Maßstäbe, die jederzeit für alle Menschen und Institutionen gelten,

deshalb verkündet die Generalversammlung der Vereinten Nationen diese Allgemeine Erklärung der Menschenpflichten. Sie soll ein gemeinsamer Maßstab sein für alle Völker und Nationen, mit dem Ziel, dass jedes Individuum und jede gesellschaftliche Einrichtung, dieser Erklärung stets eingedenk, zum Fortschritt der Gemeinschaften und zur Aufklärung all ihrer Mitglieder beitragen mögen. Wir, die Völker der Erde, erneuern und verstärken hiermit die schon durch die Allgemeine Erklärung der Menschenrechte proklamierten Verpflichtungen: die volle Akzeptanz der Würde aller Menschen, ihrer unveräußerlichen Freiheit und Gleichheit und ihrer Solidarität untereinander. Bewusstsein und Akzeptanz dieser Pflichten sollen in der ganzen Welt gelehrt und gefördert werden.

Fundamentale Prinzipien für Humanität

Artikel 1

Jede Person, gleich welchen Geschlechts, welcher ethnischen Herkunft, welchen sozialen Status, welcher politischer Überzeugung, welcher Sprache, welchen Alters, welcher Nationalität oder Religion, hat die Pflicht, alle Menschen menschlich zu behandeln.

Artikel 2

Keine Person soll unmenschliches Verhalten, welcher Art auch immer, unterstützen, vielmehr haben alle Menschen die Pflicht, sich für die Würde und die Selbstachtung aller anderen Menschen einzusetzen.

Artikel 3

Keine Person, keine Gruppe oder Organisation, kein Staat, keine Armee oder Polizei steht jenseits von Gut und Böse; sie alle unterstehen moralischen Maßstäben. Jeder Mensch hat die Pflicht, unter allen Umständen Gutes zu fördern und Böses zu meiden.

Artikel 4

Alle Menschen, begabt mit Vernunft und Gewissen, müssen im Geist der Solidarität Verantwortung übernehmen gegenüber jedem und allen, Familien und Gemeinschaften, Rassen, Nationen und Religionen:

Was du nicht willst, dass man dir tut, das füg' auch keinem anderen zu.

Gewaltlosigkeit und Achtung vor dem Leben

Artikel 5

Jede Person hat die Pflicht, Leben zu achten. Niemand hat das Recht, eine andere menschliche Person zu verletzen, zu foltern oder zu töten. Dies schließt das Recht auf gerechtfertigte Selbstverteidigung von Individuen und Gemeinschaften nicht aus.

Artikel 6

Streitigkeiten zwischen Staaten, Gruppen oder Individuen sollen ohne Gewalt ausgetragen werden. Keine Regierung darf Akte des Völkermords oder des Terrorismus tolerieren oder sich daran beteiligen, noch darf sie Frauen, Kinder oder irgendwelche andere zivile Personen als Mittel zur Kriegsführung missbrauchen. Jeder Bürger und öffentlicher Verantwortungsträger hat die Pflicht, auf friedliche, gewaltfreie Weise zu handeln.

Artikel 7

Jede Person ist unendlich kostbar und muss unbedingt geschützt werden. Schutz verlangen auch die Tiere und die natürliche Umwelt. Alle Menschen haben die Pflicht, Luft, Wasser und Boden um der gegenwärtigen Bewohner und der zukünftiger Generationen willen zu schützen.

Gerechtigkeit und Solidarität

Artikel 8

Jede Person hat die Pflicht, sich integer, ehrlich und fair zu verhalten. Keine Person oder Gruppe soll irgendeine andere Person oder Gruppe ihres Besitzes berauben oder ihn willkürlich wegnehmen.

Artikel 9

Alle Menschen, denen die notwendigen Mittel gegeben sind, haben die Pflicht, ernsthafte Anstrengungen zu unternehmen, um Armut, Unterernährung, Unwissenheit und Ungleichheit zu überwinden. Sie sollen überall auf der Welt eine nachhaltige Entwicklung fördern, um für alle Menschen Würde, Freiheit, Sicherheit und Gerechtigkeit zu gewährleisten.

Artikel 10

Alle Menschen haben die Pflicht, ihre Fähigkeiten durch Fleiß und Anstrengung zu entwickeln; sie sollen gleichen Zugang zu Ausbildung und sinnvoller Arbeit haben. Jeder soll den Bedürftigen, Benachteiligten, Behinderten und den Opfern von Diskriminierung Unterstützung zukommen lassen.

Artikel 11

Alles Eigentum und aller Reichtum müssen in Übereinstimmung mit der Gerechtigkeit und zum Fortschritt der Menschheit verantwortungsvoll verwendet werden. Wirtschaftliche und politische Macht darf nicht als Mittel zur Herrschaft eingesetzt werden, sondern im Dienst wirtschaftlicher Gerechtigkeit und sozialer Ordnung.

Wahrhaftigkeit und Toleranz

Artikel 12

Jeder Mensch hat die Pflicht, wahrhaftig zu reden und zu handeln. Niemand, wie hoch oder mächtig auch immer, darf lügen. Das Recht auf Privatsphäre und auf persönliche oder berufliche Vertraulichkeit muss respektiert werden. Niemand ist verpflichtet, die volle Wahrheit jedem zu jeder Zeit zu sagen.

Artikel 13

Keine Politiker, Beamte, Wirtschaftsführer, Wissenschaftler, Schriftsteller oder Künstler sind von allgemeinen ethischen Maßstäben entbunden, noch sind es Ärzte, Juristen und andere Berufe, die Klienten gegenüber besondere Pflichten haben. Berufsspezifische oder andersartige Ethikkodizes sollen den Vorrang allgemeiner Maßstäbe wie etwa Wahrhaftigkeit und Fairness widerspiegeln.

Artikel 14

Die Freiheit der Medien, die Öffentlichkeit zu informieren und gesellschaftliche Einrichtungen wie Regierungsmaßnahmen zu kritisieren – was für eine gerechte Gesellschaft wesentlich ist –, muss mit Verantwortung und Umsicht gebraucht werden. Die Freiheit der Medien bringt eine besondere Verantwortung für genaue und wahrheitsgemäße Berichterstattung mit sich. Sensationsberichte, welche die menschliche Person oder die Würde erniedrigen, müssen stets vermieden werden.

Artikel 15

Während Religionsfreiheit garantiert sein muss, haben die Repräsentanten der Religionen eine be-

sondere Pflicht, Äußerungen von Vorurteilen und diskriminierende Handlungen gegenüber Andersgläubigen zu vermeiden. Sie sollen Hass, Fanatismus oder Glaubenskriege weder anstiften noch legitimieren, vielmehr sollen sie Toleranz und gegenseitige Achtung unter allen Menschen fördern.

Gegenseitige Achtung und Partnerschaft

Artikel 16

Alle Männer und alle Frauen haben die Pflicht, einander Achtung und Verständnis in ihrer Partnerschaft zu zeigen. Niemand soll eine andere Person sexueller Ausbeutung oder Abhängigkeit unterwerfen. Vielmehr sollen Geschlechtspartner die Verantwortung für die Sorge um das Wohlergehen des anderen wahrnehmen.

Artikel 17

Die Ehe erfordert – bei allen kulturellen und religiösen Verschiedenheiten – Liebe, Treue und Vergebung, und sie soll zum Ziel haben, Sicherheit und gegenseitige Unterstützung zu garantieren.

Artikel 18

Vernünftige Familienplanung ist die Verantwortung eines jeden Paares. Die Beziehung zwischen Eltern und Kindern soll gegenseitige Liebe, Achtung, Wertschätzung und Sorge widerspiegeln.

Weder Eltern noch andere Erwachsene sollen Kinder ausbeuten, missbrauchen oder misshandeln.

Schluss

Artikel 19

Keine Bestimmung dieser Erklärung darf so ausgelegt werden, dass sich daraus für den Staat, eine Gruppe oder eine Person irgendein Recht ergibt, eine Tätigkeit auszuüben oder eine Handlung vorzunehmen, welche auf die Vernichtung der in dieser Erklärung und der Allgemeinen Erklärung der Menschenrechte von 1948 angeführten Pflichten, Rechte und Freiheiten abzielen.

Institutionelle und kulturelle Voraussetzungen der „offenen" Gesellschaft Die Sicht eines Freimaurers

Vortrag für das 8. Freimaurer-Kolloquium der Loge „In Treue fest", München, 19. Januar 2019

„Der Freimaurer befindet sich an der Schnittstelle zwischen Freimaurerei und Gesellschaft" – so hieß es im Grußwort des Projektleiters zum 5. Münchener Freimaurer-Kolloqium im Januar 2012. Dem stimme ich zu, und ich bekenne, dass es in meiner langen Freimaurerzeit vor allem diese Schnittstelle gewesen ist, die mich immer wieder interessiert hat. Und ich vermute auch, dass es gerade die Art und Weise ist, wie die Freimaurer heute mit dieser *Schnittstelle zwischen drinnen und draußen* umgehen, von der die Zukunft des Freimaurerbundes abhängt: Denn wer öffentlich ernst genommen werden will, der muss zeigen, dass er selbst das Öffentliche ernst nimmt. Das Öffentliche ernst zu nehmen, heißt heutzutage aber nicht zuletzt, nach den Grundlagen der *Offenen Gesellschaft* zu fragen und ihren Anforderungen an uns als Bürger und als Freimaurer nachzugehen.

Das ursprünglich von Karl Raimund Popper vorgestellte Konzept der *Offenen Gesellschaft* ist das Konzept eines demokratischen Pluralismus. Entwickelt in den frühen 1940er Jahren, in der Zeit militanter Bedrohung der freien Welt durch Nationalsozialismus und stalinistischen Kommunismus, richtet sich Poppers Konzept ausdrücklich gegen alle totalitären Versuchungen und gegen alle utopischen „Erzählungen" von Platon bis Marx, Erzählungen von einem großen gesellschaftlichen Ganzen, in dem die Freiheit des Einzelnen letztlich untergeht.[97]

Offene Gesellschaft bedeutet Herrschaft der Vernunft, Freiheit, Gerechtigkeit, Demokratie, Pluralismus und Schutz der Minderheit, Schutz der Minderheit vor allem im Sinne der institutionell gesicherten Chance, bei der nächsten Wahl zur Mehrheit zu werden und die Regierung zu übernehmen. Offen sind gesellschaftliche Verhältnisse nur dann, wenn Minderheiten auf demokratischer Basis politisch und kulturell angemessen Ausdruck finden können. Kulturell sind für die Idee der *Offenen Gesellschaft* Meinungsfreiheit, Dissens und Konflikt von grundsätzlicher Bedeutung. „Wahrheit" als letzte Instanz des politischen Argumentierens ist nur denkbar bis zum Beweis des Gegenteils. Wahrheit muss offen für einen solchen Beweis sein, und Religionsfreiheit bedeutet nicht, dass religiösen Stellungnahmen und religiöser Kritik an Politik und Zivilgesellschaft ein besonderes Gewicht zukommen dürfte. Alle Diskursteilnehmer in der öffentlichen Arena haben vielmehr den gleichen Rang und es gilt das vernünftige Argument.

Für mich als Freimaurer ist es selbstverständlich, Anhänger des Konzepts der *Offenen Gesellschaft* zu sein und über ihre institutionellen und kulturellen Voraussetzungen nachzudenken, *laut nachzudenken*. Denn wenn es so etwas gibt wie eine *öffentliche Aufgabe der Freimaurerei*, so ist

97 Popper, K. R.: *Die offene Gesellschaft und ihre Feinde, zwei Bände*, A. Francke Verlag Bern 1957.

es die der Teilnahme am gesellschaftlichen Diskurs über Grundlagen und Praxis der *Offenen Gesellschaft*. Dieser Diskurs muss innerhalb der Freimaurerei geführt werden, aber auch zwischen Freimaurern und Vertretern der Gesellschaft außerhalb des Freimaurerbundes. Die Freimaurer der Gegenwart sollte den Mut haben, mit *eigener Stimme* im öffentlichen Raum vernehmbar zu sein, einer besonnenen Stimme, einer sensiblen Stimme, einer Stimme, die auf konstruktive Weise Gedanken vermittelt und auf plumpe Parolen verzichtet und die als Gegengewicht wirkt gegen die schrillen Töne der Respektlosigkeit und des Rassismus. Freimaurerei im heutigen Selbstverständnis bedeutet *Teil der Zivilgesellschaft* zu sein und sich auch in der *sozialen Praxis* als Teil der Zivilgesellschaft zu bewähren, wobei ihr nicht zuletzt eine wichtige Rolle als *Anwältin gesellschaftlicher Gesprächsfähigkeit* zufällt.

Politik ist heutzutage verbal unter Beschuss geraten. Dabei geht es oft ebenso heftig wie ungerecht zu, und insbesondere auf der Anklagebank der sozialen Medien wird kaum Pardon gegeben. Jeder weiß die Antwort, kaum einer kennt aber noch die Frage. Der Freimaurer aber sollte vor allem lernen, auf sensible Weise Fragen zu stellen, und so möchte ich mich zunächst dafür interessieren, was eigentlich die Voraussetzungen einer gelingenden Politik sind.

Einerlei, ob es um innerstaatliche Entwicklungen geht, um den Fortschritt der Integration, um die Bewahrung und Weiterentwicklung der *Offenen Gesellschaft*, um internationale Beziehungen oder um die Gestaltung des künftigen Europas: stets hat das Gelingen von Politik mindestens vier unverzichtbare Voraussetzungen:

Erstens muss ein möglichst *widerspruchsfreier institutioneller Rahmen* vorhanden sein, der aus verbindlichen Normen, aus Gesetzen von der Verfassung bis hin zu einzelnen Rechtsregeln und Vorschriften besteht. Ohne einen solchen Rahmen lassen sich politische Abläufe im Inneren wie in der internationalen Politik nicht zufriedenstellend regeln.

Innerhalb dieses Rahmens müssen *zweitens* klare, konsistente und ausreichend akzeptierte *Konzeptionen für das Handeln der politischen Akteure* vorhanden sein. Ohne fundierte Konzeptionen sind zieladäquate, effektive und zugleich effiziente Maßnahmen der Politik auf all ihren Feldern nicht zu gewährleisten.

Drittens muss es in allen Bereichen des politischen Nachdenkens, Entscheidens und Handelns *leistungsfähige Akteure* geben, Politiker, die mit „Leidenschaft und Augenmaß" – so Max Weber – politische Konzepte im Rahmen der gegebenen Institutionen professionell und wirkungsvoll umzusetzen verstehen.

Viertens schließlich gelingt Politik nur auf der Basis von *kulturellen Faktoren*, zu denen in erster Linie Vertrauen, Motivationen, Überzeugungen und Wertvorstellungen gehören. Menschen müssen nicht nur wissen, was sie tun und in welchem Ordnungsgefüge sie handeln, sie müssen auch wissen, warum sie handeln, und vor allem müssen sie über innere Maßstäbe verfügen, die sie verpflichten, ethisch verantwortlich tätig zu sein.

Immer deutlicher wird, dass die Probleme der *Offenen Gesellschaft* nicht allein pragmatisch zu lösen sind. Sie lassen vielmehr nach der Beschaffenheit der in einem Lande lebendigen *Bürgerkultur* fragen, und das heißt vor allem nach der *Wertorientierung* von Politik und Gesellschaft, und zwar nicht im Sinne von Wert*rethorik* und schön formulierten, aber weitgehend unverbindlichen Wert*katalogen*, sondern im Sinne einer für Politik und Gesellschaft verbindlichen Wert*praxis*.

Je mehr die westlichen Gesellschaften durch Zuwanderung multikulturell werden, desto mehr muss sich durch die Vielfalt der Kulturen hindurch eine *übergreifende Kultur der Übereinstimmung* entwickeln, die Kultur eines „neuen Wir", die zur Grundlage von Wahrnehmung und Handeln der neuen und der alten Bürger wird. Dabei darf es sich nicht um die Kultur eines antiquierten, völkisch geprägten Nationalismus, Rassismus und Antisemitismus handeln. Als Grundlage von Demokratie und *Offener Gesellschaft* zu erhoffen ist vielmehr die Entwicklung der Kultur eines demokratischen Verfassungspatriotismus, die *keine deutsche*, die eine *europäische Leitkultur* ist und in den Traditionen der Aufklärung wurzelt.[98]

Eine solche Gemeinschaftskultur könnte die entstehende vielgestaltige Gesellschaft zusammenhalten, sie könnte – um ein Wort von Bundespräsident Steinmeier aufzunehmen – zum „Kitt werden, der die auseinanderdriftende Gesellschaft zusammenhält", ohne irgendeine der zahlreichen ethnischen und religiösen Identitäten zu missachten, die zu unserer Gesellschaft heutzutage gehören. Diese Identitäten sind ja nicht nur die Identitäten der einwandernden Bevölkerung. Jede soziale Gruppe der *Offenen Gesellschaft* hat ihre eigene Identität, die auf einer jeweils spezifischen Kul-

98 Hierzu und zum Folgenden: Meyer, Thomas: *Auf der Suche nach einer „Leitkultur"*, in: *Quatuor Coronati Jahrbuch für Freimaurerforschung*, Nr. 55/2018, S. 15- 24. Mein Beitrag folgt an einigen Stellen dem Text des Autors.

tur beruht und das Recht hat, sich in der Gesellschaft zu entfalten. Die Kulturen dieser Gruppierungen sind im Prinzip durchaus miteinander zu vereinbaren, und jede Gruppe wie auch jeder einzelne Mensch kann Träger vieler Kulturen sein, seien sie regional, ethnisch oder religiös geprägt. In uns allen sind sehr verschiedene kulturelle Schichten miteinander vereint. Was diesen Pluralismus sozial und politisch aushaltbar macht, ist der verbindende Grundkonsens, dass es offen, frei und demokratisch zugehen soll in dieser Gesellschaft.

Allerdings: Wie jede Kultur kann eine solche *Grundeinstellung der Gemeinsamkeit* vom Staat nicht verordnet werden. Es muss und kann aber in allen Bereichen der Zivilgesellschaft durch wohlüberlegte und koordinierte Bemühungen unablässig darauf hingewirkt werden, dass sich eine solche *gemeinwohlorientierte Grundeinstellung* entwickelt. Versagen wir dabei, so droht unsere Einwanderungsgesellschaft in einer Dauerkrise zu versinken.

Wie aber könnte eine neue verbindende *Gemeinschaftskultur*, eine *Kultur des neuen Wir* geschaffen werden? Es ist mittlerweile klar geworden, dass das handlungsprägende Bewusstmachen dessen, was uns in einer „bunten" Gesellschaft miteinander verbindet, kaum durch Predigten oder Verordnungen gelingen kann. Die *gesellschaftliche Praxis,* die *reale Teilhabe aller* an den Möglichkeiten, in der Gesellschaft präsent zu sein, ist die Grundvoraussetzung: Das Einräumen von Bildungschancen, das Vorhandensein von Wohnraum ohne Gettoisierung, das Angebot von Arbeitsplätzen gehören dazu. Menschen, die täglich zusammenarbeiten, die sich in Bildungseinrichtungen und sozialen Institutionen treffen und sich beim Einkaufen begegnen, brauchen keine Theorien, um einander näher zu kommen. Die Herausbildung einer solchermaßen verbindenden Alltagspraxis der Menschen gleich welcher Herkunft in den zunehmend gemischten Lebenswelten unserer Gesellschaft ist nicht nur wünschenswert und möglich, sie ist auch unverzichtbar, wenn den erkennbaren Ansätzen zur Verfestigung von Parallelgesellschaften mit dem Potenzial sozialer Spaltungen entgegengewirkt werden soll. Und wenn die Medien bei all dem eine flankierende Rolle spielen, dann sind die Menschen – seien sie Altbürger, seien sie Neubürger – auch weniger empfänglich für die Hetztiraden der Fremdenfeinde von rechts außen.

Entscheidend ist, dass in der deutschen Zivilgesellschaft ein Schub für das „neue Wir" entsteht, vergleichbar vielleicht in Zahl und Leidenschaft der „Willkommenskultur" des Jahres 2015. Das damalige Engagement müsste nun in der Phase der Integration in eine Vielzahl beständiger Gemeinschaftserfahrungen zwischen Migranten und Eingesessenen in Lebenswelt und Zivilgesellschaft verwandelt werden. Nur so kann das Notwendige erreicht werden: Aus den vielen Teilen unserer bunter werdenden Gesellschaft sowohl im sozialen Bewusstsein als auch in der gesellschaftlichen Praxis zu einer Einheit zu finden, die den Grunderfordernissen einer demokratischen Ordnung entspricht.

Eine solche *soziale Basiskultur*, wie ich sie einmal nennen möchte, verträgt sich durchaus mit dem Prinzip der *Offenen Gesellschaft*, denn sie greift nicht in die privaten Bereiche der Bürger ein. Sie ist vielmehr Ausdruck einer Interaktionskultur, die Verständigung und Zusammenleben der Menschen über die Differenzen von Gruppenkulturen hinweg ermöglicht.

Integration auf der Basis einer *Kultur der Gemeinsamkeit* gelingt freilich nicht von heute auf morgen. Sie hat einen langfristigen Charakter. Aber wir sind inzwischen weiter damit vorangekommen, als die Zerrbilder der völkischen Rechten uns glauben lassen wollen, und es wäre ein Fehler, den Fortschritt der Integration und die mehr und mehr etablierte Steuerungsfunktion von kulturellen Prägungen und Wertefeldern allein an der nun wirklich beklagenswerten Ausländerkriminalität zu messen. In der Tat: Integration ist ein mühsamer, manchmal auch schmerzhafter und widersprüchlicher Prozess. Deshalb ist es jetzt erforderlich, eine vernünftige Einwanderungs- und Integrationspolitik mit einer zügigen Abschiebung straffälliger Asylbewerber zu verbinden.

Wenn nun wir Freimaurer uns dem Problem der *Offenen Gesellschaft* zuwenden und uns fragen, was zu unserer heutigen masonischen Leitkultur gehört und welche „öffentlichen" Beiträge wir zu leisten in der Lage sind, so müssen wir zunächst einräumen, dass die freimaurerische Werteerzählung für die Gegenwart zuvor einer neuen Struktur bedarf, dass sie nicht so sehr im Allgemeinen verbleiben darf und dass sie sich vor allem auf *Wertepraxis* zu konzentrieren hat, in meiner Sicht auf die Praxis einer humanitären Freimaurerei, die einen neuen Humanismus und eine selbstkritische, reflexive Aufklärung zur Grundlage hat.

Der Humanismus der modernen Freimaurerei ist für mich ein säkularer, ein weltlicher Humanismus.[99]

---

99 Vgl. hierzu und zum Folgenden Höhmann, Hans-Hermann: *„in der Tradition des Humanismus und der Aufklärung". Zu Selbstverständnis und Praxis der humanitären Freimaurerei in Deutschland*, in: *Quatuor Coronati Jahrbuch für Freimau-*

Unter den Prinzipien, die Humanismus und Aufklärung für die Gegenwart begründen, scheinen mir die folgenden sieben Grundüberzeugungen – in die Form von Postulaten gefasst – für eine gegenwartstaugliche Freimaurerei von besonderer Bedeutung:

1. Leben, Wohlergehen, Freiheit und Glück *jedes einzelnen Menschen* sind Ziel und Maßstab des individuellen wie des gesellschaftlichen Handelns.
2. Die Anerkennung der *Menschenwürde* anderer wie der *eigenen Würde* ist Grundbedingung menschlicher Kultur und Gemeinschaft.
3. Die Verantwortung für die *Erhaltung der Erde sowie eine nachhaltige und gerechte Nutzung ihrer Ressourcen* ist Basis jeder ethisch begründeten Politik.
4. Das Getragensein von *Empathie, Menschenliebe und natürlicher Solidarität* ist unverzichtbare Grundlage einer zu innerem, sozialem und internationalem Frieden fähigen Welt.
5. Die Förderung der *schöpferischen Kräfte* des Menschen ist Voraussetzung dafür, dass die Arbeit an der eigenen Persönlichkeit und an den vielfältigen Baustellen in der Gesellschaft vorangebracht werden kann.
6. Die Ausrichtung von Denken und Handeln am Maßstab der *Redlichkeit, Vernunft und Wahrheitssuche* ist Grundelement jeder menschlichen Orientierung.
7. Schließlich: Auch heute hat das *Prinzip Aufklärung* zu gelten, verbunden freilich mit der Einsicht, dass nur eine *reflektierte Vernunft* und eine *selbstkritische Auf-*

---

rerforschung, Nr. 54/2017, S. 21- 37. Mein aktueller Beitrag folgt an einigen Stellen diesem Text.

klärung als tragfähige Grundlagen menschlicher Lebensführung und sozialer Gestaltungsprozesse tauglich sind.

Die genannten sieben Postulate bestimmen nun freilich nur den Rahmen für freimaurerisches Denken und Handeln – und zwar sowohl innerhalb der Loge als auch im öffentlichen Raum. Diesen Rahmen gilt es im Diskurs der Brüder zu füllen, und auch hierzu mag das von Lessing empfohlene „laut denken mit einem Freunde" eine vorzügliche Methode sein.

Damit nun die Werte eines *gleichermaßen auf Herkunft wie auf Zukunft bezogenen* Humanismus im Bewusstsein der Menschen heutzutage präsent sind, damit sie in der Praxis etwas wert sind, müssen sie vermittelt werden – in der Freimaurerei wie in der Gesellschaft, deren Teil sie ist. Hierzu bedarf es eines individuellen und gemeinsamen Nachdenkens und Handelns.

Zunächst: Nicht zuletzt wir Freimaurer sollten uns angesichts historischer Erfahrungen aus der Zeit von Weimarer Republik und Nazi-Diktatur und vor allem auch vor dem Hintergrund massiver eigener völkischer Verirrungen in den 1920er und frühen 1930er Jahren[100] ganz klar darüber sein, wie bedrohlich es für Individuum und Gesellschaft ist, wenn Vernunft, Augenmaß und Werte in den Hintergrund rücken und das mörderische Potenzial von völkischen Vorurteilen und aggressiven Ressentiments gegen Ausländer an ihre Stelle tritt. Deshalb bedarf es zur Sicherung huma-

100 Vgl. Höhmann, Hans-Hermann: *Identität und Gedächtnis. Die „völkische Freimaurerei" in Deutschland und wie man sich nach 1945 an sie erinnerte*, Salier Verlag Leipzig 2014.

ner Lebenswelten auch nichts so sehr wie einer *lebendigen Bürgergesellschaft*, einer *Zivilgesellschaft*, die die Menschen – einzeln und ihre verschiedenen Gruppen – kooperativ zusammenbindet.

Wie aber kommen diese Einstellungen in der politisch-gesellschaftlichen Praxis zustande?

Was sind sie in der politisch-gesellschaftlichen Alltagswirklichkeit wert?

Wie lassen sie sich im Habitus des Bürgers verankern, der ja nur durch eine solche habituelle Verankerung auf Dauer zum selbstbewussten Bürger wird?

Nützlich sind Werte für die Gesellschaft gewiss nicht durch eine bloße Werte*rhetorik*, die eher abstößt und Verdruss bereitet, wohl aber durch eine Praxis, an der mitzuwirken den Freimaurern durchaus anstünde, eine *Praxis anhaltender und nachhaltiger bürgerlicher Werteaneignung und Werteumsetzung.*

Hierzu fünf abschließende Überlegungen:

Erstens: Neuorientierungen in der Politik und kultureller Wandel erfordern Zeit. Zur Praxis bürgerlicher Wertaneignung gehört ein komplexes und schwieriges Verständigungsprogramm. Die notwendige Prüfung und Konkretisierung von Werten setzt die Anerkennung der Pluralität von Auffassungen und einen toleranten, redlichen Diskurs voraus, in dem sich *Streit- und Kompromisskultur* verbinden. Dabei geht es nicht nur um Wertorientierungen, es geht auch um eine im konkreten politischen Handeln belastbare *Einsicht in die Strukturen der realen Welt*, die immer unübersichtlicher werden, und die es schwierig machen, für politische und gesellschaftliche Herausforderungen Lösungen zu finden, die nicht nur den Werten entsprechen, auf die man sich beruft, sondern bei denen *auch das erforderliche Maß an Alltagsvernunft* nicht zu kurz kommt.

Zweitens: Angesichts der medialen Informationsüberflutung unserer Tage war es ja einerseits noch nie so leicht, sich mit Wissen zu versorgen, andererseits jedoch noch nie so schwer, sich in der Unterschiedslosigkeit unendlich verfügbarer Informationen zurechtzufinden (Harald Welzer). Aufklärung heute bedeutet daher nicht zuletzt sorgfältig-beharrliche Annäherung an Fakten und die Gewinnung von Urteilsvermögen. Denn eines der wirklich dramatischen Gegenwartsprobleme lautet doch zweifellos: Was sind Fakten in der heutigen Mediengesellschaft? Gibt es sie überhaupt noch, oder ist die Wirklichkeit für unser urteilendes Bewusstsein nicht längst hinter einer bloßen Informations*fassade* unerreichbar geworden oder sogar zusammengebrochen, wie der französische Philosoph Jean Baudrillard bereits vor mehr als einem Jahrzehnt behauptet hat?

Jedenfalls muss der in unseren Tagen zu beobachtenden Tendenz, die Realitäten der Gesellschaft nicht auf der Grundlage einer soliden *Ermittlung und Prüfung von Fakten* zu verstehen und statt sorgfältig erarbeiteter Wahrheiten jeweils schnell selbstfabriziert-opportune *„alternative Fakten"* (sprich Lügen) zur Hand zu haben, entschieden entgegengewirkt werden. Wenn wir handeln wollen in der Gesellschaft, wenn es unsere Absicht ist, Probleme zu lösen, soziale Probleme, ökologische Probleme, Probleme von Migration und Integration, wenn wir die *Offene Gesellschaft* entwickeln und sichern wollen, dann brauchen wir genaue empirische Analysen von Ausmaß und Ursachen all dieser Probleme und eine gründliche Erörterung der institutionellen Chancen sowie der politischen Mittel, ihnen abzuhelfen

(Harald Schnädelbach). Freilich ist auch dieses zu bedenken, wenn es zunächst auch widersinnig klingen mag: Der eigentlich Verantwortliche für die Wirkung einer Information ist nicht der, welcher informiert, sondern derjenige, der informiert wird (Nathalie Sarraute). Das heißt, ein kritikloses Für-wahr-Halten von Informationen ist ebenso schädlich wie die Praxis, Wahrheit zu manipulieren. Und das der Überlieferung nach „letzte“ Wort des französischen Aufklärers Denis Diderots: „Der erste Schritt zur Wahrheit ist der Zweifel“, bleibt Vermächtnis und Erbe der Aufklärung auch für den Freimaurer unserer Tage und findet Bestätigung in der skeptischen Einstellung Karls Raimund Poppers, des Anwalts der *Offenen Gesellschaft.*

Drittens: So wichtig eine Verständigung über heutige Realitäten ist, die notwendige Tiefe gewinnt dieser Diskurs doch nur dann, wenn er sich mit *Erinnerungskultur und historischer Reflexion* verbindet. Die europäischen Bürgerkriege des 19. und 20. Jahrhunderts haben ja dem Europa der Aufklärung im *Sinne einer den europäischen Eliten gemeinsamen Lebens- und Denkweise ein Ende* gesetzt. An diese gemeinsame Lebens- und Denkweise hätte das heutige Europa wieder anzuknüpfen. Um aber an gemeinsame Vergangenheiten anknüpfen zu können, müssen die Europäer der Gegenwart – so hat es der in Harvard lehrende amerikanische Historiker Robert Darnton einmal formuliert – „einen Salto rückwärts über das 19. und 20. Jahrhundert springen und sich von neuem mit der europäischen Dimension des Lebens im Zeitalter der Aufklärung auseinandersetzen“.

Nicht, dass irgendwer das 18. Jahrhundert wiederaufleben lassen wollte – lebte damals doch die große Mehrheit der Europäer im Elend und war doch die Aufklärung selbst eine komplexe Bewegung voller Widersprüche und Gegenströmungen – Stichwort „Dialektik der Aufklärung". Doch die Aufklärung ist nun einmal der Ursprung der Werte, die heute das *Herzstück unserer Gesellschaft* ausmachen und das in einer Form, die eine wirkliche, zukunftsträchtige Alternative zum Nationalismus und zum Fundamentalismus ermöglicht.

Freilich müssen europäische Werte heutzutage offen sein für *tolerante Begegnungen mit den Werten anderer Kulturen*. Selbstverständlich gehören muslimische Mitbürger heute zu Deutschland und zu Europa, doch das bedeutet auch, dass sich der Islam – wie alle Religionen – *in das Regelspiel demokratisch-pluralistischer Institutionen einzufügen hat* und dass er sich dazu bereitfinden muss, dieses *Regelspiel als Grundlage* auch der eigenen religiösen und gesellschaftlichen Praxis zustimmend und aktiv mitzugestalten.

Gewiss: Wir müssen die Freiheitsräume von Minderheiten schützen, und wir müssen lernen, die Besonderheiten fremder Kulturen zu tolerieren. Denn Kultur bedeutet Heimat, die man auch und gerade in der Fremde braucht, und die ja auch Zugewinn für uns bedeutet. Doch dies gilt primär für die *privaten Bereiche* der Gesellschaft. In den öffentlichen Bereichen dagegen müssen die Regeln des Pluralismus und der Demokratie gelten, in der Politik *muss es säkular* zugehen, religiöser Glaube muss privat sein, einerlei, um welche Religion es sich handelt, und die politischen Entscheidungen müssen von den Bürgern im Regelspiel der demokratischen Institutionen getroffen werden. Sicherlich sind diese Bürger – die Altbürger wie die Neubürger – in vielen Fällen gläubige Menschen, aber es muss auf alle Versuche verzichtet werden, politische Richtlinien gleichsam vom Himmel herunter zu holen, nachdem man sie zuvor nach oben projiziert hat.

Viertens ist *bürgerliches Handeln* vonnöten. Es kommt auf eine aktive Teilhabe am Leben der Gesellschaft an, die nicht exklusiv ist im Sinne eines Ausschlusses anderer und die nicht daherkommt als eine „Bürgerlichkeit der feinen Leute", sondern die als eine „Bürgerlichkeit der Einbeziehung aller" wirkt, als eine *Bürgerlichkeit der sozialen Offenheit*, als eine Bürgerlichkeit, *die andere mitnimmt* und die auch die weniger Privilegierten in das gesellschaftliche Ganze einschließt.

Fünftens und nicht zuletzt und auf die Freimaurer bezogen: Die Freimaurer hätten sich als *Übersetzer der politischen Kultur des Grundgesetzes* zu bewähren. Denn hierauf kommt es in der Tat entscheidend an: Alle deutschen Bürger, alle Menschen hierzulande, diejenigen, die bereits hier leben, die seit eh und je deutsche Bürger sind, aber auch alle, die kommen und zukünftig mit uns leben wollen, *müssen den verfassungsmäßigen Rahmen unseres Gemeinwesens* anerkennen und auch die dazu gehörende *demokratisch-zivile Verhaltenskultur*, das offene und friedliche Miteinander in der Gesellschaft, und zwar nicht nur durch Erklärungen und Unterschriften unter Asylanträge, sondern auch und vor allem im Verhalten und im Handeln. Doch auch hier, so meine ich, sind wir in vielerlei Hinsicht weiter als uns die völkische Rechte in Deutschland glauben machen will. Ich erlebe immer wieder Empathie, Freundlichkeit und Zuwendung seitens unserer zugewanderten Neubürger. Auch hier gilt es, sich von der Dominanz dumpfer Parolen zu verabschieden und einzusehen, dass anhaltende Vorurteile weder taugliche Diskurselemente noch gar Grundlagen für ein problemorientiertes Handeln sind.

Schlusswort: Wir Freimaurer wollen Bauleute sein, Bauleute einer besseren Welt. Doch dazu müssen wir in einem neuen, engagierten Sinne *wieder operativ* werden, gewiss nicht ohne vorher gründlich nachzudenken, aber doch in der Erkenntnis, dass für den Fortschritt des sozialen Ganzen *allein die Praxis* zählt. Wie sagte doch Erich Kästner so präzise und unpathetisch knapp: „Es gibt nichts Gutes, außer man tut es."

Gewiss: Freimaurerei ist keine politische Institution oder gar Bewegung. Sie ist eine Gemeinschaft, in der Menschen nach Grundlagen suchen können für Sinn in ihrem eigenen Leben und für ihr Zusammenleben mit anderen Menschen. Doch wenn die Freimaurer den Bau am *Tempel der Humanität zum Grundsymbol* für die Ausrichtung ihrer Arbeit gewählt haben, so müssen sie bereit sein, darauf hinzuwirken, dass unsere Gesellschaft sich als eine offene und humane Gesellschaft entwickeln kann, dass die Welt als Lebensraum erhalten bleibt für uns und unsere Nachkommen und dass der Tempel der Humanität nicht durch unsere eigene Schuld vorzeitig zur Ruine wird.

TEIL 2

Zum freimaurerischen Ritual

Die Humanitäre Freimaurerei und ihr ritueller Ausdruck Aufklärung und Esoterik im Konflikt?

Referat für das Großlogentreffen der Großloge AFuAM vD, Pforzheim, 9./10. Mai 2013

Im Jahre 1969 schrieb die englische Sozialanthropologin Mary Douglas: „Eines der ernstesten Probleme unserer Zeit ist das Schwinden des Verbundenseins durch gemeinsame Symbole ... (Es gibt) einen weit verbreiteten Abscheu und Widerwillen gegen das Ritual überhaupt. ‚Ritual' ist ein anstößiges Wort geworden, ein Ausdruck für leeren Konformismus ... Bei den Vorgängen, die wir hier und heute beobachten können, handelt es sich um eine weltweite Revolte gegen alle Formen des Rituals."

Kurze Zeit danach hatte sich die Szenerie gründlich verändert. Man begann sich der Ubiquität und des Zeit überspannenden Charakters von Ritualen zu erinnern, man betonte zunehmend den Wert von Ritualen für den Zusammenhalt der Gesellschaft, ja man empfahl die Schaffung neuer Rituale zur Bewältigung menschlicher Alltagsprobleme, von Paarproblemen über Erziehungsschwierigkeiten bis hin zu Einschlafstörungen. Die Suchmaschine „Google" führt Beispiel um Beispiel zutage.

Folgen wir dem Selbstverständnis der Ritualforschung, so ist die aktuelle Debatte um die Wiederentdeckung des Rituals nicht zufällig. So weisen die Professoren Christoph

Wulf und Jörg Zirfas im Vorwort der von ihnen im Jahre 2004 herausgegebenen Schrift „Die Kultur des Rituals" darauf hin, dass Rituale und Ritualisierungen in der gegenwärtigen gesellschaftlichen Situation, die von Diskussionen um den Zerfall des Sozialen, den Verlust von Werten und der Suche nach kultureller Identität geprägt sei, nicht von ungefähr eine größere Bedeutung gewönnen. Seien Rituale im Zuge der 1968er Debatte um den Nationalsozialismus fast ausschließlich unter den Aspekten der Stereotypie, Rigidität und Gewalt thematisiert worden, wenn nicht gleich nur vormodernen Gesellschaften zugeschrieben, so hätten sie jetzt eine Brückenfunktion zwischen den Individuen, den Gemeinschaften und den Kulturen zu übernehmen. Rituale erschienen nun als *lebensweltliche Scharniere*, die durch ihren ethischen und ästhetischen Gehalt Sicherheit in den Zeiten der Unübersichtlichkeit gewähren sollten. Kurz: Rituale versprächen eine Kompensation für die mit der Moderne verbundenen Verlusterfahrungen von Gemeinschaftlichkeit und Kommunikationsmöglichkeiten, von Identität und Authentizität, von Ordnung und Stabilität.

Insofern sind wir Freimaurer mit unserer Ritualkultur durchaus modern. Dies enthebt uns freilich nicht der Aufgabe, uns der Funktionen und des spezifischen Stellenwerts des Rituals innerhalb des Freimaurerbundes stets aufs Neue zu vergewissern. Insofern kann nur bedauert werden, dass der Ritualdiskurs der deutschen Freimaurer bisher so unbefriedigend geblieben ist. Rituale fallen ja nicht vom Himmel, Rituale werden von Menschen gemacht, Rituale werden von Menschen ausgeführt, und wenn Freimaurer Rituale praktizieren, so sollten sie wissen und darüber nachdenken, was sie tun, warum sie es tun, und wie sie es tun sollten.

Fragen zum Ritual

Mit drei Fragen möchte ich mich in aller gebotenen Kürze beschäftigen:

- Wie verhalten sich die drei konstitutiven Elemente der Freimaurerei – Geselligkeit, ethische Orientierung und Ritual – zueinander?
- Was sind die Funktionen des Rituals innerhalb der humanitären – oder wie ich gern sage – humanistischen Freimaurerei?
- Welches Verhältnis besteht innerhalb des Rituals zwischen humanistisch-aufklärerischen und esoterischen Elementen?

Für mich findet eine Freimaurerei, die einerseits traditionsorientiert ist, andererseits jedoch ihre Akzente unmissverständlich im Sinne von Aufklärung und Humanismus setzt, in einem *vierfachen Selbstverständnis* ihren Ausdruck, wobei sich die genannten Aspekte gleichrangig miteinander verbinden:

1. Auf der Basis einer in der Loge eingeübten *Kultur der Mitmenschlichkeit* ist Freimaurerei Pflege von Freundschaft und Geselligkeit. Die Logen der Freimaurer sind Gemeinschaften, „die gute und redliche Männer, Männer von Ehre und Anstand, ohne Rücksicht auf ihr Bekenntnis oder darauf, welche Überzeugungen sie sonst vertreten mögen“ (Alte Pflichten) miteinander verbinden wollen.
2. Die Logen der Freimaurer sind *ethisch orientierte Assoziationen*, in denen gemeinsam laut nachgedacht werden kann, um Wege zu Lebenssinn und Motivation für moralisches Handeln ausfindig zu machen.

3. Die Logen der Freimaurer bieten einen *auf Symbole und Rituale gegründeten spirituellen Wahrnehmungs-, Handlungs- und Erfahrungsraum*, in dem die Ziele und Ideen des Freimaurerbundes im Bewusstsein und im Habitus der Brüder verankert werden.
4. Durch die Zusammenfassung der drei vorgenannten Elemente in einem ganzheitlichen Vereinigungskonzept wird Freimaurerei zu einer *Lebenskunst der Praxis*, die freundschaftliches Miteinander und ethisch-moralische Daseinsorientierung durch Symbole und Rituale in der Gemeinschaft der Loge sowohl rational erfassbar als auch emotional erlebbar macht.

Freimaurerei ist in meinem Verständnis somit keineswegs primär Kultgemeinschaft, wie immer wieder postuliert wird. Die Logen sind vielmehr in erster Linie ethisch orientierte Gemeinschaften, in denen sich humanistische Gesinnung und humanitäre Praxis im Sinne einer auch im Alltag tauglichen Lebenskunst entfalten können.

Ritualdimensionen

Dabei spielen die Rituale allerdings eine bedeutende Rolle. Diese besteht zunächst und vordergründig darin, dass das Ritual die Freimaurerei von anderen Bünden – auch solchen mit einer ebenfalls ethisch verstandenen Orientierung wie etwa den Serviceclubs – unterscheidbar macht. Wichtiger aber sind die Funktionen, die den Ritualen innerhalb der Freimaurerei zukommen. Die folgenden Ritualfunktionen möchte ich besonders hervorheben:

- Das Ritual *bildet die Logengemeinschaft* ab. Die Werte der Freimaurerei und die Beziehungen zwischen den

Brüdern finden ihren Ausdruck in den Positionen und den Rollen, die das Ritual vorgibt. Das Ritual betont Solidarität, Identität und Grenzen der Logengruppe und wirkt hierdurch integrativ nach innen, zugleich aber auch trennend nach außen.

- Das Ritual ist *Performance,* ist Drama, wobei nicht nur generell die verschiedenen freimaurerischen Rituale, in deren Zentrum die Initiationen stehen, Bestandteile dramatischer Aufführungen sind, sondern es auch – im Ritual des Meistergrades vor allem – zum „Drama im Drama“ kommt.
- Das Ritual wirkt durch seinen *performativen* Charakter. Durch Sprechakte werden neue Wirklichkeiten hergestellt, d. h. es wird das bewirkt, wovon die Rede ist. Wenn etwa der 1. Aufseher antwortet: *„Wir bauen den Tempel der Humanität!“*, so ist im Verständnis des Rituals davon auszugehen, dass der Bau eines moralischen Tempels wirklich erfolgt. Es sind vor allem diese „illokutionären Sprechakte“ im Sinne von John L. Austin, durch die die freimaurerische Gruppe mit ihren Werten und habituellen Prägungen immer wieder neu konstituiert und geschaffen wird.
- Zentral für das freimaurerische Ritual ist weiter sein Charakter als *Übergangsritus*, der Grenz- und Übergangserfahrungen vermittelt und den Initianten über die drei Phasen der *Trennung*, der *Unbestimmtheit* und *der Wiedereingliederung* schließlich in die Logengemeinschaft (bzw. die Grade des Lehrlings-, des Gesellen und des Meisters) eingliedert und so den Fortbestand der Gemeinschaft und ihrer Struktur sichert.

In der Humanitären (Humanistischen) Freimaurerei besitzt das Ritual aber keinen Offenbarungscharakter, es vermittelt keine Heilslehren und hat keine magische Qualität. Es vermittelt keine höheren esoterischen Erkenntnisse, die außerhalb der Freimaurerei nicht zu erlangen wären. Es begründet keine Religion und sollte auch keine ersatzreligiösen Funktionen übernehmen. Es ist ein *spezifisches Medium der Kommunikation*. Es vermittelt Denkanstöße, es öffnet das Bewusstsein des Maurers für ein Wahrnehmen bisher verborgen gebliebener Schichten der Persönlichkeit („Öffnung" der Loge als Anmahnung von Offenheit in der Wahrnehmung der Brüder), es lehrt durch Symbole und rituelle Handlungen und rundet so die soziale und diskursethische Praxis der Loge durch eine die Gesamtperson des Bruders erfassende spirituelle Dimension ab.

Freimaurerische Spiritualität

Die *spirituelle Dimension* der Freimaurerei kann, aber muss in keiner Weise religiös oder gar esoterisch begriffen werden. Innerhalb einer sich humanistisch verstehenden Freimaurerei ist die vom Ritual vermittelte Spiritualität ein komplementärer Faktor zu Freundschaft und ethischer Orientierung. Zur Spiritualität des Freimaurers gehört vor allem die Motivation, sich mit Sinn- und Wertfragen des Daseins, der Welt und der Menschen und besonders der eigenen Existenz und seiner Selbstverwirklichung im Leben zu beschäftigen. Das Ritual setzt hierfür den Rahmen und vermittelt immer wieder neue Impulse, die auch außerhalb des Rituals weiterwirken können und auf Dauer die Reflektiertheit und geistige Offenheit des Freimaurers generell fördern.

Eine so erlebte Spiritualität führt zur Erfahrung geistig-emotionaler Qualitäten wie Liebe, Mitgefühl, Verantwortung, Sorge für andere, Geduld, Toleranz, Demut, Vergebung, Zufriedenheit und Harmonie, alles Aspekte des Lebens und der menschlichen Wahrnehmung, die über eine rein materialistische Sicht der Welt hinausgehen, ohne notwendigerweise den Glauben an eine übernatürliche Wirklichkeit oder ein göttliches Wesen vorauszusetzen. Auch zu einer *säkular verstandenen* Spiritualität des Freimaurers gehört es, sich mit Sinn- und Wertfragen des Daseins zu beschäftigen, mit der Beschaffenheit der Welt und den Lebensmöglichkeiten der Menschen und besonders mit der eigenen Existenz und seiner Selbstverwirklichung im Leben sowie in der Vorbereitung auf den Tod.

Das Ritual bekräftigt die für Bund und Brüder unverzichtbaren Gestaltungsprinzipien der Freimaurerei – *Weisheit, Stärke und Schönheit* –, die dem Freimaurer allerdings nicht zufallen, sondern erarbeitet werden müssen:

- *Weisheit* meint wertbezogene Vernunft, intellektuelle Klarheit, Redlichkeit der geistigen Vermittlung, Reflektiertheit, skeptisches Hinterfragen, Erkennen der eigenen Grenzen, Bescheidenheit, Besonnenheit, Wissen darum, dass törichtes Daherreden und Provozieren um jeden Preis nicht nur die eigene Würde beschädigt, sondern auch Diebstahl der begrenzten Lebenszeit anderer ist.
- *Stärke* bedeutet Tatkraft, bedeutet das konstruktive Vermögen, Ideen auch umzusetzen. Weisheit allein reicht nicht aus, Sinn genügt nicht, wenn nicht sinnvoll *gehandelt* wird. „Es gibt nichts Gutes, außer man

tut es“, so kurz und knapp beschied bekanntlich Erich Kästner die wortreich Ausufernden.

- Wie die Stärke, so ist neben der Weisheit auch die *Schönheit* unverzichtbar als Gestaltungsprinzip des Freimaurerbundes und Maßstab für den brüderlichen Habitus, als Prinzip, das ausgehend vom Ästhetischen, von der apollinische Dimension, von der Schönheit der Symbole und Rituale, von der Musik im Tempel und bei der Tafel hinüberreicht zur *Lebenskunst und Lebenskultur*, worin sich ja Freimaurerei – wenn sie gelingt – als „Königliche Kunst“ erst vollendet.

Die Abfolge der drei Grade der Freimaurerei und die dazu gehörenden Übergangsriten der *Aufnahme, Beförderung und Erhebung* spiegeln wechselnde Lebenssituationen. Die in sich abgeschlossenen und auf sinnvolle Weise nicht erweiterbaren Gradstufen, mit denen es in der Humanistischen Freimaurerei definitiv sein Bewenden hat, schaffen Raum für Reflexion über sich verändernde existenzielle Befindlichkeiten des Menschen und bieten symbolisch-rituelle Anstöße dazu an:

- *Lehrling* zu sein bedeutet zu beginnen, heißt, sich seiner selbst bewusst zu werden, sich zu vergegenwärtigen, über welche Ressourcen man verfügt, zu wissen, was man will und an welchen Leitvorstellungen man sich orientiert.
- *Geselle* zu sein meint, sich in seinem aktuellen Lebenslauf aktiv zu verorten, sich in der Welt zu orientieren, Beziehungen zu anderen Menschen aufzunehmen und mit ihnen innerhalb und außerhalb der Freimaurerei gemeinsam zu handeln.

- *Meister* werden heißt, den Verlauf des bisherigen Lebens kritisch anzunehmen, sein Ende zu bedenken, die Konfrontation mit Lebenskrisen und Tod auszuhalten und angesichts der Transzendenz neue Möglichkeiten zu erkennen.

Besitzt die Loge ein hohes Maß an Ritual*kultur*, so wird sie leicht vermitteln können, was ein freimaurerisches Ritual zu leisten vermag:

- *Ruhe, Nachdenklichkeit* und *Offenheit für spirituelle Erfahrungen* zu fördern,
- *ethische Erziehung* durch Symbole und rituelle Handlungen zu bewirken,
- die Möglichkeit von *Entwicklung und Veränderung* durch den gemeinsamen Mitvollzug der Initiation neuer Brüder und der anderen beiden „Übergangsriten" unseres Ritualsystems, der Beförderung in den Gesellen- und der Erhebung in den Meistergrad, zu eröffnen,
- eine *kreative Öffnung aller Sinne* durch die Multimedialität des Rituals zu erleben (beispielsweise spielen ja auch Musik, Körperinszenierungen und Sprechkultur innerhalb der Ritualgestaltung eine große Rolle)

und schließlich, aber nicht zuletzt

- Impulse zur *Auseinandersetzung mit menschlichen Grenzerfahrungen* wie insbesondere dem Tod zu geben.

Zur Ritualkultur der humanitären Freimaurerei gehört für mich auch der eindeutige Primat der alten symbolischen Grade der Freimaurerei: Lehrling, Geselle und Meister. Dieser Primat ist nicht nur Bestandteil meiner grundsätzlichen Überzeugung, sondern auch Ergebnis meiner praktischen maurerischen Erfahrung.

Ganz wichtig für die Ritualkultur der Freimaurerei ist schließlich auch die Dimension der *Ritual-Ästhetik*. Das Ritual muss vollkommen ausgeführt werden, hässlich ausgeführte Rituale scheitern in ihrer Wirkung. Vom Grad der Ästhetik beim Vollzug des Rituals hängt letztlich auch ab, ob sich jene *emotionale Verzauberung* einstellt, die das „Geheimnis" der Freimaurerei ausmacht, das in der Tat als *erlebte* Verzauberung nicht verraten werden kann, und das im Grunde sehr wesentlich ja auch ein *subjektives Geheimnis* ist, das jeder Freimaurer auf seine ganz spezifische Weise erlebt.

Zum Abschluss möchte ich anregen, noch über einen weiteren Aspekt des Rituals nachdenken, den Umstand nämlich, dass im *„Hier" des Rituals* auf symbolische Weise etwas vollzogen wird, das sich auf ein *„Dort" im außerrituellen Bereich* bezieht, dass die Symbole auf etwas verweisen, das zwar im Ritual nicht anwesend ist, auf das symbolisch-rituelles Handeln jedoch unabweisbar bezogen ist. „Meine Brüder, baut *draußen* weiter daran, wozu wir *hier* an stiller Stätte den Grundstein gelegt haben", dies ist eine Formel, die Freimaurer ja wörtlich oder dem Sinne nach regelmäßig in ihren Ritualen verwenden. Damit wird auf die Notwendigkeit einer steten Entsprechung zwischen dem *Auftrag des Rituals* und einem *Alltagsverhalten* verwiesen, das aufgrund der im Ritual vermittelten Wert- und Verhaltensgrundlagen erfolgt.

Doch ist die Annahme einer solchen Entsprechung innerhalb der Freimaurerei nicht eine Illusion? Wird das Ritual – statt ein über symbolische Orte und Zeiten hinausweisendes Handlungskonzept zu sein – nicht allzu oft zum Endzweck der Freimaurerei verkürzt, um den sich dann das Hamsterrad administrativer Routinen und persönlicher Auseinandersetzungen dreht?

Zur Erklärung des dramatischen Absturzes der Freimaurerzahlen in den USA von 4 auf 1,6 Millionen innerhalb weniger Jahrzehnte heißt es in einer hochinteressanten Ursachenanalyse der Masonic Service Association of North America mit dem bezeichnenden Titel *IT'S ABOUT TIME! Moving Masonry into the 21st Century*: "Masonic tradition became locked in ritual as an end, not as a process." „Locked in Ritual", Blockade durch ein Ritual, das nicht mehr Bestandteil der dynamischen Dreiecksbeziehung zwischen der Polen Freundschaft, Ethik und Symbolik ist, sondern in einer steril gewordenen Redundanz die Freimaurerei blockiert, weil es zum Endziel geworden ist. Kann das Ritual auch zur Fessel für die weitere Entwicklung der Freimaurerei werden? Etwa, indem es stets nur auf das nächste Ritual und nicht auf die zu gestaltende Wirklichkeit verweist? Wir sollten darüber nachdenken und uns vor allem darüber im Klaren sein, dass – auch als Schutz vor einer ins Leere laufenden Ritualpraxis – unsere Rituale fest eingebettet werden müssen in eine *überzeugende Gesamtpraxis der Freimaurerei*, die – ich wiederhole es mit Nachdruck – Freundschaft und Geselligkeit, ethische Reflexion und moralisches Handeln sowie Spiritualität und rituelles Erlebnis gleichrangig zusammenbindet und sich als Lebenskunst bewährt.

Der stimmige Klang: Musik im freimaurerischen Ritual

Beitrag für die 46. Arbeitstagung der Freimaurerischen Forschungsgesellschaft „Quatuor Coronati“, Hannover, 11. Oktober 2014

Die humanistische Freimaurerei bedarf des ständigen Nachdenkens über ihre Grundelemente und ihre Praxis. Im Sinne einer solchen Selbstverständigung habe ich mir im Rahmen der Thematik dieser Arbeitstagung wieder einmal Gedanken über das Verhältnis von Freimaurerei und Musik gemacht, und ich möchte mit *sechs Anmerkungen* versuchen, mich dem Thema Musik im Kontext der Freimaurerei im Allgemeinen und im Kontext des freimaurerischen Rituals im Besonderen anzunähern. Ich tue dies als praktizierender und reflektierender Freimaurer, der die Musik liebt und sie in der Freimaurerei für unverzichtbar hält, darüber hinaus aber über keine ausgeprägten musikalischen Qualitäten verfügt.

Erstens: **Freimaurerei als Gesamtkunstwerk**

Freimaurerei ist zumindest in zweierlei Hinsicht ein aus komplementären Elementen bestehendes „Gesamtkunstwerk“.

Einerseits verbinden sich in ihr *soziale Elemente* (Freundschaft und Geselligkeit), *diskursive Elemente* (Nachdenken und Diskurs über Ethik und Moral) sowie *rituelle Elemente* (Ritual als spiritueller Erlebnis-, Erfahrungs- und Einübungsraum). Freimaurerei gelingt nur da, *wo alle diese Elemente miteinander verbunden in hoher Qualität praktiziert* werden. Der Hinweis auf „praktiziert" ist wichtig, denn Freimaurerei ist – obwohl sie klare Gedanken erfordert – nicht Theorie, sondern eine Form *von* Praxis, die wiederum auf die Befähigung des Freimaurers *zur* Praxis, nämlich die Praxis eines gelingenden Lebens in lebendiger Gemeinschaft zurückwirkt.

Andererseits verbinden sich *auch im Ritual verschiedene*, aufeinander angewiesene und aufeinander verweisende *Elemente*: Tempelraum, Innenarchitektur, Bildgestaltung, strukturierte Texte, Sprechakte (oft *performatives* Sprechen), Bewegungen (Körperinszenierungen) und Musik. Auch das Ritual gelingt nur, wenn alle seine Elemente ohne Brüche aufeinander abgestimmt und mit hoher Qualität in der rituellen Praxis der Loge präsent sind, das heißt, wenn sie den (in der deutschen Freimaurerei bisher freilich sträflich vernachlässigten und dringend zu erarbeitenden) *Kriterien einer praktischen Ritualästhetik* entsprechen.

Zweitens: Die wechselseitige Unterstützung von Musik und Ritual

Die Sprache der Rituale bringt nicht nur die moralischen Lehren der Freimaurer zum Ausdruck, sie folgt auch bestimmten Regeln des Sprechens und des dramatischen Ablaufs und ist durch einen Sprachduktus und Sprachrhythmus bestimmt, der das Ritual wiederum in die *Nähe zur Musik* rückt. Sicherlich ginge es zu weit, Nietzsche paraphrasierend von einer „Geburt der Freimaurerei aus dem Geiste der Musik" zu sprechen. Doch es gibt in den vielfältigen Erscheinungsformen des freimaurerischen Brauchtums *keine Rituale* – jedenfalls keine gelungenen Rituale – *ohne Musikalität*, insbesondere ohne Klang und Rhythmus, Klänge und Rhythmen als archaischer Orientierungs- und Ordnungsformen des Menschen. „Rhythm is it", diese Feststellung Sir Simon Rattles, die ja auch zum Titel eines faszinierenden Films über die Aufführung von Strawinskys „Le Sacre du Printemps" mit Berliner Schülern und den Berliner Philharmonikern geworden ist, bringt eine wichtige anthropologische Grundeinsicht treffend auf den Punkt. Auch die Ritualtheorie, die sich in der jüngeren Zeit kräftig entwickelt hat, geht regelmäßig von einer „wechselseitigen Unterstützung von Musik und Ritual" aus.

***Drittens:* Historische Perspektiven**

Zur Einordnung der Musik in die Freimaurerei mag ein *kurzer Blick auf die Geschichte* des Bundes und seiner Ritualistik hilfreich sein:

Früh schon wurde in den Logen musiziert und gesungen, zuerst beim heiteren Beisammensein nach der rituellen Arbeit, später – vor allem seit der zweiten Hälfte des 18. Jahrhunderts – auch im Ritual. Die Lieder bei der Tafel waren zunächst oft freimaurerisch adaptierte Volkslieder, teilweise sogar ausgesprochene Gassenhauer. Mit dem Aufkommen der *Tafellogen-Rituale*, die seit Mitte des 18. Jahrhunderts in Frankreich entstanden und bald nach Deutschland übernommen wurden, wurde die Musik verfeinert. Bis in das frühe 20. Jahrhundert hinein waren die Tafellogen von maurerischer Musik – Instrumentalkunst, eigens für Solo-Stimmen komponierte Freimaurerlieder und Chorgesang der Logenbrüder – begleitet, weshalb die Tafelmusik oft sehr reichhaltig war.

Doch die Freimaurer waren nicht nur heiter und gesellig, sie waren auch ernsthaft und besinnlich, und dieser Wesenszug hat sich gleichfalls in der freimaurerischen Musik niedergeschlagen. Zunächst wurden Kirchenliedern oder Huldigungs-Hymnen freimaurerische Texte unterlegt. Die englischen Brüder Freimaurer sangen beispielsweise nach der Melodie von „God save the King“ den Text „Hail masonry devine“. Nachdem die Musik zu einem *festen Bestandteil auch der freimaurerischen Rituale* geworden war, stieg die Zahl der Kompositionen für den Logengebrauch stark an. Ihren Gipfel erreichte die freimaurerische Musik zweifellos durch Mozart, der neben der *Zauberflöte* und dem instrumentalen Höhepunkt seiner *Maurerischen Trauermusik* eine Reihe von Einzelgesängen und Kantaten für seine Wiener Loge komponierte.

Viertens: Probleme der Gegenwart

Weniger gut steht es um die *freimaurerische Musik in der Gegenwart.* Dies hängt einmal damit zusammen, dass die Zahl qualifizierter Musiker – Sänger wie Instrumentalisten – in den Logen stark zurückgegangen ist. Musik von Tonträgern ist oft die unvermeidliche Alternative. Ritualmusik von Tonträgern müsste auch nicht generell unzureichend ausfallen, denn die Wiedergabequalität hat sich stark verbessert. Leider ist jedoch – von lobenswerten Ausnahmen (!) abgesehen – die *Musikkultur der deutschen Logen unterentwickelt*, die Vielfalt des Möglichen überfordert nicht selten die Fähigkeit zur sinnvollen Auswahl von Musik für rituelle Zwecke, und die Leistungen der Ritualkommissionen auf diesem Gebiet können nicht befriedigen, jedenfalls im Bereich der Großloge AFuAM. Es ist dringend erforderlich, die hier vorliegenden Defizite konzeptionell und praktisch aufzuarbeiten. Warum gibt es – bei so vielen Ämtern – eigentlich keinen *Musikmeister der Großloge*?

Fünftens: **Funktionen der Musik in der Freimaurerei**

Im Einzelnen lassen sich die *folgenden Funktionen der Musik* in der Loge allgemein und speziell im Ritual unterscheiden:

Zunächst ist Musik ein *Element der Geselligkeit und der Kultur* in der Loge. Musik ging und geht dabei über das Ritual im engeren Sinne hinaus. Sie dient der (gehobenen, anspruchsvollen) Unterhaltung und der freimaurerischen Festlichkeit auch und insbesondere im außerrituellen Rahmen. Gerade viele größere und kleinere Werke der „klassischen" Freimaurer-Komponisten – begonnen mit Mozart – sind *keine Ritualmusiken im engeren Sinne* (und sind auch als solche nicht geeignet).

Fragen wir nach eigentlicher Ritualmusik, d. h. Musik, die im Ritual verwendet wird, so lassen sich wiederum verschiedene Funktionen der Musik erkennen:

- Musik trägt zur *„Rahmung" (Framing) des Rituals* bei, so etwa beim Einzug und Auszug der Schwestern und Brüder.
- Musik unterstreicht die *Bedeutung von Textpassagen und Körperinszenierungen* (etwa Hinweise in den Ritualbüchern: „An dieser Stelle laute Musik").
- Musik erlaubt, indem Pausen akzentuiert werden, ein *Nachfühlen und Reflektieren* von Textpassagen.

- Musik befördert das *„Fließen" (Flow) des Rituals* und trägt dazu bei, dass das Ritual im Zeitablauf als Einheit empfunden wird.
- Vor allem aber vermittelt Musik *Stimmung* und schafft eine *spirituelle Atmosphäre.*

Auf Zweierlei ist jedoch strikt zu achten:

Einmal muss sich die gewählte *Musik dem Ritual ein-, ja unterordnen.* Musik im Ritual darf das Ritual nicht in ein Gesprächskonzert transformieren. Längere Passagen oder auch Bruchstücke von Sinfonien etwa entfalten oft ein Eigengewicht, das das Ritual gleichsam *beiseiteschiebt* und den aufgezeigten Funktionen einer gelungenen Ritualmusik nicht entspricht. Die gewählten Musikstücke – ob live, ob Konserve – müssen kurz und in sich abgeschlossen sein. Die von ihnen ausgehenden Impulse haben der Funktion zu entsprechen, die sie im Ritual innehaben sollen. Musik darf weder dominant sein noch Stimmungen hervorrufen, die der Emotionalität des Rituals nicht entsprechen.

Zum anderen muss die Musik, vor allem, wenn sie mit Text verbunden, d. h. Gesang ist, *der konkreten rituellen Situation entsprechen*, in der sie zum Einsatz kommt. Die Zauberflöten-Arie „In diesen heiligen Hallen" etwa dürfte eigentlich an der Stelle, wo sie meist ertönt, beim Eintritt des Suchenden nämlich, nicht erklingen. Denn ihr Text – von den Autoren der Oper in einer zwar emotional aufgeladenen, doch eher familiären Gesprächssituation zwischen Sarastro und Pamina platziert – soll die von der Mutter zum Mord an Sarastro bestimmte Tochter beschwichtigen und taugt eigentlich nicht als Einleitung einer ernsten, ja bedrohlichen rituellen Prüfung, wozu die Arie im deutschem Logenbrauch regelmäßig verwendet wird. Mozart und Schikaneder wussten genau, welche Musik mit welchem Text zu Beginn des Initiationsprozesses stimmig ist: der Gesang der „geharnischten Männer“ mit den Worten:

Der, welcher wandert diese Straße voll
Beschwerden,
Wird rein durch Feuer, Wasser, Luft und Erden;
Wenn er des Todes Schrecken überwinden kann,
Schwingt er sich aus der Erde himmelan.

Um den aufgezeigten Defiziten zu begegnen, wäre es wünschenswert, ja erforderlich, sich eingehend mit den zuvor erwähnten Kriterien einer praktischen Ästhetik der Freimaurerei zu beschäftigen und sich auch der freimaurerischen Musik mit grundsätzlichen Überlegungen und Vorschlägen für die Ritualpraxis der Logen zuzuwenden. Dabei wäre zunächst und vor allem der musikalische Bestand zu prüfen, den uns unsere musikalischen Meister an dezidierten Ritualmusiken hinterlassen haben. Aber auch im Vorrat der nicht primär für Freimaurerrituale komponierten Musik der masonischen Klassiker könnten wir fündig werden. Ich schätze z. B. Mozarts Kammermusik für Holzbläser (Klarinette und Bassetthorn) oder die „Harmonie-Fassungen“ seiner Opern und habe sie immer wieder gern eingesetzt. Neuere Ritualmusiken wären auf ihre Stimmigkeit zu prüfen, etwa die „Pyrmonter-Ritualmusik“ von Marc Roland (bei der ich selbst freilich gewisse Vorbehalte habe, weil mir ihre Feierlichkeit nicht frei von depressiven Zügen scheint). Oft geeignet sind Stücke der Barock-Musik, aber man muss sie richtig auswählen. Emotional passend und zudem kurz und in sich abgeschlossen sind für mich Teile der von euro-asiatischer Kultur inspirierten Klaviermusik von Georgi Iwanowitsch Gjurdschijew und Thomas de Hartmann.

Sechstens: **Musik, Ritual, Stimmung**

Zum Schluss nehme ich noch einmal den Gesichtspunkt *spirituelle Atmosphäre und Stimmung* auf, der für mich ganz zentral für das freimaurerische Ritual, insbesondere für die Emotionalität des Ritualerlebens ist:

Stimmung ist – insbesondere Martin Heidegger hat nachdrücklich darauf verwiesen – eine sehr ursprüngliche Seinsart des Menschen. Die emotionale Befindlichkeit des Menschen, seine Stimmung eben, erschließt die Welt noch vor dem theoretischen Verstehen. Stimmungen eröffnen Sinnzusammenhänge und vermitteln Impulse zum Handeln. Insbesondere der Tübinger Philosoph und Pädagoge Otto Friedrich Bollnow hat dabei die Bedeutung gehobener Stimmungen wie Glück, Freude, „Festigkeit des eignen Selbst", Überzeugungsgewissheit, Verbundenheit mit anderen Menschen, Getragensein, Geborgenheit und Vertrauen für die psychische, geistige und moralische Entwicklung des Menschen eindrucksvoll hervorgehoben, vor allem in seiner durchaus für die Freimaurerei wieder zu entdeckenden Schrift „Das Wesen der Stimmungen".

Das Erzeugen solch guter, gehobener Stimmungen ist nun auch ein ganz zentrales inneres Form- und Gestaltungsprinzip der Freimaurerei, insbesondere des freimaurerischen Rituals, wobei die freimaurerische Musik wiederum in besonderem Maße beteiligt ist. Musik gehört zur Freimaurerei – in Ritual und Geselligkeit – und trägt sehr wesentlich dazu bei, dass die „Königliche Kunst" in ihrer Gesamtheit in der Lage ist, neue Gemütslagen zu entdecken und seelische Bereiche konstruktiv zu erweitern. Musik generiert eine festlich gehobene, eine – dennoch! – optimistische Stimmung, eine Gefühlslage, die positive Empfindungen mit Ordnung und Maß verbindet, und die hilft, jene „gesellige Vernunft" zu bewahren, die seit den Tagen der Aufklärung immer wieder kennzeichnend für die Kultur der Freimaurerei gewesen ist. Das Herstellen von Stimmungen durch den Zusammenklang von Worten, symbolischen Handlungen, Bildern und Musik ist wohl auch das wichtigste pädagogische Medium der Freimaurerei in der Gegenwart.

Freimaurerei bedeutet auch heute sehr wesentlich die Einladung, sich *besser zu fühlen*, um die Möglichkeit zu erfahren, *besser zu werden.*

Konzepte, Metaphern, Symbole Das Gestaltungsdreieck der Freimaurerei

Vortrag auf der 55. Arbeitstagung der Forschungsloge „Quatuor Coronati", Mannheim, 9./10. März 2019

Metaphern – Konstruktion und Gebrauch von Sprachbildern

Sprachbilder, wie wir Metaphern üblicherweise wiederum mit einer Metapher umschreiben, sind allgegenwärtig.[101] Sie sind in unserer Sprache sehr viel stärker präsent, als uns im Allgemeinen bewusst ist. Und nicht nur in unserer Sprache: Wer immer nachdenkt, strukturiert den Kosmos seines Bedeutungsuniversums durch Metaphern, das heißt, er verwendet Metaphern bereits, bevor er mit anderen über Inhalte und Ergebnisse seines Denkens kommuniziert. Unser gesamtes alltägliches Konzeptsystem, auf dessen Grundlage wir sowohl denken und sprechen als auch handeln, ist im Kern metaphorisch, und so wird verständlich, warum George Lakoff und Mark Johnson ihr die neuere Metaphern-Forschung in hohem Maße inspirierendes gemeinsames Haupt-

101 Vgl. zum Folgenden: Kurz, Gerhard: *Metapher, Allegorie, Symbol*, Göttingen 2009; Blumenberg, Hans: *Paradigmen zu einer Metapherologie*, Frankfurt am Main 2013; Skirl, Helge/ Schwarz-Friesel, Monika: *Metapher*, Heidelberg 2013.

werk „Metaphors We Live By" genannt haben,[102] deutscher Titel „Leben in Metaphern. Konstruktion und Gebrauch von Sprachbildern".[103]

Metaphern sind Sprachbilder, die uns meist geläufig sind. Michael Buchholz gibt in seiner Einführung zu Lakoffs und Johnsons Buch anschauliche Beispiele dafür:

„Wir schenken uns Aufmerksamkeit."

„Wir bringen uns etwas nahe."

„Wir stehen auf Standpunkten."

„Manchmal trifft, was wir sagen, ins Schwarze, manchmal geht es daneben."

„Wenn wir auf andere zugehen, kommt es zu Berührungen, und manchmal funkt es sogar."[104]

In jedem dieser Sätze wird der eigentliche Ausdruck per Metapher durch etwas ersetzt, das deutlicher, anschaulicher oder sprachlich reicher ist. Auch werden mit Metaphern semantische Lücken gefüllt, die nur durch aufwändigere Umschreibungen zu schließen wären. Die Metapher nutzt das Prinzip der Similarität und versprachlicht eine ausgewählte und damit konstruierte Relation zwischen ähnlichen, inhaltlich aber nicht benachbarten Phänomenen, wobei sie zwischen diesen eine Bedeutungsübertragung vornimmt.

Eine „Metapher" (griechisch metaphorá für „Übertragung") ist also zunächst eine Sprachfigur, bei der ein Wort (bzw. eine Wortgruppe) aus dem eigentlichen Bedeutungs-

---

102 Lakoff, George/Johnson, Mark: *Metaphors We Live By*, Chicago 1980.

103 Dies.: *Leben in Metaphern. Konstruktion und Gebrauch von Sprachbildern*, 9. Auflage, Heidelberg 2018.

104 Buchholz, Michael B.: *Vorwort*, in: *Leben in Metaphern*, a.a.O., S.7.

zusammenhang in einen anderen übertragen wird, ohne dass ein direkter Vergleich zwischen dem Bezeichnendem und dem Objekt der Bezeichnung vorgenommen würde. Metaphern sind – ich wiederhole – aber nicht nur Elemente der Sprache, sondern auch des Denkens. Wenn – wie Lakoff und Johnson annehmen – unser Konzeptsystem zum größten Teil metaphorisch angelegt ist, dann sind auch unser Erleben, unsere Art zu denken und unser Alltagshandeln weitgehend eine Sache der Metapher.[105]

Dabei können die Funktionen von Metaphern verschieden sein, und die Metaphernforschung unterscheidet im Allgemeinen fünf spezifische Ausprägungen:[106]

1. Die *illustrative* Funktion der Metapher, die für die sprachliche Kommunikation in und mit Texten eine große Rolle spielt, weil die Metapher hier zur Verdeutlichung des vom Autor Gemeinten eingesetzt wird.
2. Die *ornamentale* Funktion der Metapher, die auf die aristotelische Auffassung der Metapher als Schmuckwort in Dichtung und Rhetorik zurückzuführen ist.
3. Die *ironische* Funktion der Metapher, die dem Sprachgestalter die Möglichkeit eröffnet, alle von ihm geschaffenen geistigen Produkte spielerisch zu verfremden, zu relativieren und zu hinterfragen.
4. Die *manipulative* Funktion der Metapher, mit der versucht wird, Denken und Handeln anderer durch meta-

105 Ebenda, S. 11.

106 Das Folgende nach Ulucan, Sibel: *Die Metaphorik in politischen Leitartikeln und Kommentaren der spanischen Tageszeitungen El País und El Mundo*, Göttingen 2000, www.metaphorik.de/sites/www.metaphorik.de/files/article/ulucan-poltische-leitartikel.pdf, abgerufen am 06.03.2019

phorische Appelle an den Adressaten zu beeinflussen, die in ihm Ideen, Gefühle und Bereitschaft zum Handeln erwecken. Reden von AfD-Politikern beispielsweise sind gespickt mit manipulativen Metaphern. Denken wir an Alexander Gaulands: „... die zwölf Jahre Nationalsozialismus sind nur Vogelschiss in der deutschen Geschichte".

5. Schließlich die im positiven Sinne *wirklichkeitsschaffende* Funktion der Metapher, bei der der Metapher in ihrer Eigenschaft als „(hypothetisches) Denkmodell" der Charakter eines weltschöpferischen Instruments zugeschrieben wird. Denn Metaphern können normierte Denkmuster auflösen und hierdurch auch neue gesellschaftliche Wirklichkeiten schaffen, so wie es die Metaphern der Freimaurerei am Beginn ihrer Geschichte im späten 17. und im frühen 18. Jahrhundert getan haben.

Metaphern in der Freimaurerei

Was bedeutet der Komplex „Metapher" für uns Freimaurer der Gegenwart? Warum behandeln wir ihn auf einer Tagung der Forschungsloge? Welche Rolle spielt er für unsere Kommunikation mit der Öffentlichkeit?

Das sind die Fragen, die mich in meinem Vortrag beschäftigen.

Im Zentrum des Freimaurerbundes stehen für uns Ideen, Ideale und Konzeptionen, mit denen wir Wesen, Strukturen und Ziele der Freimaurerei in eine Sprache fassen, die weitgehend metaphorisch ist, und die in unseren Symbolen und Ritualen ihre Entsprechung findet. Für mich sind dies in erster Linie die Werte des Humanismus und der Aufklärung. Die wichtigsten Begriffe davon sind uns vertraut: Humanität, Brüderlichkeit, Toleranz, Freiheit, Gerechtigkeit und Friedensliebe. Wenn wir uns über Ziele, Werte und Leitvorstellungen der Freimaurerei verständigen, wenn wir in der Loge und mit der Öffentlichkeit darüber kommunizieren, dann zeigt sich immer wieder, dass auch unsere Sprache ohne Sprachbilder, ohne Metaphern nicht auskommt, ja dass im Grunde genommen der gesamte Charakter der Freimaurerei, der nicht zuletzt in der symbolischen Übertragung von Bauwerkzeugen auf die moralische Welt besteht, metaphorisch ist. Doch auch bereits vor der Entstehung der modernen Freimaurerei hatten Metaphern in der Welt der Bauhütten eine große Bedeutung, ist doch ohne die Lichtmetapher der gotische Kathedralenbau nicht denkbar.

Da die Metaphern der Freimaurerei mit ihren Konzepten zusammenhängen, können wir mit Lakoff/Johnson auch im masonischen Kontext von konzeptuellen Metaphern sprechen, die teilweise unbewussten Charakter haben, Wesen und Struktur der Freimaurerei teilweise aber auch bewusst zum Ausdruck bringen und unserer Orientierung nach innen und außen dienen. Die konzeptuellen Metaphern der Freimaurerei haben den Charakter von Frames, von Rahmen, die ganze Wissensbestände vom Herkunftsbereich der Symbolik in den Zielbereich der praktizierten Freimaurerei übertragen und dort neue Denk- und Handlungsmöglichkeiten schaffen. Man kann daher auch von ihrem Brückencharakter sprechen, denn sie verbinden Konzepte mit Symbolen und sind auf diese Weise in die masonischen Rituale eingegliedert, deren Texte ja weitgehend aus Metaphern bestehen. Dauernd erfolgen Transferbeziehungen in zwei Richtungen: Einerseits führt der Weg vom

Konzept zur Metapher, dann weiter über die Symbolik ins Ritual. Andererseits verbindet die rituelle Praxis Symbole mit Metaphern, die dann von Konzeptionen vermittelt zum Denken und Handeln des Freimaurers führen. Oder anders ausgedrückt: Wir beginnen mit Praxis und werden zur Praxis zurückgeführt, und das Wesen der Freimaurerei besteht weitgehend in der Dialektik ihrer symbolisch-metaphorischen und ihrer tatsächlichen Formen von Praxis.

Mythen, Metaphern und Systeme

Doch spätestens an dieser Stelle setzen Probleme ein, denn die konzeptionellen Grundlagen der Freimaurer stimmen ja – auch in diesem Kontext dürfen wir nicht daran vorbeidenken – von masonischem System zu masonischem System nicht überein. Es gibt ja nicht die Freimaurerei (im Singular), sondern nur die Freimaurereien (im Plural). Dies hat verschiedene historische Ursachen und ist nicht zuletzt darauf zurückzuführen, dass sich die konkreten maurerischen Systeme auf dem Hintergrund divergierender Mythenstränge entwickelt haben.[107]

Wenn wir uns die Mythen anschauen, um die herum sich die Freimaurer*eien* in den vergangenen Jahrhunderten seit 1717 entwickelt haben, so stoßen wir insbesondere auf drei Erzählstränge, die sich zwar oft vermischt haben, die sich aber trotzdem voneinander unterscheiden, ja sich widersprechen können:

107 Hierzu und zum Folgenden vgl. Höhmann, Hans-Hermann: *Freimaurerei in Deutschland. Aspekte der Vergangenheit –* Aufgaben für die Zukunft, Leipzig 2017, S. 128 ff.

- die hermetisch-esoterischen Erzählungen von uralter Weisheit und geheimnisvollen symbolischen Codes, die in den Logen entschlüsselt werden können,
- die gnostisch-christlichen Erzählungen von der Nachfolge Jesu, des Obermeisters des Freimaurerordens sowie
- die humanistisch-aufklärerischen Erzählungen vom Menschen und seinen mitmenschlichen Pflichten im Hier und Jetzt, die einzuhalten die Freimaurerei den Bruder lehrt.

Im Verständnis nach innen aber auch im Auftreten der Freimaurer gegenüber der Öffentlichkeit gehen diese Erzählstränge – die ja zu sehr verschiedenen Formen von Freimaurerei im Hinblick auf Konzepte, Symbole und Metaphern geführt haben – oft unreflektiert und verwirrend durcheinander. Und dieses Durcheinander der Mythen begegnet uns dann wieder in den Geschichten, die andere über uns erzählen. Und hier liegt die Wurzel vieler unserer Probleme. Wir werden missverstanden, weil wir selbst nicht so richtig wissen, wer und was wir eigentlich sind.

Es wäre nun interessant zu untersuchen, wie sich die konzeptuelle Metaphorik der verschiedenen Spielarten von Freimaurerei voneinander unterscheidet. Und es wäre gleichfalls spannend, die Prozesse aufzuzeigen, durch die sich die Metaphernwelten der einzelnen Freimaureien unter dem Einfluss politischer und gesellschaftlicher Entwicklungen verändert haben, wenn beispielsweise die Lichtmetapher in der völkischen Freimaurerei der späten 20er und frühen 30er Jahre weithin einen neuheidnisch-arischen Charakter angenommen hat, die einer veränderten – eben völkischen – freimaurerischen Sinnstiftung dienen sollte. Hier ist Vorarbeit geleistet,[108] doch sind noch viele Fragen offen, und es existiert ein umfangreicher Forschungsbedarf.

Die Metaphern der Humanistischen Freimaurerei

Ich muss mich heute allerdings thematisch beschränken, und so möchte ich mich im folgenden Teil meines Beitrags mit der in der Tradition von Humanismus und Aufklärung stehenden Humanitären Freimaurerei beschäftigen, mit der ich ja in Forschung und Praxis besonders verbunden bin. Dabei möchte ich versuchen aufzuzeigen, wie es in dieser Form von Freimaurerei um die *Wirkungskette Konzept – Metapher – Symbol – Ritual* strukturell und inhaltlich bestellt ist.

Mein Konzept der Humanistischen Freimaurerei ruht auf den allesamt aus der Geschichte der Freimaurerei ableitbaren vier Säulen:

- Freundschaft und Geselligkeit,
- ethische Orientierung und moralische Praxis,
- Arbeit mit Symbolen und Ritualen,
- Bewährung als Einübung in Lebenskunst.

Zu den bewusst gewählten konzeptuellen Metaphern der Humanistischen Freimaurerei gehören für mich in erster Linie vier Gruppen von Metaphern oder auch Metaphern*felder*, die einerseits mit den Konzepten der Humanistischen Freimaurerei korrespondieren und andererseits in entspre-

108 Vgl. Höhmann, Hans-Hermann: *Identität und Gedächtnis. Die „völkische Freimaurerei" in Deutschland und wie man sich nach 1945 an sie erinnerte*, Leipzig 2014.

chenden Einzelsymbolen und symbolischen Handlungen Ausdruck finden. Ich unterscheide die Metaphernfelder „Licht“, „Wandern“, „Bauen“ und „Liebe“, verweise auf die jeweilige Metaphernstruktur und versuche mitzuteilen, zu welchen Sinnstiftungen und Konzepten freimaurerischer Praxis mich diese Metaphernstruktur zurückführt. Dabei ist allerdings stets festzuhalten, dass das Ritual keine bloße Aneinanderreihung von Metaphern ist, dass die freimaurerischen Metaphern vielmehr in die performative Gesamtstruktur des Rituals eingebunden sind.

Das Metaphernfeld „Licht“

Ich beginne mit Bemerkungen zum Metaphernfeld *„Licht“* mit den uns allen vertrauten Metaphern, die um Licht, Aufklärung und Erleuchtung kreisen, teils mehr rational (im Sinne von „Aufklärung“), teils mehr spirituell (im Sinne von „Erleuchtung“) konnotiert.

Es fällt nicht schwer, Metaphern des Lichts in unserem Lehrlingsritual aufzufinden: „Wir wollen unser Herz gegen das Licht richten.“; „Lasst uns die Werkstätte völlig erleuchten, auf dass wir im klarsten Licht unsere Arbeit beginnen.“; „Hüten Sie sich vor allen Lehren, welche das Licht des menschlichen Denkens nicht ertragen.“; „Licht zu erlangen, sei stets Ihr tiefstes Bestreben.“; „Meine Brüder, helft mir, unserem neu aufgenommenen Bruder das Licht zu geben.“

Innerhalb der freimaurerischen Symbolwelt veranschaulicht die Lichtsymbolik den transzendenten Bezug des Freimaurers, den Anker seiner Verantwortung und die Quelle seiner Hoffnung. Licht symbolisiert Lebenskraft und

Lebensgrundlage, Sicherheit und vertrauenswürdige Ordnung. In allen kulturellen Systemen hat die Lichtsymbolik ihren festen Platz. Sie kennzeichnet, oft konkretisiert in den Bildern der sinnlich erfahrbaren Lichtträger – Sonne, Mond, Sterne, Blitz und Feuer – Mythen und Kulte und gelangt als zentraler Bestandteil der masonischen Bilderwelt auch in das freimaurerische Ritual.

Licht ist das wichtigste Medium der Spiritualität. Licht steht aber nicht nur für Spiritualität, sondern auch für Aufklärung, für den menschlichen Akt der Wahrheitserkenntnis, dafür, dass der Maurer – so will es das Ritual – sich vor Lehren hüten soll, die das Licht der Vernunft nicht aushalten. In der Sprache des Rituals: „Was das Licht für die Augen, das ist die Wahrheit für den Geist des Menschen. Unwissenheit und Vorurteil verhalten sich zur Wahrheit, wie Finsternis und Dunkel zum hellen Tag."

Es ist diese ausgreifende Bedeutung des Lichts als komplexes Symbol für Lebensquelle, Lebenskraft, moralische Wegweisung und Suche nach Wahrheit, welche die „Lichtgebung" zum zentralen Bestandteil des Aufnahmerituals und die „Lichteinbringung" zum Kern der rituellen Einsetzung einer Loge oder der Einweihung eines neuen Tempels macht.

Die Beziehungen zur freimaurerischen Praxis sind leicht erkennbar: Redlichkeit und Wahrhaftigkeit werden angemahnt, der Verzicht darauf, als Wahrheit auszugeben, was eigenes Vorurteil ist. Die Loge will – auch dies ist Grundlage des Rituals – „eine sichere Stätte sein für alle, die Wahrheit suchen". Wohlgemerkt, für die, die Wahrheit suchen, nicht für die, die meinen, universelle Heilsrezepte zu besitzen und ewige Wahrheiten zu verwalten. Hier ist an ein Wort und eine Warnung Lessings zu erinnern, dass nicht die Wahrheit, sondern die Mühe der Wahrheitssuche den Wert des Menschen ausmacht, und dass „nicht der Irrtum, sondern der sektierererische Irrtum, ja sogar die sektierererische Wahrheit das Unglück der Menschen machen oder machen würden, wenn die Wahrheit eine Sekte stiften wollte".

Das Metaphernfeld „Wandern"

Zweitens Bemerkungen zum Metaphernfeld *„Wandern"* mit Metaphern des Wanderns, des Reisens, der Veränderung, des Übergangs: „Die Reisen, welche Sie nun unternehmen, sind Bilder des Lebens."; „Noch ist der Suchende fern vom Ziel. Mühsam ist der Weg. Lassen Sie uns mutiger vorwärtsschreiten."; „Der Lehrling muss lernen, im Tempel zu gehen."; „Des Maurers Wandeln, es gleicht dem Leben."

Die Symbolik des Wanderns veranschaulicht den besonderen Charakter der menschlichen Lebensreise. Wandermythen gehören zu den uralten Bestandteilen menschlicher Bewusstwerdung. Wanderepen wie Homers Odyssee erzählen nicht nur das Schicksal von Helden. Sie bezeugen auch die Bestimmung des Menschen, Wanderer zu sein. Auch eine moderne Filmgattung bestätigt immer wieder einen archaischen Befund: Das menschliche Leben ist ein Roadmovie. Der Mensch ist unterwegs, er muss aufbrechen, er verändert sich, er hat Altes hinter sich zu lassen und selbst, wenn er zum Ausgangspunkt zurückkehrt, ist er verändert und hat die Chance, die Veränderung produktiv an sich selbst zu erleben. Rainer Maria Rilke hat dieses „Zurückkehren, aber doch Verändertsein" bekanntlich in die schöne Metapher vom „Leben in wachsenden Ringen" gefasst:

„Ich lebe mein Leben in wachsenden Ringen, die sich über die Dinge ziehn. Ich werde den letzten vielleicht nicht vollbringen, aber versuchen will ich ihn."

Die symbolischen Reisen, die der Freimaurer als Suchender, Lehrling oder Geselle unternimmt, gehören zu den wichtigsten Formen performativen Handelns im Ritual, dessen performativer Charakter – wie der Ritualforscher Christian Wulf betont – sehr wesentlich „über die Inszenierung und Aufführung der Körper der beteiligten Menschen" Ausdruck findet.

Freimaurerei hat mit Wanderungen vielerlei Art zu tun: der Aufnahmekandidat wandert zum Licht, der Lehrling macht „Gesellenreisen", der Geselle wandert – konfrontiert mit der Unabänderlichkeit des Todes – auf dem Weg zur Meisterschaft, und auch für den Meister wird das „Wandern zwischen Sternen und Gräbern" immer wieder zu Erlebnis und Anstoß.

Rahmen des Wanderns durch die sich durch Wiederholung von Mal zu Mal vertiefenden rituellen Erlebnisse ist das System der drei freimaurerischen Grade Lehrling, Geselle und Meister. Für mich lässt sich dieser Rahmen durch zusätzliche Ritualerfahrungen nicht sinnvoll erweitern. Die Wandersymbolik hilft erkennen, dass es sich bei den Ritualen der Freimaurer nicht um *Verkündigungsrituale* oder *Rituale der Manifestation nicht zu hinterfragender Überzeugungen* handelt, sondern um *Erprobungsrituale* oder *Rituale der Suche*, die schrittweise Erkenntnis und korrigierbares Lernen verdeutlichen, was zugleich bedeutet, dass freimaurerische Rituale bei aller Konstanz ihrer Form „offene" und keine hierarchisch vermittelten Rituale sind – oder doch sein sollten.

Leben als Wandern zu verstehen, ist auch den Gedanken und Bildern anderer Denksysteme und Ausdrucksformen von Kultur eigen. Die Anschaulichkeit und Intensität der sinnlichen Erfahrung der freimaurerischen Rituale wird allerdings nur selten erreicht. Das freimaurerische Brauchtum ist nun einmal sowohl durch eine besonders sinnreiche Ritual*struktur* als auch durch eine besonders eindrucksvolle gruppendynamische Qualität des Ritual*vollzugs* geprägt.

Metaphernfeld „Bauen"

Nun Bemerkungen zum Metaphernfeld *„Bauen"* mit Metaphern des Bauens, des Entwerfens, der Arbeit, der Praxis. Wiederum dazu in ununterbrochen metaphorischer Sprache unser Ritual: „Lasst uns an die Arbeit gehen, Brüder, und die Werkzeuge zur Hand nehmen."; „Wir bauen den Tempel der Humanität."; „Die Bausteine, deren wir bedürfen, sind die Menschen."; „Der rauhe Stein ist das Sinnbild des Lehrlings. Er bezeichnet die rohe Form, welche der Bildung und Veredelung bedarf."

Die Metaphern des Bauens umreißen Inhalt und Ziel unserer Arbeit: Freimaurer bauen am Tempel der Humanität. Sie verstehen Sein und Zeit als sinnvoll zu gestaltende Bauwerke. Sie gehen davon aus, dass ihrem Bauen eine wertgebundene Bauidee zugrunde liegt, die sie – ohne jede inhaltliche Bestimmung, fernab von der Dogmatik eines kreativen Designs und ohne, dass die Loge zur religiösen Vereinigung wird – mit dem Symbol eines universellen Großen Baumeisters umschreiben.

Gewiss, wir bauen ein Fenster zur Transzendenz, denn „über sich" hinauszuschauen ist eine Grundbefindlichkeit des Menschen. Doch was der Maurer sieht, wenn er durch dieses „Fenster“ blickt, ist innerhalb und außerhalb der Loge sein Geheimnis, das ihm durch seine Philosophie oder Religion *und nicht durch die Freimaurerei* vermittelt wird. Es wäre schamlos, den Bruder danach zu fragen, und es wäre anmaßend, am Inhalt seiner Überzeugungen Anstoß zu nehmen, so lange sie mit den im Konsens der Freimaurer gefundenen Wertvorstellungen übereinstimmen und der Bruder sie nicht selbst mit Freimaurerei vermischt und verwechselt. Grundlegend für die freimaurerische Bausymbolik ist, dass wir uns selbst als Bausteine verstehen, deren Auftrag und Schicksal es ist, den Weg vom rauen zum behauenen Stein zu nehmen, lebenslang und unabweisbar, aber mit der Hoffnung auf Gelingen und auf der festen Grundlage eines positiv-optimistischen Menschenbildes. Wir bauen eine Heimat für Menschen, eine Heimat, die nicht nur am großen Entwurf des Tempelbaus orientiert ist, die vielmehr – wiederum metaphorisch ausgedrückt – vor allem im tagtäglichen Bemühen um menschenwürdige Wohnverhältnisse in den Alltagsgehäusen unserer Mitmenschen ihren Ausdruck zu finden hat.

Bauen und Wohnen gehören zusammen. Philosophen ganz unterschiedlicher Ausrichtung, wie Martin Heidegger, Ernst Bloch und Otto Friedrich Bollnow, aber auch philosophierende Schriftsteller, wie Antoine de Saint-Exupéry, haben betont, dass der Mensch wesensmäßig ein Wohnender ist, der baut, um beheimatet zu sein. Für Bloch ist „Bauen“ ein Produktionsversuch menschlicher Heimat[109], und

---

109 Zitiert nach Kruft, Hanno-Walter: *Geschichte der Architekturtheorie. Von der Antike bis zur Gegenwart*, München 2004, S. 511.

Heidegger formulierte im Rahmen des vielbeachteten „Darmstädter Gesprächs“ zum Thema „Mensch und Raum“ im Jahre 1951[110]: „Das Wesen des Bauens ist das Wohnen lassen. Der Wesensvollzug ist das Errichten von Orten durch das Fügen ihrer Räume. Nur wenn wir das vermögen, können wir bauen. Das Wohnen aber ist der Grundzug des Seins.“

Das „Nicht-Wohnen-Können“ umgekehrt, die Obdachlosigkeit, das heimatlose Asyl verletzt zutiefst die Würde der davon betroffenen Menschen, nicht nur, weil der Besitz einer Wohnung eine elementare Notwendigkeit für physisches menschliches Überleben ist, sondern auch, weil Haus und Wohnung ganz spezifische kulturelle Identitäten stiften, über die zu verfügen gleichfalls ein Grundanliegen der Menschen ist. Seitdem der Mensch Mensch ist, hat er gebaut, wenn auch das Maß des Menschlichen dabei oft verfehlt worden ist.

Nicht nur einzelne Menschen, auch Gemeinschaften sind auf Raum und Heimat, d. h. auf Verwurzelung an festen Orten angewiesen. Für Logen gilt dies sogar in einem gesteigerten Maße. Ihre Lebenskraft, ihre rituelle, soziale und kulturelle Entfaltung, die sichere Gelassenheit, mit der sie neue Menschen anzusprechen in der Lage sind, all das hängt davon ab, ob sie Räume besitzen, die Heimat konstituieren. Und von dieser Heimat, diesem Heim her, macht es für uns Freimaurer auch heute noch Sinn, vom „Geheimnis“ zu sprechen.

---

110 www.zeit.de/1951/32/wir-bauenweil-wir-unzufrieden-sind, abgerufen am 12.03.2019.

Das Metaphernfeld „Liebe“

Viertens schließlich Bemerkungen zum Metaphernfeld „*Liebe*“ mit Metaphern der Mitmenschlichkeit, der Zusammengehörigkeit, der brüderlichen Liebe und der Universalität dieses Miteinanders: „Schöne reine Menschenliebe, Brüderlichkeit aller ist der Mörtel des Tempelbaus.“; „Der Zirkel ist Sinnbild der brüderlichen Gemeinschaft, der den Freimaurer mit allen Menschen verbindet.“; „Die Freimaurerei ist allgemein, sie erstreckt sich über den ganzen Erdboden, und alle Brüder machen nur eine Loge aus.“; „Wir bilden die Kette der brüderlichen Eintracht.“; „Vor allem übt brüderliche Liebe. Sie ist Grundstein und Schlussstein, Kitt und Ruhm unserer alten Bruderschaft.“

Die Metaphern der Liebe bringen zum Ausdruck, dass Freimaurerei menschliches Miteinander bedeutet. Und zwar – wie wir von Lessing gelernt haben – kein Miteinander von Menschen mit besonderen Seinsweisen in nationaler, ständischer und religiöser Hinsicht, sondern ein Miteinander von Menschen als „bloßen“ Menschen, Menschen, denen es – so Lessing im Nathan – „genügt ein Mensch zu sein“.

Damit sich Freimaurerei als menschliches Miteinander ereignet, ist freilich immer wieder der Mut zu einer wirklich umfassenden Begegnung erforderlich. Für den Mitmenschen Sorge tragen, Verantwortung, Respekt und Wissen um einander als Aufgaben ernst zu nehmen und tatsächlich zu praktizieren, hiervon vor allem hängt die Glaubwürdigkeit unseres Bundes ab. Andererseits: Wir geben nicht nur, wir bekommen auch. Wir gehen nicht allein, wir handeln gemeinsam, wir erfahren Rat und Hilfe von anderen. Aber es bleibt dabei: Wir müssen Acht haben auf unseren Umgang miteinander, damit es wirklich zu dem kommt, was wir mit unserem Bruder Wolfgang Amadeus so gern besingen: „Unsrer Freundschaft Harmonien dauern *ewig, fest und schön.*"

Offene Fragen und Forschungsaufgaben

Zum Abschluss meines Beitrages einige Folgerungen und Hinweise auf offene Fragen:

- *Erstens:* Der metaphorische Charakter der Freimaurerei erfordert gründliche Überlegungen über das, was ich als das Gestaltungsdreieck der Freimaurerei bezeichnet habe, über die Beziehungen zwischen Konzept, Metapher und Symbol. Freimaurerei ist ein *Gesamtkunstwerk*, das inhaltliche Ideen, sprachliche Ausdrucksformen, symbolische Abbildungen und performativen Ritualvollzug miteinander verbindet. Unsere Ideen finden Ausdruck in unseren Ritualen. Ihre Sprache steht in einem engen Zusammenhang mit unseren Symbolen und hat selbst symbolischen Charakter. Dies macht die freimaurerische Metaphorik einerseits in besonderem Maße für das im Ritual übliche performative Sprechen und Handeln geeignet, lässt andererseits aber kaum zu, dass die Metaphorik des Rituals unvermittelt und direkt in der nicht-rituellen, vor allem der öffentlichen Kommunikation eingesetzt wird. Das könnte schlicht oberflächlich, pathetisch und leer wirken. Der Freimaurer sollte daher mit seinen Metaphern wohldosiert umgehen und versuchen, auf ihrer Grundlage zunächst und vor allem ein vertieftes Nachdenken zu erreichen, dessen Resultate sich nicht blamieren, wenn sie aus unseren Gedankenwelten wiederauftauchen und in unsere Diskurse Eingang finden.

- *Zweitens:* Die Zahl sinnvoller konzeptueller Metaphern innerhalb der Freimaurerei – insbesondere in einer humanitären Freimaurerei, einer Freimaurerei, die in der Tradition von Humanismus und Aufklärung steht – ist begrenzt, und so macht es inhaltlich, aber auch im Hinblick auf ihre metaphorischen, performativen und symbolischen Sprachformen aus meiner Sicht keinen Sinn, die Metaphernbereiche der Freimaurerei beliebig zu erweitern. Die Metaphern unseres Rituals sollen den Kern des Konzepts „Freimaurerei" beschreiben, aus meiner Sicht das Konzept einer humanistisch orientierten Freimaurerei. Deshalb gilt es auf die Konsistenz der freimaurerischen Metaphernfelder zu achten, und – soweit das Ritual nicht ohnehin einer solchen Konsistenz entspricht – mit behutsamen Anpassungen der Rituale zu reagieren. Insbesondere dann sind Korrekturen erforderlich, wenn die Sprachform der Metapher nicht mehr dem zugrundeliegenden Konzept entspricht und keine überzeugende Sinnzuschreibung ermöglicht.
- *Drittens:* Metaphern sind wesentliche Elemente der freimaurerischen Rituale, machen jedoch keineswegs ihre Gesamtheit aus. Wesentlich für das rituelle Geschehen sind vor allem auch die Körperinszenierungen, die weithin durch ihren performativen Charakter geprägt sind. Dies gilt insbesondere für die Initiationen (Aufnahmen) und die Übergänge von Grad zu Grad (Beförderungen, Erhebungen). Weiter hinzuweisen ist in diesem Zusammenhang auf die in den Ablauf des Rituals eingefügte Musik und die „Zeichnungen", das heißt, die in das

Ritual eingefügten kürzeren oder längeren Vorträge. Beides, Musik und Zeichnungen, sollten den Fluss des Rituals stützen und bereichern, nicht aber eine zu starke Eigenwirkung entfalten, ja, es wäre zu überlegen, ob nicht bei Aufnahmen, Beförderungen und Erhebungen ganz auf Zeichnungen verzichtet werden sollte. Nach meinen Beobachtungen sind diese oft zu lang, thematisch nicht stimmig und wirken sich insbesondere auf die innere Beschäftigung des Initianden mit dem rituellen Geschehen negativ aus.

- *Viertens:* Es ist meines Erachtens durchaus lohnend, die Arbeit an Konzept, Symbol und Ritual zukünftig mit einem Ausbau der bisher vernachlässigten Arbeit an der freimaurerischen Metaphorik zu verbinden. Dies ist ja ein bisher weithin brachliegendes Feld, dem sich auch das Ritualkollegium unserer Großloge bisher kaum angenommen hat. Und nichts spricht dagegen, diese Arbeit im Rahmen eines erweiterten Diskurses in Angriff zu nehmen, an dem auch die Schwestern Freimaurerinnen mehr als bisher beteiligt sind. Ich habe im Kontext Ritual und rituelle Sprache viel von meinen Schwestern gelernt und möchte ihre analytische Sensibilität auch, ja gerade beim Komplex Metapher nicht missen.

Insgesamt: Das Thema ist spannend, und es lohnt sich, analytisch auf die Reise zu gehen. Und so schließe ich mit einem Appell des Aufbruchs, den der Genueser Weltbefahrer Friedrich Nietzsche[111] in einer Seefahrtsmetapher verpackt hat, und auf den ich bei der Lektüre von Hans Blumenbergs

111 Nietzsche, Friedrich: *Die Fröhliche Wissenschaft*, München 1988, S. 530.

schönem Metaphernbuch „Schiffbruch mit Zuschauer“ gestoßen bin:

> *„Auch die moralische Erde ist rund! ... Es giebt noch eine andere Welt zu entdecken – und mehr als eine!*
> *Auf die Schiffe, ihr Philosophen!“*

Vom eigenen Tod
Eine maurerische Betrachtung zur Trauerloge

Zeichnung zur Trauerloge der Loge „Ver Sacrum" im Orient Köln

Die Trauerloge, die jedes Jahr im November abgehalten wird, gehört zunächst und vor allem den verstorbenen Brüdern der Loge. Sie bringt die Trauer der Bruderschaft zum Ausdruck, und sie ehrt das Andenken der Verstorbenen. Doch die Trauerloge gilt auch der Reflexion über den Tod als Bestandteil der menschlichen Existenz. Denn wir alle gehen denselben Weg, und der Tod, der unsere verstorbenen Brüder schon jetzt getroffen hat, ist früher oder später das Schicksal jedes Menschen.

Der Nekrolog der Trauerloge spricht von den verstorbenen Brüdern und vom Tod, der ihnen zuteil geworden ist. Meine Überlegungen handeln vom Tod, der uns alle betrifft, sie handelt *vom eigenen Tod*, der auf uns zukommt und von dem wir hoffen, dass es in jenem Sinne unser eigener Tod ist, wie Rilke es als Wunsch, ja als Gebet beschrieben hat:

„O Herr, gib jedem seinen eignen Tod.
Das Sterben, das aus jenem Leben geht,
darin er Liebe hatte, Sinn und Not."

Ob wir es verdrängen oder nicht: Der Tod ist das große Thema unseres Lebens. Denn der Mensch ist das Lebewesen, dem die Schöpfung oder die Evolution – wie immer wir es in unserer persönlichen Weltanschauung sehen – das Bewusstsein des eigenen Todes vermittelt hat.

Dichter, Philosophen, Theologen und Wissenschaftler – sie alle haben sich deshalb – seit der Mensch sich seiner selbst bewusst geworden ist – mit dem Tod beschäftigt: tröstend, verzweifelnd, gläubig, konstruktiv, lebenskünstlerisch, – oder auch nihilistisch wie der ungetreue Fähnrich Jago in Verdis Othello, der sein zynisches Kredo mit den Worten „la mort é nulla“ – „der Tod ist nichts“ – beschließt.

Auch in der Freimaurerei spielt der Tod und die Auseinandersetzung mit dem Ende des Lebens von Anfang an eine große Rolle.

Das Ritual des Meistergrades, das Ritual des letzten, des höchsten Grads unseres Bundes ist dem Tod vorbehalten – und deshalb kann es jenseits der Erfahrung des dritten Grades kein sinnvolles Ritualerlebnis mehr geben.

Viele Brüder Freimaurer haben dies so verstanden:

So schrieb Wolfgang Amadeus Mozart am 4. April 1787 nach seiner Meistererhebung, an seinen Vater Leopold, der kurz zuvor gleichfalls Freimaurer geworden war:

> *„Da der Tod (genau zu nehmen) der wahre Endzweck unseres Lebens ist, so habe ich mich seit ein paar Jahren mit diesem wahren, besten Freunde des Menschen so bekannt gemacht, dass sein Bild allein nichts Schreckendes mehr für mich hat, sondern recht viel Beruhigendes und Tröstendes!*
> *Und ich danke meinem Gott, dass er mir das Glück gegönnt hat mir die Gelegenheit (Sie verstehen mich) zu verschaffen, ihn als den Schlüssel zu unserer wahren Glückseligkeit kennen zu lernen.“*

Alfred Einstein, der Nestor der Mozartforschung, gibt zu diesem Brief in seinem Standardwerk „Mozart. Sein Charakter, sein Werk" folgenden Kommentar:

„Was war geschehen? In diesem Brief ist wohl noch die Rede von Gott, aber ein katholischer Priester hätte am Geist dieses Briefes schwerlich Vergnügen gehabt. Der Gedanke an den Tod hat nicht das Gefühl der Reue zur Folge, nicht die Furcht, im Stand der Sünde zu sterben, die Vorbereitung durch Beichte und Absolution, sondern im Gegenteil: den Vorsatz, um so inniger und freudiger zu leben.

Mozart und sein Vater waren Freimaurer geworden."

Der Tod als Schlüssel zur Glückseligkeit? Wie ist das zu verstehen?

Sicher nicht als Idylle.

Der Tod ist schrecklich – auch für den Freimaurer. Gewiss, der Gedanke an ihn kann – wenn er nicht verdrängt wird – eine verwandelnde, eine positive Kraft besitzen. Und doch: es bleibt eine bedrückende Ambivalenz. Friedrich Gottlieb Klopstock hat in seiner (von Hölderlin in sein Stammbuch eingetragenen) Ode „Die Zukunft" diese Ambivalenz des Todes auf eindrucksvolle Weise beschrieben.

„Strahlendes Heer, Welten! ist auch ein Erschaffener
Irgend wo noch, wie der Mensch schwach?
Es erschreckt uns
Unser Retter der Tod, sanft kommt er,
Leis' im Gewölke des Schlafs;
Aber er bleibt fürchterlich uns, und wir sehn nur
Nieder ins Grab, ob er gleich uns zur Vollendung
Führt aus Hüllen der Nacht hinüber
In der Erkenntnisse Land!"

„Fürchterlich“ und „in der Erkenntnisse Land“:

Was kann das heißen in Bezug auf den Tod:

Zunächst, dass der Tod unausweichlich ist: Wir erleiden ihn selbst.

Menschen, die uns lieb und teuer sind, erleiden ihn.

Schuldige und Unschuldige – vor allem Unschuldige – fallen ihm zum Opfer, Unschuldige in Katastrophen, in terroristischen Systemen, im Völkermord, im Krieg, in Pandemien.

Krieg? Mathias Claudius – als Dichter wie als Freimaurer von hoher Sensibilität – hat dazu in seinem „Kriegslied“ von 1779 gedichtet:

„'S ist Krieg! 's ist Krieg! O Gottes Engel wehre,
Und rede du darein!
's ist leider Krieg – und ich begehre
Nicht schuld daran zu sein!“

Claudius hat Recht, wir begehren Schuldlosigkeit, – doch steht sie uns auch immer zu?

„'S ist leider Krieg“ – das gilt ja auch heute, in Afghanistan, in Libyen, in Syrien und anderswo. Und dann kommt der Tod nicht sanft im Schlaf, sondern fürchterlich, so fürchterlich wie eine existentielle Herausforderung nur daher kommen kann.

Sterben in Auschwitz: Ich erinnere mich an die verzweifelten und doch in ihrer Konsequenz beeindruckenden Worte eines jüdischen Schriftstellers und Holocaust-Überlebenden in Israel:

„Gott, seitdem ich in Auschwitz war, weiß ich, dass
es dich nicht gibt“.

Gott? Mich beschämt, dass es Deutsche, dass es Hitlers willige Vollstrecker waren, die in Auschwitz und anderswo millionenfach zu Mördern wurden, und eine Trauerloge – 82 Jahre nach der Reichspogromnacht – hat wohl auch dieser Toten zu gedenken.

Nein, sanft im Gewölke des Schlafs, so kommt er gewiss nicht immer, der Tod.

Er kann banal, brutal und gewaltsam sein. Er kann mit Schmerzen kommen und mit Angst.

Wir können auf ihn vorbereitet sein, doch er kann uns auch überraschen.

Wir können fröhlich sein und doch plötzlich sterben.

Rilke hat dazu wiederum eindrucksvoll gedichtet:

„Der Tod ist groß.
Wir sind die Seinen
lachenden Munds.
Wenn wir uns mitten im Leben meinen,
wagt er zu weinen
mitten in uns."

Also: der Tod ist gewiss, seine Stunde ist ungewiss: *mors certa – hora incerta*, so heißt es lapidar – vielleicht gar trivial – in griechisch-römischer Weisheit, und auf alten Uhren, auf Sonnenuhren zumal, fanden sich oft die Worte *una ex his erit tibi ultima* – eine von diesen wird dir die letzte (Stunde) sein.

Und doch: was wäre ein Leben ohne Fortschreiten, ohne Altern, ohne Tod?

Wäre es nicht bloße Langeweile, weil morgen alles so gut ist wie heute und wir die Qualität eines guten Tages, eines Tages voll Glück, gar nicht zu schätzen wüssten, nicht zu schätzen wüssten, weil alle Tage gleich sind.

Und ist es dann paradoxer Weise nicht geradezu so, dass erst der Tod die Kostbarkeit des Lebens schafft?

Dass der Tod zum Lehrmeister der Lebenskunst wird?

Wilhelm Schmid, akademischer und zugleich praktischer Philosoph und einer der Wiederbegründer philosophischer Lebenskunst, hat in einem Beitrag zu den Lindauer Therapiewochen vermerkt:

> *„Käme der Tod nicht als Begrenzung, als ‚Horizont' im eigentlichen Sinne des Wortes in den Blick, hätte dies ein bedeutungsloses Leben zur Folge, denn es gäbe keinen Grund, sich um ein schönes und erfülltes Leben zu sorgen. Und gelänge es einst, das Leben ewig dauern zu lassen, schwände die Anstrengung, es wirklich zu leben, wohl dramatisch, und die Individuen brächten ihr Leben erst recht damit zu, auf ‚das Leben' zu warten. Welchen Ehrgeiz sollte es geben, die schwierige Arbeit des Lebens, ja schon die Mühe des Aufstehens an jedem Morgen auf sich zu nehmen, wenn all dies auf ewig verschoben werden könnte? Der Tod als Grenze des Lebens fordert dazu auf zu leben und auf erfüllte Weise zu leben."*

Auch der Rat der Philosophen-Schulen um Seneca und Epikur, Leben und Zeit zu unterscheiden und sich bewusst zu werden, dass wir Menschen viel mehr *Zeit als bloße Zeit* vergehen lassen als *Zeit als Leben* zu genießen, führt zu der Erkenntnis, dass erst der Tod das Leben kostbar macht und sich als unverzichtbarer Lehrmeister der Lebenskunst erweist. „Gäbe es den Tod nicht, müsste man ihn wohl erfinden, um nicht ein Leben zu führen, das darin bestünde, das Leben endlos aufzuschieben" kommentiert Wilhelm Schmid.

Lebenskunst angesichts des Todes heißt: mache dir bewusst und nimm an, was ohnehin kommt. Denke daran, dass du sterben wirst, früher oder später.

Gib deinem Leben, wir kurz es auch sein mag, einen Sinn.

Mache daraus etwas Köstliches, etwas Wertvolles für dich und für die Menschen um dich herum.

Nimm dich dieser Welt, des einzigen Lebensgrundes den wir besitzen, in tätiger Verantwortung an, mache diese Welt besser, lasse dich nicht auf andere Welten vertrösten, denn du kannst nicht wissen, ob es diese besseren Welten gibt, nutze den Tag im hier und jetzt, baue am Tempel der Humanität.

Bei der Erarbeitung einer solchen Lebenskunst kann die Freimaurerei auf ihre Weise helfen, insbesondere durch Ihre, sich in Symbolen ausdrückenden und in Ritualen erlebbar werdende Spiritualität. Freimaurerische Spiritualität darf allerdings nicht eng gesehen werden im Sinne einer religiösen Praxis, denn Freimaurerei ist keine Religion. Freimaurerische Spiritualität stellt vielmehr – vor allen Glaubensfragen – eine existenzielle Grundhaltung des Menschen dar, zu der die im Habitus des Maurers verankerte Vernunft und Emotionalität ebenso gehören wie seine Offenheit für neue Erfahrungen und Erweiterungen des Bewusstseins. Die in der Loge vermittelte und erlebte Spiritualität erfasst das Fühlen, Denken und Handeln des Freimaurers und hilft ihm, auf die Herausforderungen seines Anfangs und seines Endes, seines Lebens und seines Todes Antworten zu finden – auch wenn diese vorläufig bleiben und immer wieder der gelassenen Bestätigung durch ein zur Ruhe kommendes eigenes Ich bedürfen.

Mozart hat dies empfunden, insbesondere im Hinblick auf den Tod. Wie schrieb er doch so schön und freimaurerisch zugleich an seinen Vater, der auch sein Bruder geworden war:

> *„Da der Tod (genau zu nehmen) der wahre Endzweck unseres Lebens ist, so habe ich mich seit ein paar Jahren mit diesem wahren, besten Freunde des Menschen bekannt gemacht, dass sein Bild allein nichts Schreckendes mehr für mich hat, sondern recht viel Beruhigendes und Tröstendes!*
> *Und ich danke meinem Gott, dass er mir das Glück gegönnt hat mir die Gelegenheit (Sie verstehen mich) zu verschaffen, ihn als den Schlüssel zu unserer wahren Glückseligkeit kennen zu lernen."*

TEIL 3

In der Gesellschaft

Ethischer Diskurs und moralische Praxis
Die Sicht eines Freimaurers

Beitrag zum 4. Münchener Freimaurer-Kolloquium der Loge „In Treue fest", 15. Januar 2011

Der Freimaurer – so heißt es in der Einleitung zum Programm dieses Kolloquiums – befindet sich an der Schnittstelle zwischen Freimaurerei und Gesellschaft. Dem stimme ich zu, und ich bekenne, dass es in meiner langen Freimaurerzeit vor allem diese Schnittstelle gewesen ist, die mich immer wieder interessiert hat. Und ich vermute auch, dass es gerade die Art und Weise ist, wie die Freimaurer heute mit dieser Schnittstelle zwischen drinnen und draußen umgehen, von der die Zukunft des Freimaurerbundes abhängt: Wer öffentlich ernstgenommen werden will, muss selbst das Öffentliche ernstnehmen.

I.

Auf ihre Art haben die Freimaurer immer wieder versucht, über die Grenzen der Loge hinauszuschauen. Die Logen waren zwar immer Engbünde, die sich durch ihre Rituale und durch die feierlichen Versprechen der Verschwiegenheit von der sie umgebenden Öffentlichkeit abschirmten. Doch ihre Ideen, Konzeptionen und Utopien bezogen sich immer auch auf ein Wirken der Maurer außerhalb der Loge, und immer wieder wurde postuliert, dass dieses öffentliche Wirken strengen ethischen Maßstäben zu entsprechen habe.

Der Freimaurer ist verpflichtet, dem Sittengesetz zu gehorchen – so heißt es gleich zu Anfang der ersten freimaurerischen Grundurkunde, der „Alten Pflichten" von 1723 –, und einige Jahrzehnte später wurde – ebenfalls in England – eine bis hin zu Dan Browns „Lost Symbol" immer wieder zitierte Formel geprägt: „Freemasonry is a peculiar system of morality veiled in allegory and illustrated by symbols" – „Freimaurerei ist ein besonderes Moralsystem, in Allegorien gehüllt und durch Symbole erläutert".

Wenn auch die Freimaurerei zu keiner Zeit ein Moral*system* gewesen ist, dem eine ausformulierte freimaurerische Ethik zugrunde gelegen hätte, so haben doch ethische Diskurse in den Logen schon früh eine beträchtliche Rolle gespielt, allein schon wegen der Nähe des Bundes zur Aufklärung.

Vor allem aber ist die Überzeugung, dass der Freimaurer in seinem persönlichen Handeln anspruchsvollen moralischen Maßstäben zu genügen habe, zum Grundzug aller freimaurerischen Systeme geworden, wie sehr sie sich auch sonst in ihren Ideen, organisatorischen Strukturen und Ritualen unterscheiden mögen.

„Die Bruderschaft weiß (zwar) um die Unausweichlichkeit menschlicher Schwächen und hegt keine Illusionen im Hinblick auf die Erschaffung perfekter Menschen", so las ich kürzlich auf der Homepage einer amerikanischen Großloge, „doch es bleibt ihre Hoffnung, aus guten Männern bessere zu machen."

„Aus guten Männern bessere machen": Heißt das nun, dass Freimaurerei primär ein persönliches moralisches Bildungsprogramm ist, das vor allem auf die Entwicklung des eigenen Selbst ausgerichtet ist – oder hat Freimaurerei auch einen Auftrag für das Wirken ihrer Mitglieder oder gar ihrer Institutionen, der Logen und der Großlogen, in der Gesellschaft außerhalb des Bundes?

Sich selbst vervollkommnen oder an der Verbesserung der Welt beteiligt sein, Individualethik oder Sozialethik? Solche Fragen waren immer wieder Gegenstand der ethischen Freimaurerdiskurse.

II.

In einem Klassiker der masonischen Diskursgeschichte, der trotz seines Alters von 230 Jahren nichts von seiner Aktualität verloren hat, in seinen „Gesprächen für Freimäurer", berichtet Lessing von zwei jungen gebildeten Herrn, Ernst und Falk, die auf der Hauptallee von Bad Pyrmont spazieren gehen und sich angeregt über Politik und Gesellschaft unterhalten. Auch auf die inzwischen zur „Mode des Jahrhunderts" gewordene Freimaurerei und ihre Aufgaben in der *Gegenwart von damals* kommen sie zu sprechen.

„Recht sehr zu wünschen", bemerkt Falk, „dass es in jedem Staate Männer geben möchte, die über die Vorurteile der Völkerschaft hinweg wären, und genau wüssten, wo Patriotismus, Tugend zu sein aufhöret."

Ernst bestätigt: „Recht sehr zu wünschen!"

„Recht sehr zu wünschen", setzt Falk fort, „dass es in jedem Staate Männer geben möchte, die dem Vorurteile ihrer angebornen Religion nicht unterlägen; nicht glaubten, dass alles notwendig gut und wahr sein müsse, was sie für gut und wahr erkennen."

„Recht sehr zu wünschen!", so wiederum Ernst.

„Recht sehr zu wünschen, dass es in jedem Staate Männer geben möchte, welche bürgerliche Hoheit nicht blendet, und bürgerliche Geringfügigkeit nicht ekelt; in deren Gesellschaft der Hohe sich gern herablässt, und der Geringe sich dreist erhebet."

Ernst bekräftigt abermals mit einem: „Recht sehr zu wünschen!"

Und dann beginnt Falk mit einem wahren Feuerwerk rhetorischer Fragen:

„Und wenn er erfüllt wäre, dieser Wunsch, wenn es dergleichen Männer jetzt überall gäbe? Zu allen Zeiten nun ferner geben müsste? Und diese Männer nicht in einer unwirksamen Zerstreuung lebten? Nicht immer in einer unsichtbaren Kirche?

Dass ich es kurz mache. – Und diese Männer die Freimaurer wären?"

Und als Ernst erstaunt unterbricht: „Was sagst du?", führt Falk seinen Gedanken zu Ende:

„Wie, wenn es die Freimaurer wären, die sich *mit* zu ihrem Geschäfte gemacht hätten, jene Trennungen, wodurch die Menschen einander so fremd werden, so eng als möglich wieder zusammen zu ziehen?"

Wenden wir die Frage ins Moderne:

Wie, wenn es die Freimaurer wären, die auch heutzutage nicht in einer unwirksamen Zerstreuung lebten, sondern sich in ihren Diskursen mit den Problemen der Gesellschaft beschäftigen würden und durch ihr Engagement außerhalb ihrer Logen dazu beitrügen, offenkundige Probleme zu lösen oder doch wenigstens abzumindern?

Wie wenn es die Freimaurer wären, denen es nicht nur um individuelle Weiterentwicklung ginge, sondern auch um Beiträge zur Verbesserung gesellschaftlicher Zustände außerhalb der Loge? Viele Diskurse aus Vergangenheit und Gegenwart, viele programmatische Dokumente und nicht zuletzt auch viele Rituale weisen nun tatsächlich darauf hin, dass der Freimaurer auch außerhalb der Loge ethisch zu handeln und gesellschaftliche Verantwortung zu übernehmen hat.

So definiert beispielsweise die Verfassung der Großloge der Alten Freien und Angenommenen Maurer von Deutschland, der die Organisatoren der heutigen Veranstaltung angehören, Freimaurerei als „ethischen Bund", und sie enthält bereits im ersten Artikel die unmissverständliche Formulierung: „Die Aufgaben der Freimaurerei sind humanitär: Sie tritt ein für die Freiheit der Person, für allgemeine Menschenliebe, Brüderlichkeit, Toleranz, Mildtätigkeit und Erziehung dazu."

Und – Stichwort Rituale – die Aufforderung des leitenden Meisters zum Schluss jeder rituellen Feier der gleichen Großloge lautet:

Geht nun zurück in die Welt
und bewährt Euch als Freimaurer.
Wehret dem Unrecht, wo es sich zeigt.
Kehrt niemals der Not und dem Elend den Rücken.
Seid wachsam auf Euch selbst.

Ebenso alt wie die Suche nach einer verantwortlichen Freimaurerei ist freilich auch die Suche nach den geeigneten Formen, diese Verantwortung wahrzunehmen. Hier gab und gibt es viele Meinungsverschiedenheiten. Oft wurde die Frage nach der gesellschaftlichen Verantwortung der Freimaurerei auch mit Hinweisen auf den *prinzipiell unpolitischen* Charakter von Loge und Bund als unbequem, ja als illegitim beiseite geschoben, mit dem Argument, die

Freimaurerei habe sich nun einmal nicht in politische Dinge einzumischen.

Und in der Tat: Freimaurerei ist keine politische Aktionsgruppe. Wer meint, aus einer freimaurerischen Vereinigung eine parteiische Gruppierung machen zu können, riskiert, dass sich die Freimaurerei in konkurrierende Fraktionen auflöst und der Bund schließlich gänzlich zerfällt.

Das öffentliche Auftreten von Freimaurern erfordert daher viel Behutsamkeit, und kein Repräsentant des Bundes sollte Aussagen zu politischen Vorgängen als „freimaurerisch" deklarieren, wenn diese Vorgänge und die mit ihnen verbundenen politischen Optionen im Rahmen einer demokratischen Ordnung umstritten sind und folglich auch von Freimaurern ganz unterschiedlich beurteilt werden können.

Die Loge kann und soll allerdings das öffentliche Handeln des einzelnen Freimaurers vorbereiten und unterstützen, indem sie ihre Mitglieder informiert, zur Reflexion einlädt, motiviert und mögliche Diskurs- und Handlungsfelder durch „freimaurerische Orientierungen" kenntlich macht, wobei es dann jedoch der einzelne Freimaurer ist, der politisch zu entscheiden und zu handeln hat.

Die Orientierungen und inhaltlichen Maßstäbe für ein ethisch verantwortliches Handeln des Freimaurers haben sich im Laufe der Zeit gewandelt und sind immer wieder neu durchdacht und inhaltlich präzisiert worden. Ich selbst habe manchen Beitrag dazu veröffentlicht.

Doch im Grunde genommen lassen sich alle diese Maßstäbe von den von Lessing vorgegebenen und von mir bereits zitierten Handlungsmaximen ableiten:

- „Den Vorurteilen der angeborenen Religion nicht zu unterliegen und nicht zu glauben, dass alles gut und wahr ist, was man für gut und wahr hält“, – das postuliert Toleranz.

- Verhältnisse zu schaffen, „wo der Geringe sich dreist erhebt“, – das verpflichtet zu sozialer Gerechtigkeit.
- „Über die Vorurteile der Völkerschaft hinweg sein und wissen, wo Patriotismus Tugend zu sein aufhört“ – das begründet den Maßstab Frieden.

Toleranz, Gerechtigkeit und Frieden sind zentrale Orientierungen freimaurerischer Verantwortung, oder anders formuliert: wo Toleranz, Gerechtigkeit und Frieden in Frage gestellt sind, müssen gesellschaftliche Probleme zu Herausforderungen für freimaurerisches Handeln werden.

III.

Die Frage nach der Toleranz wird im ethischen Diskurs gelegentlich als weniger wichtig angesehen, da Toleranz kaum ein ethischer Wert an sich sei und oft nicht mehr darstelle als ein Bündel formaler Regeln.

Dennoch ist Toleranz von entscheidender Bedeutung. Denn die zentralen Fragen nach Gerechtigkeit und Frieden können im Prozess ihrer Realisierung nur anhand von Maßstäben entschieden werden, die im toleranten Miteinander, im Ethos des Diskurses gewonnen werden.

Toleranz bestimmt die Prozessqualität der Demokratie. Toleranz hat eine vermittelnde, eine Gemeinsamkeit erhaltende, eine die individuellen und gruppenbezogenen Freiheitsrechte sozialisierende Funktion.

Toleranz ist dabei nicht im Sinne von bloßer Duldung zu verstehen (das war bekanntlich schon Goethe zu wenig), sondern im Sinne einer Anerkennung des Gegenübers, die auf der Einsicht beruht, dass andere nicht nur einfach anders sind, sondern dass sie als Menschen ein Recht haben, anders zu sein, und dass gerade in einem flexiblen Miteinander abgegrenzter und doch offener Identitäten der soziale und kulturelle Reichtum (sozusagen das „Lebenselixier") einer pluralistischen Gesellschaften besteht.

Nicht nur Strukturen und politische Auffassungen müssen im Sinne von Anerkennung toleriert werden, sondern auch Kulturen.

Kulturen regeln das Verhalten der Menschen und bestimmen ihr Weltbild. Kulturen sind Quellen von individueller und kollektiver Identität, und – Kulturen stiften Heimat!

Das müssen wir wissen, wenn wir uns mit den Kulturen der Menschen auseinandersetzen, die zu uns kommen. Fehlende interkulturelle Toleranz zerstört Heimat, entwurzelt Menschen und vergrößert wiederum das Konflikt- und Gewaltpotenzial in unserer Gesellschaft.

Toleranz ist das ebenso grundlegende wie unverzichtbare Stilprinzip der Demokratie. Als Stilprinzip kann Toleranz allerdings kaum politisch geregelt und durchgesetzt werden. Gewiss: der Staat hat institutionelle Voraussetzungen zu schaffen, vernünftige und verlässliche Gesetze insbesondere. Das Gelingen von Toleranz hängt jedoch weitgehend vom toleranten Verhalten engagierter Bürger ab. Insofern ist Toleranz nicht nur ein unabdingbares politisches Prinzip, sondern auch eine persönliche Tugend, die es überall – auch und gerade in den Logen der Freimaurer – einzuüben und zu praktizieren gilt.

Wo Toleranz zu gelangweiltem Gewährenlassen oder gar zu Besserwisserei verkommt, wo Kommunikations- und

Gesprächsfähigkeit nicht vorhanden sind, geht auch die Möglichkeit verloren, Problemlösungen mit Augenmaß und Sensibilität zu finden.

Sensibel nach Lösungen suchen: Hier hat die Freimaurerei als Gruppe ein Angebot zu machen, denn zum Wesen einer funktionierenden Loge gehört es – so heißt es im Ritual der Freimaurer –, „eine sichere Stätte zu bieten für alle, die Wahrheit suchen“. Der Freimaurerbund kann dieses Angebot allerdings nur dann einlösen, wenn sich die Freimaurer und ihre Logen geradezu modellhaft um Gesprächsfähigkeit, um vorurteilsbefreites Denken, um Offenheit für das Anliegen des Mitmenschen bemühen.

Zweites Stichwort: Gerechtigkeit.

Wie Toleranz, so ist auch Gerechtigkeit für das Gemeinwesen unverzichtbar. Dabei ist nicht Gerechtigkeit im Sinne von Gleichheit anzustreben. Ziel muss vielmehr sein, wünschenswerte, ja erforderliche Gleichheiten und vertretbare Ungleichheiten in ein ausgewogenes Verhältnis zueinander zu bringen, ein Verhältnis, in dem der Freiheit des Einzelnen, dem gesellschaftlichen Fortschritt, der wirtschaftlichen Leistungsfähigkeit und dem solidarischen Zusammenhalt der Gesellschaft gleichermaßen gedient ist.

Letztlich und vor allem geht es um die Frage nach den fairen Chancen für alle Mitglieder der Gesellschaft, menschliche Möglichkeiten wahrzunehmen und sich als Menschen in Würde und Freiheit zu verwirklichen.

Innerhalb der deutschen Gegenwartsgesellschaft wird Gerechtigkeit durch das Vorhandensein mancher Polarisierung und vieler Gruppen am Rande in Frage gestellt, Gruppen von Schwachen, die keine oder nur eine unzureichend starke Lobby haben und auf die deshalb Freimaurer und

Logen ihre Aufmerksamkeit lenken sollten: Arbeitslose, Behinderte, Jugendliche ohne Entwicklungschancen, Migranten, alte Menschen, Gruppen auf andere Weise vielfältig diskriminierter Menschen.

International weist der Maßstab Gerechtigkeit auf die wirtschaftliche und soziale Unterentwicklung in den Ländern der Dritten Welt hin, die um der Menschlichkeit willen – aber auch zur Zukunftssicherung der ganzen Welt – überwunden werden muss.

Freimaurer sollten Anwälte der Gerechtigkeit sein, nicht nur, weil Gerechtigkeit die konkrete Form von Brüderlichkeit ist, sondern auch deshalb, weil Freimaurerei selbst oft Randgruppe war und von vielen Kräften der Gesellschaft auch heute wieder dazu gemacht werden soll.

Drittes Stichwort Frieden. Auch die Frage nach dem Frieden hat viele Aspekte: Die Notwendigkeit, internationalen Frieden zu sichern, erfordert Kampf gegen Krieg und Beschäftigung mit dem, was Frieden bedroht.

Der innergesellschaftliche, der zwischenmenschliche Friede, der heute vielfach durch mannigfaltige Formen kaum verhüllter Aggression gefährdet ist, lässt nach einem neuen Ethos im Umgang miteinander fragen.

Die Notwendigkeit des Friedens mit der Natur macht es erforderlich, die natürliche Umwelt ein für alle mal als Partner des Menschen und nicht als Objekt der Ausbeutung zu behandeln.

Schließlich muss der Mensch immer wieder Frieden mit sich selbst schließen, wobei es nicht so sehr um Selbsterkenntnis, sondern um ein erlebtes Einswerden mit den eigenen schöpferischen Möglichkeiten geht. Das Ritual der Freimaurer handelt im Grunde genommen von nichts anderem.

IV.

Bisher war von einer doppelten Verantwortung die Rede: der des einzelnen Freimaurers und der der Freimaurerei als Gruppe. Nun gilt es zu präzisieren, wer durch Zeitfragen herausgefordert ist.

Die Antwort kann nur heißen: beide, aber auf verschiedene Weise.

Einfach im Prinzip, wenn auch mühsam in der Durchführung, ist die Sache für die einzelnen Mitglieder des Bundes. Der einzelne Freimaurer kann und soll sich engagieren, wo und wie es seiner an freimaurerischen Wertvorstellungen orientierten konkreten sozialen und politischen Philosophie entspricht. Denn wie immer wir uns dem Sittengesetz, dem Leben, dem Frieden, der Gerechtigkeit und der Toleranz verpflichtet fühlen, wir unterscheiden uns in der konkreten Festlegung. Sich festlegen, parteiisch sein, kann folglich in vielen politischen Bereichen immer nur der einzelne Freimaurer. Das Freimaurerische dabei ist dann das Ethos, das er mitbringt, die Fähigkeit zum Dialog, das Wissen um die Perspektivität der individuellen Überzeugung, die Pflicht zu wohlgemessenem, proportioniertem Denken und Handeln, die Bereitschaft, sich immer wieder aus eigenen Vorurteilen herauszudenken.

Was bleibt der Freimaurerei als Gruppe, was bleibt etwa einer Loge oder der Großloge?

Es bleibt zunächst die gemeinsame Aktion da, wo alle Brüder übereinstimmen, weil die Werte unseres Bundes so gründlich in Frage gestellt werden, dass es keinen „Bund der Ungleichgesinnten“ mehr geben darf. Was bleibt, ist das Forum der Loge für das Gespräch der Brüder über Probleme der Gesellschaft, über ethische und soziale Fragen. Was bleibt, ist das Gespräch mit der Öffentlichkeit. Insbesondere kann und soll sich die lebendige Loge einbringen in das Leben ihrer Stadt. Sie kann zum Forum toleranter Auseinandersetzung um die Lösung örtlicher Probleme werden. Sie kann Plattform sein für das Benennen menschlicher Missstände und für die Suche nach konstruktiven Ansätzen, diese Missstände zu überwinden.

Logen können sich als Gruppen engagierter Bürger aber auch selbst manch brennender sozialer Probleme annehmen. Die Zahl der Aufgaben ist Legion. Eine neue und akute ist die Eingliederung der zu uns kommenden und bei uns bleibenden Migranten aus anderen Ländern. Hier zu helfen, hier Toleranz einzufordern, wäre eine Aufgabe, die den Brüdern das Gefühl gemeinsamer Verantwortung vermittelt und zudem der Öffentlichkeit zeigt, dass Freimaurer nicht nur schöne Lieder und Reden, nicht nur gehaltvolle Diskurse, sondern auch praktische Hilfe anzubieten haben. Ehrenamtliches Engagement in der Gesellschaft ist nicht nur vonnöten, sondern auch möglich.

Freimaurer und Freimaurerinnen als Lesepaten in Kindertagesstätten mit Kindern mit Migrationshintergrund, wäre dies nicht eine Aufgabe – recht sehr zu wünschen – zum Überwinden von gefährlichen Trennungen, denn es ist ja längst nicht mehr die Mode, die wie Schiller meinte, die Menschen teilt, es sind die kulturellen Grenzen, die nur durch ein „Miteinander-Sprechen-Können“ zu überbrücken sind.

Zum Schluss: Freimaurerei kann vieles sein und ist auch in der Geschichte des Bundes vieles gewesen. Freimaurer können sich allein für Geselligkeit und Brauchtumspflege, für Königliche Kunst als Spiel entscheiden – dann allerdings dürfen sie nicht gleichzeitig mit klingendem Spiel unter den Bannern von Toleranz, Humanität und Brüderlichkeit paradieren.

Freimaurer können den Sinn ihres Bundes vorrangig in der Welt des Rituellen suchen und durch die Hierarchie der Grade klettern – dann allerdings hätten sie sich davor zu hüten, dem Typus der esoterischen Sekte allzu nahezukommen.

Es steht den Freimaurern auch offen, den oft zu weiten Mantel ihrer ethischen Ansprüche zu verkleinern – dann freilich droht biedermännische Bedeutungslosigkeit.

Freimaurer können sich aber auch darum bemühen, durch mehr konzeptionelles Profil und eine überzeugende Praxis in diesen weiten Mantel selbstgesetzter Ansprüche hineinzuwachsen.

Auf alle Fälle müssen Freimaurer redlich sein und sagen, was sie sind und was sie wollen.

Veranstaltungen wie diese können dazu beitragen, die Gesellschaft über den Bund zu informieren. Sie sind aber auch – Stichwort „Schnittstelle" – dazu da, Impulse und Kritik von außen aufzunehmen, und für eine dynamische Weiterentwicklung des Freimaurerbundes zu nutzen. Die Freimaurerei braucht intellektuelle Auseinandersetzung wie die Luft zum Atmen.

Gern wird in den Logen gesagt, Tradition hieße nicht Asche zu bewahren, sondern Feuer weiterzugeben. Feuer aber entsteht durch Reibung, und Reibung entsteht an den Schnittstellen, wo die inneren Entwicklungen der Freimaurerei auf die Herausforderungen durch die Gesellschaft stoßen.

Freiheit, Gleichheit, Brüderlichkeit Gesellschaft im Spannungsfeld freimaurerischer Werte

Beitrag zum 5. Münchener Freimaurer-Kolloquium der Loge „In Treue fest", 19. Januar 2013

Unter allen Werten, die Menschen leiten und auf die Menschen sich berufen – sei es individuell, sei es im Kollektiv –, ist Freiheit sicherlich einer der wichtigsten. Wie kaum ein anderer Wert ist Freiheit jedoch gleichzeitig in Gefahr, sich mit Pathos zu schmücken und zur Parole zu werden. Das hat mit der elementaren Bedeutung zu tun, die Freiheit für eine selbstbestimmte Lebensgestaltung besitzt. Dass hängt aber auch damit zusammen, dass Freiheit missbrauchbar ist für persönlichen Egoismus, für den Egoismus von gesellschaftlichen Interessengruppen aller Art und für den Egoismus von politischen Bewegungen und Nationen.

Einer der ersten, der Freiheit unter Ideologieverdacht gestellt hat, war der deutsche Philosoph Georg Friedrich Hegel, der einmal meinte, man müsse, wenn von Freiheit gesprochen wird, immer achtgeben, ob es nicht Privatinteressen seien, von denen die Rede ist.

Freiheit hat viele Dimensionen. Vor allem zwei davon haben die Freimaurer immer sehr interessiert: die *persönliche* Freiheit und die *politische* Freiheit.

Bei der *persönlichen Freiheit* wurde dann gern weiter unterschieden zwischen:

- Freiheit als sozialem Status des Mannes, der Freimaurer werden konnte und von dem es hieß, er habe ein freier Mann von gutem Ruf zu sein, und
- Freiheit als einer inneren Befindlichkeit des Freimaurers, als Freiheit von weltanschaulicher Dogmatik, von triebhafter Steuerung, von falschem Wissen und von Vorurteilen.

Unter dem Schutz der Verschwiegenheit sollte der Freimaurer der Autonomie des Gewissens folgen, und wenn Freimaurerei Geheimnis war, so war dies Geheimnis – so der Historiker Reinhart Koselleck – vor allem ein „Geheimnis der Freiheit".

Sowohl in ihren Texten als auch in ihren Ritualen haben die Freimaurer diese Auffassungen immer wieder zum Ausdruck gebracht. So heißt es etwa zum Stichwort „Freiheit" im *Internationalen Freimaurerlexikon* von Eugen Lennhoff und Oskar Posner:

> *„Der sittliche Mensch handelt als ob er frei wäre. Freiheit (ist) … die notwendige Fiktion, die jenes Ausmaß an Verantwortlichkeit und Zurechnungsfähigkeit ermöglicht, ohne die ein soziales Zusammenleben undenkbar ist."*

Auch in ihren Ritualen setzt die Freimaurerei Willensfreiheit voraus, wenn sie davon ausgeht, dass der Mensch die in seinem Habitus verkörperten sozial schädlichen Neigungen abbauen und sich selbst zum Guten verändern kann – ein Prozess, der symbolisch als „Arbeit am rauen Stein der eigenen Person" gekennzeichnet wird.

Normativ betrachtet postuliert Freimaurerei die sittliche Freiheit des Menschen,

- Leidenschaften nicht auf destruktive Weise zu verfallen,
- sich von Vorurteilen zu befreien,
- durch Selbsterkenntnis zur Selbstbestimmung zu gelangen und
- nach sittlichen Grundsätzen zu handeln.

Die Freiheit des Freimaurers soll sich auf Erfahrung, Erkenntnis und Wissen gründen. Deshalb lehnt er Dogmenzwänge ab und bekennt sich zur Glaubens- und Gewissensfreiheit, die er nicht nur für sich selbst beansprucht, sondern auch anderen gegenüber nach den Grundsätzen der Toleranz zu üben verpflichtet ist.

Die Freiheit des Freimaurers ist keine willkürliche, sondern eine gezügelte, eine eingebundene Freiheit: Frei ist nur, wer nicht allein das Ausmaß, sondern auch die Begrenzung seiner Freiheit kennt.

In *politischer Hinsicht* ist das freimaurerische Freiheitsverständnis in die eigenen historischen Wurzeln, in die Tradition von Humanismus, Aufklärung und Demokratie eingebunden. Dabei waren die amerikanische Unabhängigkeitsbewegung, die Französische Revolution und die deutsche Demokratiebewegung – Stichwort Paulskirchen-Parlament von 1848 – von herausgehobener Bedeutung.

Allerdings hat sich die Freimaurerei vom direkten Kampf um Freiheit in der politischen Arena weitgehend ferngehalten. Auch kam es im späten 19. und im frühen 20. Jahrhundert zu Rückfällen in eine reaktionär-autoritäre Gesinnung, Rückfälle, von denen vor allem die deutsche und hier wiederum die sog. „altpreußische“ Freimaurerei mit ihrer Sympathie für den Nationalsozialismus besonders betroffen waren.

Das *Geheimnis der Freiheit* beruhte von Anfang an auf dem *Geheimnis der Gleichheit*. Persönliche Autonomie und freier Geist waren nur erreichbar, wenn sich der Maurer in der Loge als Gleicher unter Gleichen fühlen konnte. Dass Fürsten und Bischöfe Mitbrüder waren, ließ die ihnen außerhalb des Bundes zukommenden Befugnisse weltlicher und geistiger Macht zurücktreten und machte die Freiheit des Freimaurers zumindest zu einer – im Vorgriff auf die Zukunft – *gefühlten Freiheit*.

Freilich: Es waren auch in der Freimaurerei nicht immer alle Menschen gleich, Juden und Afroamerikaner blieben für lange Perioden vor den Toren der Tempel, und die Selbstverständlichkeit, mit der heute die Logen der Freimaurerinnen im Bund willkommen geheißen werden, ist gleichfalls jüngeren Datums.

Freiheit hat Schranken, und die Schranken der Freiheit bestehen in den Belangen anderer Menschen, die wir mit unserer Freiheit berühren. Diese Belange finden in der Regel in anderen Leitvorstellen ihren Ausdruck, die – in einem Verhältnis der Ergänzung, aber auch der Konkurrenz – neben der Freiheit stehen. Deshalb kommen auch die Freimaurer, wenn sie von Werten oder politischen Gestaltungsprinzipien sprechen, mit Freiheit allein nicht aus. Immer gibt es eine Reihung der Werte, ja eine Wertehierarchie. Das gilt für die in die Freimaurerei des Grand Orient de France aufgenommene Wertetrias der Französischen Revolution – *Freiheit, Gleichheit, Brüderlichkeit* – ebenso wie für die im 19. Jahrhundert in der deutschen Freimaurerei üblich gewordene Reihung – *Menschlichkeit, Brüderlichkeit, Toleranz* –, die heute oft zu fünf freimaurerischen Grundidealen erweitert wird – *Freiheit, Gleichheit, Brüderlichkeit, Toleranz und Humanität*, wobei an die Stelle der Gleichheit oft die Gerechtigkeit tritt. Sehr schön zum Ausdruck gebracht ist dieser Wertepluralismus mit seiner Verpflichtung zum Handeln auf der Homepage der Frauenloge „Stella Luminis" in München, wo es heißt: „In unserem eigenen Lebensbereich setzen wir uns ein für *persönliche und geistige Freiheit, für Toleranz und Menschlichkeit.*"

Freiheit muss also mit anderen Werten abgestimmt werden, die heutzutage immer wichtiger werden: mit Sicherheit, mit Gerechtigkeit, mit Nachhaltigkeit, mit Toleranz. Maßstab solcher Abstimmungen, die in politischen Entscheidungsprozessen, zuvor aber auch in gesellschaftlichen Diskursen vorzunehmen sind, kann wiederum *nur die Humanität* sein, die Überzeugung, dass *„die Würde des Menschen unantastbar ist"* (Artikel 1, Grundgesetz) oder – mit Lessing – dass die Natur nichts außer der *„Glückseligkeit jedes wirklichen einzeln Wesens zur Absicht gehabt"* hat!

Und Freiheit muss institutionell verankert sein,

- sowohl in *formellen Institutionen,* wie Verfassungen, Gesetzen und Modalitäten der Rechtsprechung,
- als auch in *informellen Institutionen,* wie sittlichen Standards, Verhaltensnormen, Kulturen und Entscheidungen für Werte.

Viele Diskussionen weisen nun darauf hin, dass das *Bewusstsein für die kulturellen Grundlagen und Voraussetzungen einer gelingenden Politik* in der jüngsten Vergangenheit zugenommen hat.

Ich erwähne mit ein paar Stichworten nur

- die anhaltenden *Debatten um Werteverfall, Wertewandel und neue Werte* in der modernen Gesellschaft von heute sowie

- das mit dem Wertediskurs aus gutem Grund verbundene zunehmende öffentliche Nachdenken über Notwendigkeit und Möglichkeit einer *neuen, selbstbewussten und wertorientierten Bürgerlichkeit.*

Gewiss, zweckmäßige und konsistente Institutionen sowie eine erfolgreiche Politik können dazu beitragen, dass sich Wertebewusstsein entfaltet und dass sich das Vertrauen festigt, das die Bürger der Politik entgegenbringen, wie umgekehrt eine schlechte Politik Vertrauen und Moral zerstört.

Doch letztlich sind Werte den *Institutionen und politischen Entscheidungen vorgeordnet*, geben ihnen Impuls und Richtung und folgen ihnen nicht nach.

Ernst-Wolfgang Böckenförde, deutscher Rechtsprofessor und von 1983 bis 1996 Richter am Bundesverfassungsgericht, hat das Problem der Gewährleistung einer integrierenden, motivierenden und verhaltensleitenden kulturellen Grundlage einer modernen säkularen Gesellschaft auf eine – immer wieder zitierte und sozusagen „klassisch" gewordene – Formel gebracht:

> *„Der freiheitliche, säkularisierte Staat lebt von Voraussetzungen, die er selbst nicht garantieren kann. Das ist das große Wagnis, das er, um der Freiheit willen, eingegangen ist. Als freiheitlicher Staat kann er einerseits nur bestehen, wenn sich die Freiheit, die er seinen Bürgern gewährt, von innen her, aus der moralischen Substanz des einzelnen und der Homogenität der Gesellschaft, reguliert. Andererseits kann er diese inneren Regulierungskräfte nicht von sich aus, das heißt, mit den Mitteln des Rechtszwanges und autoritativen Gebots zu garantieren versuchen, ohne seine Freiheitlichkeit aufzugeben …"*

Damit Werte im Bewusstsein der Menschen präsent sind, müssen sie vermittelt werden. Hierzu bedarf es nichts so sehr wie einer lebendigen Bürgergesellschaft, die Menschen – einzeln und in ihren verschiedenen Gruppen – kooperativ zusammenbindet. Gewiss: „Bürgerlichkeit" schien in der zweiten Hälfte des vorigen Jahrhunderts überholt zu sein. Aber heutzutage, am Beginn des 21. Jahrhunderts, nach Katastrophen, politischen Verwerfungen und grundstürzenden Systemumbrüchen scheint es wieder möglich geworden zu sein, Bürgerlichkeit zu reflektieren, sie auf die Ambivalenz ihrer Elemente hin zu untersuchen und ihre Bedeutung für Gegenwart und Zukunft auszuloten.

Heute sind die Begriffe „bürgerlich" und „Bürger" wieder deutlich positiv besetzt.

„Wir brauchen bewusste Bürger", so ist ein Interview der *taz*, der *Berliner Tageszeitung*, mit den Professoren Ralf Dahrendorf und Paul Nolte vom Dezember 2005 zum Thema „Die Bürgergesellschaft und ihre engagierten Intellektuellen" überschrieben, in dem Dahrendorf vom *neuen Typus Bürger* sagt: „Seine Position ist nicht vom Staat abgeleitet, sondern beruht auf einer eigenen, selbstbewussten Haltung."

„Ich wünschte mir, ein Bürger zu sein, nichts weiter, aber auch nichts weniger als das", so zitierte Joachim Gauck in seiner ersten kurzen Ansprache nach der Wahl zum Präsidenten der Bundesrepublik Deutschland am 18. März 2012 den politischen Publizisten Dolf Sternberger, und er bekräftigte den Wunsch Sternbergers als seine eigene politische Haltung.

Eine solche Idee bewusster und unabhängiger Bürgerlichkeit – so hatte schon vorher der niederländische Philosoph Stephan Strasser in seinen „Ethisch-politischen Meditationen für diese Zeit" geschrieben – orientiert sich „am Ziel der rationalen Gestaltung der menschlichen Geschichte durch mündige, diskutierende, friedlich konkurrierende Individuen und Gruppen, im Glauben an die Möglichkeit des Fortschritts".

Mein persönlicher Favorit als Gewährsmann einer *neudurchdachten Konzeption von Bürgerlichkeit* ist freilich der in Gießen lehrende Philosoph Odo Marquard, für den sich „Bürgerlichkeit" in fünf grundsätzlichen Einstellungen manifestiert:

Erstens: im *Festhalten an der Aufklärung* als jener Modernitätstradition, die, so Marquard, „als Wille zur Mündigkeit [. . .] den Mut zur Nüchternheit zur Routine macht".

- *Zweitens:* im *„Abschied vom Prinzipiellen"* (dies der Titel eines seiner Bücher), was für Marquard bedeutet: Absage an ideologische Verblendung, Bereitschaft zu intellektueller Offenheit und – hier berührt sich Marquard mit Popper – soziale Verortung in einer „offenen Gesellschaft".
- *Drittens:* in der *Bewahrung* der *freiheitsbedingenden Wirkung der Gewaltenteilung.* Zitat Marquard: „Die Menschen sind als endliche Wesen nicht durch ursprüngliche Souveränität frei, sondern durch Gewaltenteilung: weil mehrere Wirklichkeiten, mehrere Überzeugungen, Traditionen, Geschichten, Sakralgewalten, politische Formationen, Wirtschaftskräfte, Kulturen und andere Determinanten existieren ..., die sich gegenseitig ... einschränken."
- *Viertens:* im *Festhalten am Pluralismus*, der aus der Skepsis gegenüber absoluten Wahrheiten und aus dem

Respekt vor vielfältigen Herkunftsgeschichten resultiert. Ohne das Nebeneinander und das Miteinander unterschiedlichster bürgergesellschaftlicher Gruppierungen mit ihren je eigenen Mythen und historischen Narrativen kann keine freie Gesellschaft existieren; sowie

- *Fünftens schließlich:* in der *Sicherung der individuellen Freiheitsräume des Bürgers* durch die *Institutionen des Rechtsstaats* und durch den *Prozess demokratischer Politik.*

Wie aber kommen diese Einstellungen in der politisch-gesellschaftlichen Praxis zustande? Wie lassen sie sich im Habitus des Bürgers verankern, der ja nur durch eine solche habituelle Verankerung auf Dauer zum selbstbewussten Bürger wird?

Gewiss nicht durch eine bloße Werterhetorik, die eher abstößt und Verdruss bereitet, wohl aber durch eine Praxis, an der mitzuwirken den Freimaurern wohl anstünde, eine *Praxis anhaltender und nachhaltiger bürgerlicher Werteaneignung und Werteumsetzung.*

Hierzu drei Überlegungen zum Schluss:

Erstens: Ein Hoppla-hopp neuer Wertorientierung gibt es nicht. Zur Praxis bürgerlicher Wertaneignung gehört ein komplexes und schwieriges Verständigungsprogramm, denn es gibt viele Fragen, die nach Antwort verlangen:

- Welche Werte sollen gelten?
- Wie verhalten sich die einzelnen Werte zueinander, Freiheit und Gleichheit etwa oder Freiheit und Sicherheit?
- Auf welche Weise sind Werte *ganz konkret und gesetzestechnisch* in Institutionenbildung und Politik umzusetzen? Denn hier gilt ja Schillers: „Leicht beieinander

wohnen die Gedanken, doch hart im Raume stoßen sich die Sachen."

Eine solche Prüfung und Konkretisierung von Werten setzt die Anerkennung der Pluralität von Auffassungen und einen toleranten, redlichen Diskurs voraus, in dem sich *Streit- und Kompromisskultur* verbinden. Dabei geht es nicht nur um Werte, es geht auch um eine im politischen Handeln belastbare *Einsicht in die Strukturen der realen Welt*, die immer unübersichtlicher werden, und die es schwierig machen, für politische und gesellschaftliche Herausforderungen Lösungen zu finden, die nicht nur den Werten entsprechen, auf die man sich beruft, sondern bei denen *auch das erforderliche Maß an Alltagsvernunft* nicht zu kurz kommt.

Zweitens: So wichtig eine Verständigung über heutige Realitäten ist, die notwendige Tiefe gewinnt dieser Diskurs doch nur dann, wenn er sich mit *Erinnerungskultur und historischer Reflexion* verbindet. Die europäischen Bürgerkriege des 19. und 20. Jahrhunderts haben ja dem Europa der Aufklärung im *Sinne einer den europäischen Eliten gemeinsamen Lebens- und Denkweise ein Ende* gesetzt. An diese gemeinsame Lebens- und Denkweise hätte das heutige Europa wieder anzuknüpfen. Um aber an gemeinsame Vergangenheiten anknüpfen zu können, müssen die Europäer der Gegenwart – so hat es der in Harvard lehrende amerikanische Historiker Robert Darnton einmal formuliert – „einen Salto rückwärts über das 19. und 20. Jahrhundert springen und sich von neuem mit der europäischen Dimension des Lebens im Zeitalter der Aufklärung auseinander setzen."

Nicht, dass irgendwer das 18. Jahrhundert wieder aufleben lassen wollte – lebte damals doch die große Mehrheit der Europäer im Elend und war doch die Aufklärung selbst eine komplexe Bewegung voller Widersprüche und Gegenströmungen – Stichwort „Dialektik der Aufklärung“. Doch die Aufklärung ist nun einmal der Ursprung der freiheitlich-demokratischen Werte, die heute das *Herzstück unserer Gesellschaft* ausmachen und das in einer Form, die eine wirkliche, zukunftsträchtige Alternative zum Nationalismus und zum Fundamentalismus ermöglicht.

Freilich müssen europäische Werte heutzutage offen sein für *tolerante Begegnungen mit den Werten anderer Kulturen*, wenn sie auch ihren Kern bei diesen Begegnungen zu bewahren haben. Nicht aus Prinzip und Überheblichkeit, sondern deshalb, weil sie sich als Grundlage einer freien Gesellschaft ganz pragmatisch bewährt haben. Selbstverständlich gehört der Islam heute zu Deutschland und Europa, doch das bedeutet auch, dass er sich – wie alle Religionen – *nicht nur in das Regelspiel demokratisch-pluralistischer Institutionen einzufügen* hat, sondern dass er auch bereit zu sein hätte, dieses *Regelspiel als Grundlage auch der eigenen Freiheit* zustimmend und aktiv mitzugestalten.

Drittens schließlich ist *bürgerliches Handeln* vonnöten. Es kommt auf eine aktive Teilhabe am Leben der Gesellschaft an, die nicht exklusiv ist im Sinne eines Ausschlusses anderer und die nicht daherkommt als eine „Bürgerlichkeit der feinen Leute“, sondern die als eine „Bürgerlichkeit der Einbeziehung aller“ wirkt, als eine *Bürgerlichkeit der sozialen Offenheit*, als eine Bürgerlichkeit, *die andere mitnimmt* und die auch die weniger Privilegierten in das gesellschaftliche Ganze einschließt. Insofern darf Eintreten für „Bürgerlichkeit“ nicht als Absage an die soziale Verantwortung des Einzelnen und als Gegensatz zum Sozialstaat gesehen werden, dessen Notwendigkeit unbestritten bleibt. Eine Einstellung bewusster, wertorientierter Bürgerlichkeit erfordert nicht zuletzt eine Mitwirkung in den vielen Gruppierungen der Bürgergesellschaft, von den Familien über die Parteien, die Bürgerinitiativen, die Vereine, die Kindergärten und Schulen bis hin zu den Logen der Freimaurerinnen und Freimaurer – d. h. eine Mitwirkung in den zahlreichen vom Staat unabhängigen Initiativen und Assoziationen, deren Aktivitäten und deren Vernetzung allein eine humane Gesellschaft ermöglicht. Es sind die *mit Verantwortung gefüllten kleinen Freiheiten* in der Gesellschaft, auf denen die *große Freiheit* der Gesellschaft beruht.

Auf der Flucht – Was geht uns das an? Die Flüchtlingsproblematik und der Weltbund der Humanität

Zeichnung zur Festarbeit anlässlich des 180. Stiftungsfestes der Freimaurerloge „Furchtlos und Treu“ im Orient Stuttgart am 25. Oktober 2015

Am Beginn meiner Reise zu Euch nach Stuttgart zum 180. Stiftungsfest stand eine Bitte: Lieber Bruder Hans-Hermann – so hieß es –, wir haben folgendes Thema als Anliegen an dich: Millionen Menschen kommen nach Europa und Deutschland, wie stehen wir als Freimaurer dazu? Viele werden an unserer Tür anklopfen.

Und ich habe geantwortet: Einverstanden. Mein Thema heißt:

Auf der Flucht – Was geht uns das an? Die Flüchtlingsproblematik und der Weltbund der Humanität

Ja, meine Brüder: Was geht uns das an?

Ich meine, es geht uns in starkem Maße an, als Menschen, als Bürger der ersten gelungenen Demokratie in Deutschland und auch als Freimaurer.

Denn der Freimaurer befindet sich an der Schnittstelle zwischen Freimaurerei und Gesellschaft. Von der Art und Weise, wie die Freimaurerei heute mit dieser Schnittstelle zwischen drinnen und draußen umgeht, hängt die Zukunft des Bundes ab: Wer öffentlich ernstgenommen werden will, muss selbst das Öffentliche ernstnehmen.

Allerdings: eine flächendeckende freimaurerische Antwort auf die mir gestellte Frage gibt es nicht. Denn es handelt sich ja bei dem, was heutzutage verkürzend gern die „Flüchtlingsproblematik“ genannt wird, um eine sehr komplexe und interdependente Problematik mit vielen Aspekten, es geht um ein schwer zu entwirrendes Knäuel von Flucht, Asyl, Migration und Integration, von Innen-, Europa- und Weltpolitik, von Herausforderungen und Lösungsmöglichkeiten. Und beides: Dimension der Aufgabe und Möglichkeiten, sie zu lösen, sind ja nicht starr. Die Lösungsmöglichkeiten insbesondere hängen ja sehr von unserer Bereitschaft ab, Lösungsmöglichkeiten ausfindig zu machen und zu nutzen. Wenn wir starr sind und uns verweigern, sind wir mit unserem Latein schnell am Ende.

In Anbetracht all dieser Gesichtspunkte muss sich der Redner der Großloge, selbst wenn er Politikwissenschaftler ist, vor Schnellschüssen und Gemeinplätzen hüten und auch davor, unter die schrecklichen Vereinfacher zu geraten, zumal es von solchen ja schon reichlich viele gibt.

Demokratie ist ein offenes System. Was richtig und möglich ist in der Politik, steht in keiner Weise a priori fest. In der Demokratie sind politisches Denken und politisches Handeln immer perspektivisch, sie sind prinzipiell ergebnisoffen, und sie sind das Wechselspiel zwischen politischen Gruppen, Interessen und Überzeugungen, von Zielvorstellungen und Sachverstand, in dem um effektive und effiziente Lösungen gerungen wird. Und da gilt zunächst auch hier die von Euch zum Wahlspruch Eurer Loge auserkorene These von Karl Jaspers: „Niemand hat die Wahrheit, wir alle suchen sie.“

Trotzdem will ich Überlegungen darüber anstellen, ob es nicht trotz aller Komplexität der Flüchtlingskrise gemeinsame Überzeugungen der Brüder Freimaurer geben könnte oder sollte, vielleicht gar schon gibt, und inwieweit dabei spezifisch freimaurerische Denkweisen und Handlungsformen vorstellbar sind.

Als Ausgangspunkte meiner Überlegungen wähle ich einige Feststellungen unseres Bundespräsidenten. Beim Festakt zum 25. Jahrestag der Deutschen Einheit am 3. Oktober 2015 in Frankfurt am Main führte Joachim Gauck zur Flüchtlingsproblematik u. a. folgendes aus:

„Der Empfang der Flüchtlinge im Sommer dieses Jahres war und ist ein starkes Signal gegen Fremdenfeindlichkeit, Ressentiments, Hassreden und Gewalt. Und was mich besonders freut: Es ist ein ganz neues, ganz wunderbares Netzwerk entstanden – zwischen Ehrenamtlichen und Hauptamtlichen, zwischen Zivilgesellschaft und Staat. Es haben sich auch jene engagiert, die selbst einmal fremd in Deutschland waren oder aus Einwandererfamilien stammen. Auf Kommunal-, Landes- wie Bundesebene wurde und wird Außerordentliches geleistet. Darauf kann dieses Land zu Recht stolz sein und sich freuen.

Und dennoch spürt wohl fast jeder, wie sich in diese Freude Sorge einschleicht, wie das menschliche Bedürfnis, Bedrängten zu helfen, von der Angst vor der Größe der Aufgabe begleitet wird. Das ist unser Dilemma: Wir wollen helfen. Unser Herz ist weit. Aber unsere Möglichkeiten sind endlich. Tatsache ist: Wir tun viel, sehr viel, um die augenblickliche

Notlage zu überwinden. Aber wir werden weiter darüber diskutieren müssen: Was wird in Zukunft? Wie wollen wir den Zuzug von Flüchtlingen, wie weitere Formen der Einwanderung steuern – nächstes Jahr, in zwei, drei, in zehn Jahren? Wie wollen wir die Integration von Neuankömmlingen in unsere Gesellschaft verbessern?"

Joachim Gauck spricht hier einen grundlegenden Widerspruch an, ein Dilemma gar, dem wir nicht entgehen können und das es zu reflektieren gilt: Die Werte, die unserer politischen Ordnung zugrunde liegen, die politische Kultur des Grundgesetzes mit dem Recht auf Asyl als explizitem Bestandteil, die Rückkehr Deutschlands in die Gemeinschaft freier Völker nach dem Zusammenbruch des Nationalsozialismus und auch die im Kettenlied der Freimaurer ausgedrückte alte Hoffnung, „dass das menschliche Geschlecht eine Bruderkette werde, stark durch Wahrheit, Licht und Recht": All das fordert Offenheit und Hilfe für in Not geratene Menschen, wo immer sie sind und woher sie auch kommen, das heißt, auch für die Menschen, die aus *Verfolgung, Krieg und lebensbedrohender Not nach Deutschland kommen*, auch wenn sie nicht nur vorübergehend physische und materielle Sicherheit suchen, sondern bei uns heimisch werden wollen.

Doch ein Zustrom ohne Grenzen begrenzt die Möglichkeiten, die uns für die Lösung der damit verbundenen Probleme zur Verfügung stehen, und der derzeitige Stand des Flüchtlingsproblems verlangt von uns, das notwendige Gleichgewicht zu finden zwischen der Notwendigkeit einer wirksamen Hilfe und einer besonnenen Integration auf der einen und der Sicherung der erforderlichen Bedingungen für eine stabile, von der breiten Mitte der Gesellschaft getragene Weiterentwicklung der deutschen Demokratie auf der anderen Seite.

Um ein Begriffspaar des großen Soziologen Max Weber aufzugreifen: *Gesinnungsethik und Verantwortungsethik* müssen zusammenkommen. *Gesinnungsethik* erfordert Empathie, Offenheit und Hilfe – *Verantwortungsethik* aber lässt dabei auch nach dem Machbaren und Verkraftbaren, nach dem Vernünftigen fragen.

Von Weber stammt auch der Hinweis, dass es vor allem drei maßgebliche Qualitäten sind, die einen guten Politiker (und eine gute Politik) auszeichnen: *Leidenschaft, Verantwortungsgefühl und Augenmaß. Leidenschaft* im Sinne des unermüdlichen Einsatzes für die als richtig erkannte Sache, *Verantwortlichkeit* gegenüber dieser Sache als – so Weber – *Leitstern des Handelns* und *Augenmaß* als unverzichtbare Fähigkeit, vor dem politischen Handeln die Strukturen der Wirklichkeit mit – so wiederum Weber – *innerer Sammlung und Ruhe* auf sich wirken zu lassen, nicht zuletzt, um dem zu entgehen, was der Autor im gleichen Text mit dem Begriff *sterile Aufgeregtheit* beschreibt.

Was Weber hier mitteilt, sind nun genau die Eigenschaften, die man sich für den Freimaurer wünscht: Zunächst, den Flüchtlingen praktisch zu helfen, materiell und durch persönlichen Einsatz, ist eine Aufgabe für uns alle.

Gewiss, da mag der eine oder andere von uns besorgt fragen: Aber sind nicht Betrüger dabei, oder vielleicht gar aktuelle oder potenzielle Terroristen? Und sicherlich ist das auch so, und selbstverständlich muss dagegen mit den Mitteln des Rechtsstaats und der öffentlichen Ordnung konsequent vorgegangen werden.

Aber erlaubt dies einen *Generalverdacht*, mit dem alle überzogen werden? Muss da nicht gründlich differenziert werden? Ist nicht jeder einzelne Flüchtling zunächst einmal der „bloße Mensch", an den Lessing denkt? Lessing. Wenn er sein Alter ego Falk sagen lässt, dass jede Glückseligkeit des Staates, bei welcher, so wenig einzelne Glieder leiden und leiden müssen, Bemäntelung der Tyrannei ist, und dass die Natur nicht „die Glückseligkeit eines abgezogenen Begriffs – wie Staat, Vaterland und dergleichen – zur Absicht gehabt hätte, sondern die Glückseligkeit *jedes wirklichen einzelnen* Wesens".

Auch hier – wie nicht selten anderswo – hätte der Freimaurer der Versuchung zu widerstehen, seine Wertgrundlagen wie ein Taxi zu verwenden, in das man bei Bedarf ein- und aussteigen kann.

Außer persönlich zu helfen, sollte sich der Freimaurer – einzeln oder gemeinsam mit seinen Brüdern – dem gesellschaftlichen Diskurs stellen, dem Gespräch auch mit den Menschen, die zu uns kommen, über ihre Schicksale, ihre Erwartungen, ihre Möglichkeiten, aber auch über die Pflichten, die sie in unserer Gesellschaft erwarten. Auf diese Weise könnten sich die Freimaurer als *Übersetzer der politischen Kultur des Grundgesetzes* bewähren.

Denn hierauf kommt es in der Tat entscheidend an: Alle deutschen Bürger, alle Menschen, die bereits hier leben, die seit eh und je deutsche Bürger sind, aber auch alle, die kommen und zukünftig mit uns leben wollen, müssen den verfassungsmäßigen Rahmen unseres Gemeinwesens anerkennen, nicht nur durch Erklärungen, sondern auch im Handeln.

Gewiss: Wir müssen die Freiheitsräume von Minderheiten schützen, und wir müssen lernen, die Besonderheiten fremder Kulturen zu tolerieren, ja als Bereicherung unserer eigenen Kultur zu schätzen. Denn Kultur bedeutet Heimat, die man auch und gerade in der Fremde braucht, und die ja auch Bereicherung für uns bedeutet.

Doch dies gilt primär für die *privaten Bereiche des Gemeinwesens.*

In den öffentlichen Bereichen müssen dagegen die Regeln des Pluralismus und der Demokratie gelten, in der Politik muss es säkular zugehen, religiöser Glaube muss privat sein, und die politischen Entscheidungen müssen von den Bürgern im Regelspiel der Demokratie getroffen werde. Sicherlich sind diese Bürger in vielen Fällen gläubige Menschen, aber es muss darauf verzichtet werden, politische Richtlinien vom Himmel herunter zu holen, nachdem man sie zuvor nach oben projiziert hat.

Über all das sollten die Freimaurer sprechen, und zwar mit der von Max Weber angemahnten *inneren Sammlung und Ruhe.* Die von Weber gleichfalls benannte Unkultur der „sterilen Aufgeregtheit" taugt nicht für den gesellschaftlichen wie den freimaurerischen Diskurs. Pegida-Parolen sollten nicht in die Loge eindringen, und die Gespräche, die wir führen, sollten nicht den Fremdenhass und die Oberflächlichkeit der Internetforen und der Stammtische bei uns heimisch werden lassen.

Wir sollten uns vielmehr in unserer Arbeit und bei den Diskursen unter uns und mit unseren Partnern in der Zivilgesellschaft an Prinzipien ausrichten, die zu den besten Traditionen unseres Bundes gehören und in denen wir Freimaurer sicher übereinstimmen: Menschenwürde, Demokratie,

Toleranz, soziale Gerechtigkeit, Friede unter den Menschen und mit der Natur sowie die Bereitschaft, beim politischen Handeln vernünftigen und rationalen Lösungen den Vorrang einzuräumen gegenüber Vorurteilen und Ideologien.

Solche Orientierungen sind nicht dogmatisch, aber auch nicht beliebig. Sie repräsentieren vielmehr den erforderlichen Konsensrahmen für eine politisch-gesellschaftliche Leitkultur, ohne die ethisch verantwortliches Handeln unter den komplexen Bedingungen der Welt von heute und morgen nicht möglich ist und bei deren Fehlen die Gesellschaft auseinanderzufallen droht.

Versuchen wir zu bilanzieren:

Die Flüchtlingsströme werden nicht so schnell aufhören. Die Reaktion darauf darf nicht Hilflosigkeit, Hass und Gewalt sein. Hass, der inzwischen ja zum mörderischen Hass geworden ist, wenn wir den Mordanschlag bedenken, dem die zukünftige Kölner Oberbürgermeisterin Henriette Reker am vergangenen Samstag zum Opfer gefallen ist, und der einen fremdenfeindlichen und rechtsradikalen Hintergrund hatte.

Doch wenn wir uns nicht über unsere Werte verständigen und ebenso gründlich wie aufrichtig prüfen, was uns erwartet, was wir leisten können und wo unsere Grenzen sind, wenn wir nicht umsteuern und vor Ort wie global Solidarität praktizieren, werden Ängste, Hass und Feindseligkeit bei uns wie anderswo zunehmen, so sehr vielleicht, dass wir sie nicht mehr kontrollieren können.

Reflektiert werden müssen auch Zustand und Entwicklungstendenzen unserer deutschen Gesellschaft. Zu Recht hat die Politikwissenschaftlerin Gesine Schwan kürzlich in einem Beitrag in der Wochenzeitung *Die Zeit* davon gesprochen, dass Gesellschaften mit einer breiten Mittelschicht und ohne große soziale Diskrepanzen durchaus in der Lage sind, begünstigende soziale Voraussetzungen für die Demokratie und eine freiheitliche, gemäßigte Politik zu schaffen.

Wenn aber – so führt Schwan dann weiter aus –

„die Diskrepanzen zwischen Arm und Reich immer größer werden und die Mittelschicht Angst bekommt, zwischen Reich und Arm zerrieben zu werden, wenn auch den einzelnen Menschen jederzeit Prekariat und sozialer Abstieg drohen, dann sucht sich diese mit Ohnmacht gepaarte Angst eben als Blitzableiter jene Menschen, an denen sie ohne Gefahr ihre Wut abreagieren kann."

Und Gesine Schwan folgert:

„Wir müssen auf allen Ebenen politisch und zivilgesellschaftlich handeln: vor Ort gegen soziale Isolierung und aggressive Vorurteilsbereitschaft, im Staat gegen die schamlose Durchsetzung von Partikularinteressen gerade derer, die gar nicht mehr wissen, wohin mit ihrem Geld, in Europa gegen ein verachtendes Desinteresse an den ärmeren Staaten, in denen ebenfalls viele Reiche leben, und zugleich global, weil die gegenseitige Interdependenz einen ganzheitlichen Ansatz der Umkehr erfordert."

Nicht zuletzt die Freimaurer sollten angesichts historischer Erfahrungen aus der Zeit von Weimarer Republik und Nazi-Diktatur und nicht zuletzt auf dem Hintergrund massiver eigener völkischer Verirrungen in den 1920er und frühen 1930er Jahren die Bedrohlichkeit und das mörderische Potenzial von Vorurteilen und aggressiven Ressentiments zur Kenntnis nehmen und sich damit auseinandersetzen.

Nein, die Welt wird auf absehbare Zeit nicht bequemer, ja, Turbulenzen und Verwerfungen aller Art werden uns begleiten, national und international. Auch für uns Freimaurer wird es nicht angenehmer, sofern wir uns unseren Werten verpflichtet fühlen und uns *nicht hinter die Mauern zur profanen Welt zurückziehen*, vielleicht gar noch unser Gewissen mit der Vorstellung beruhigen, dass das Politische doch tabu sei für uns.

Als der Großmeister der Vereinigten Großlogen von Deutschland kürzlich zum Flüchtlingsproblem Stellung nehmen wollte, wurde er aus dem Kreise seiner Großmeisterkollegen ausgebremst. Ein humanitärer Bund aber darf den Kopf nicht in den Sand stecken. Und seine Repräsentanten sollten auch im Kontext der europäischen Freimaurerei ausloten, wo es Möglichkeiten gibt, dem Flüchtlingsproblem, das ja weit über den deutschen Rahmen hinausgeht und ein europäisches Problem ist, entgegenzuwirken.

Humanismus hat keine nationalen, er hat europäische Wurzeln und begründet verpflichtende Traditionen.

Auf der Internet-Homepage der Großloge AFuAM von Deutschland heißt es ja auch:

> „*Die Großloge der Alten Freien und Angenommenen Maurer von Deutschland steht in der Tradition des Humanismus und der Aufklärung.*“

Und die Verfassung dieser Großloge beschreibt ganz eindeutig, welche ethischen Maßstäbe den Freimaurern innerhalb und außerhalb der Loge vorgegeben sind:

„In Achtung vor der Würde jedes Menschen treten (die Freimaurer) ein für die freie Entfaltung der Persönlichkeit und für Brüderlichkeit, Toleranz und Hilfsbereitschaft und für Erziehung hierzu.“

Dem Geheimnis auf der Spur
Entwicklung und Arbeitsfelder der Freimaurerforschung

Beitrag im Mitgliedermagazin „TAU" Nr. 2/2020 der Freimaurerischen Forschungsgesellschaft Quatuor Coronati, Bayreuth

Freimaurerei – ein Raum, in dem vieles möglich ist

Natürlich ist unter dem Vorzeichen der Corona-Pandemie gegenwärtig vieles anders geworden in der Freimaurerei und in der Freimaurerforschung, und das muss immer wieder bedacht und berücksichtigt werden. Dennoch muss auch das Weitergeltende, das gleichsam Unbeschädigte im Bewusstsein gehalten werden, damit die *Grundlage für zukünftiges Gestalten* erhalten bleibt. In diesem Sinne frage ich im folgenden Beitrag nach Arbeitsfeldern und Methoden der Freimaurerforschung, die – als Element von Sinn und Ordnung – ja vielleicht manches kompensieren kann im Ansturm der Kontingenz unserer Tage. Freilich kann ich nur einzelne Aspekte des Themas behandeln. Eine umfassende Geschichte der Freimaurerforschung in Deutschland zu schreiben, ist eine Aufgabe für die kommenden Jahre.

Die Freimaurerei hat ein *einfaches* Grundprinzip: Menschliche Verbundenheit, ethisches Verhalten sowie die Suche nach Sinn und Orientierung sollen durch Symbole und Rituale in der Gemeinschaft der Loge eingeübt werden.

Geschichte, Symbolik und Sozialstruktur der Freimaurerei sind jedoch *äußerst facettenreich, vielschichtig und kompliziert*. Deshalb ist im Laufe der Zeit – beginnend bereits im späten 18. Jahrhundert – eine multidisziplinäre freimaurerische Forschung entstanden, die versucht, Geschichte, Rituale und Symbole sowie organisatorische Strukturen und soziale Bedingungen der Freimaurerei im internationalen Vergleich analytisch aufzuklären.

Das Motto dafür findet sich in Gotthold Ephraim Lessings Schrift „Ernst und Falk. Gespräche für Freimäurer" (1778/80): „Ich glaube ein Freimaurer zu sein; nicht sowohl, weil ich von älteren Maurern in einer gesetzlichen Loge aufgenommen worden: sondern weil ich einsehe und erkenne, was und warum die Freimaurerei ist, wann und wo sie gewesen, wie und wodurch sie befördert oder gehindert wird." Die freimaurerische Forschung folgt dem Motto Lessings: Sie will erkennen, *was und warum die Freimaurerei ist, wann und wo sie gewesen, wie und wodurch sie befördert oder gehindert wird.*

Inzwischen wurden viele Tausende von Büchern und Artikeln veröffentlicht, Forschungsgesellschaften und Forschungslogen gegründet, universitäre Forschungsprogramme entwickelt (wie mein Kollege Jörg Bergmann und ich selbst es auch einmal an der Universität Bielefeld versucht haben), ja, es wurden sogar spezielle Lehrstühle in Leiden und (zeitweilig) in Sheffield eingerichtet.

Freimaurerische Forschung beruht auf einem doppelten Interesse, dem Interesse *von innen* und dem Interesse *von außen*. Das Interesse *von innen* beruht auf dem Umstand, dass Freimaurerei von Anfang an ein Geheimnis für die Freimaurer selbst war. Dies galt für ihre Entstehung (Lessings *wann und wo gewesen?*) ebenso wie für Inhalt und Zweck (*was und warum ist Freimaurerei?*). Das Interesse *von außen* existiert in einer *gegnerischen, ja bösartigen* und einer *freundlichen* Variante. *Gegnerisch und bösartig* sind die Versuche, wissenschaftliche Forschung (oder was man dafür hält) im Kampf gegen die Freimaurerei einzusetzen.

Dies gilt für kirchliche, insbesondere katholische Sichtweisen, dies gilt für völkische Positionen wie die der Nationalsozialisten: Beschlagnahmtes Logenmaterial sollte in den 1930er Jahren der „wissenschaftlichen Enthüllung des wahren Charakters der Freimaurerei" dienen.

Die *freundliche Variante* bildet die universitäre Forschung, die vor allem seit den 1950er Jahren einsetzte und mit Reinhart Kosellecks Dissertation „Kritik und Krise. Eine Studie zur Pathogenese der bürgerlichen Welt" (1959) einen ersten Höhepunkt fand. Es ging um die Erforschung der Freimaurerei des 18. Jahrhunderts, um die Erörterung der Bedeutung der Freimaurerei für den gesellschaftlichen und politischen Wandel, für Entstehung und Entwicklung von Geselligkeit und Freundschaft sowie von esoterischer Kommunikation innerhalb der so populär gewordenen geheimen Gesellschaften. Bielefeld hatte die Rolle eines Zentrums: zu nennen sind Reinhart Koselleck, Rudolf Vierhaus, Johannes Rogalla von Bieberstein, Ullrich Wehler, Stefan Ludwig Hoffmann und Jörg Bergmann, das Forschungsprojekt „Deutsche Freimaurerei der Gegenwart", das Netzwerk „Freimaurerforschung" (www.freimaurerforschung.de).

Ich werde später den Gesichtspunkt „externe Forschung" noch einmal aufnehmen. Zunächst aber zur *Innenperspektive*: Freimaurerei als Geheimnis für die Freimaurer selbst.

Die Entwicklung der Freimaurerei wurde von den Mitgliedern des Bundes zwar immer primär und spontan als Gestaltungsaufgabe verstanden, aber zu Reflexion und Forschung ist es stets nur ein kleiner Schritt gewesen. Gewiss wollten die Brüder – genauer gesagt: die administrativ führenden und konzeptionell tonangebenden unter ihnen – vor allem das Leben ihrer Logen gestalten, Großlogen bilden sowie neue rituelle Erlebnisformen und Grade in die Freimaurerei einführen. Doch in Verbindung damit setzte sehr früh, als Vorstufe zur späteren Forschung, eine intensive Reflexion über Ideenwelt, Rituale, Stilprinzipien und Organisationsstrukturen der Freimaurerei ein.

Hierfür gibt es verschiedene Gründe:

Zunächst ergab sich für die Freimaurerei bereits dadurch von Anfang an Reflexionsbedarf, dass sie Formen, Zeichen und Riten im Vollzug des historischen „crossovers“ von der operativen zur spekulativen Freimaurerei auf einen ethisch-sozialen Kontext übertrug. Bereits im 17. Jahrhundert (und noch davor) entstand die Freimaurerei in Schottland, 1717 kam es zur „Großloge von London und Westminster“, 1723 wurde die erste Satzungsurkunde (Konstitutionen, „Alte Pflichten“) veröffentlicht. James Anderson hatte dazu Prinzipien formuliert: Der Freimaurer ist *dem Sittengesetz verpflichtet*, die Menschen in den Logen sollen *gut und redlich* sein, und der Bund der Maurer soll Männer in *Freundschaft zusammenbringen*, die sich sonst nie begegnet wären.

Doch Anderson lässt es nicht dabei. Er gibt seinen „Konstitutionen“ eine Chronik der Baukunst bei, in der wortwörtlich zu lesen ist: „Adam unser Vater, geschaffen nach dem Bilde Gottes, des großen Baumeisters der Welt, muss die freien Künste, insbesondere die Geometrie, in seinem Herzen getragen haben, denn er lehrte sie seine Söhne, und die Familien beider betätigten sich als Bauleute, bis Noah die Arche baute, die sicherlich nach den Gesetzen der Baukunst errichtet war, und so retteten Noah und seine drei Söhne Kenntnisse der Baukunst in die neue Welt …" und so weiter und so fort.

Warum ein solcher Gründungsmythos? Warum eine so fragwürdige Herkunftserzählung?

Nun: eine Bauhütte, die Kathedralen baut, die „operativ" ist und dies von Jahrhundert zu Jahrhundert, braucht keine Begründung, ihr Bauen versteht sich aus sich selbst heraus von allein. Doch eine moralische Werkstatt, eine spirituelle Institution, die neu ist – wie die Freimaurerei zu Beginn des 18. Jahrhunderts – und die sich durchsetzen will in der üppig sprießenden Welt der geselligen Assoziationen Londons, die braucht vor allen Dingen eines: die Reputation eben nicht neu, sondern uralt zu sein – und darum also die Formel: „Adam unser Vater, geschaffen nach dem Bilde Gottes, des großen Baumeisters der Welt, muss die freien Künste, insbesondere die Geometrie, in seinem Herzen getragen haben."

Dieser, gleichsam „ontologische" Begründungsbedarf der Freimaurerei wurde bald doppelt verstärkt: zum einen durch Angriffe von außen, die argumentativ begründete Apologien erforderlich machten, zum anderen durch innere Auseinandersetzungen, mit denen um die „echte und eigentliche" Form der Freimaurerei gerungen wurde.

Freimaurerei war zwar durch bestimmte Grundelemente bestimmt, die über Länder und Zeiten hinweg dieselben blieben. Zu diesen Merkmalen der freimaurerischen Grundstruktur gehörten und gehören insbesondere die folgenden vier:

1. die abgeschlossene, durch verschwiegene Rituale geschützte, in der Regel *männerbündische Gruppe*,
2. der *initiatische Charakter der Rituale*,
3. die ins Hermetisch-Esoterische erweiterte und später mit der Schaffung von Hochgradsystemen durch Rittersymbolik überhöhte *Bausymbolik* sowie
4. ein *Kanon von Werten und religiösen Orientierungen*, der um unterschiedliche, teils aufklärerisch-humanitär, teils religiös und/oder esoterisch geprägte Begrifflichkeiten wie Menschenliebe, Brüderlichkeit, Duldsamkeit (Toleranz), Gottesfürchtigkeit, Glauben und Erleuchtung kreist.

Die genannten Elemente erwiesen sich aber schon früh als sehr unterschiedlich ausgestaltbar. Das heißt, in ihren Zielen, Formen und Ritualen erwies sich die Freimaurerei bei aller Übereinstimmung in den genannten Grundelementen zugleich als „Raum, in dem vieles möglich war“ (Monika Neugebauer-Wölk) und um dessen Ausfüllung kontinuierlich gerungen wurde. So gab es nie nur eine Freimaurerei, sondern viele!

Warum dieser Prozess der Differenzierung? Vor allem wegen der unterschiedlichen Motivationen für die gesellschaftliche Nachfrage nach Freimaurerei! Da existierten:

- *religiöse Motive:* die Suche nach einer alternativen, lichten, esoterischen Religiosität;
- *philosophische Motive:* die Nutzbarkeit der Loge als Stätte des Aufklärungsdiskurses;
- *soziale Motive:* die Chance von sozialer Einbindung, Selbstverwirklichung, Statuserhöhung sowie

- *politische Motive:* indirekt „Freiheit im Geheimen als Geheimnis der Freiheit“ (Koselleck) und direkt ökonomische und politische Projekte der „Strikten Observanz“ und Konzepte der Illuminaten als Träger radikaler Aufklärungspolitik.

Reflexion und Forschung

In Zeiten von Krisen freimaurerischer Systeme und der Suche nach neuen Formen wird der Bedarf an Modellen und ihrer analytischen Begründung besonders dringlich. Für die Krise der deutschen Freimaurerei unter dem Vorzeichen der „Strikten Observanz“ in der 2. Hälfte des 18. Jahrhunderts und die Versuche des Wilhelmsbader Konvents von 1782, die Krise zu überwinden, hat Ernst Traugott v. Kortum, für die polnische Delegation Teilnehmer in Wilhelmsbad, den Zusammenhang zwischen Fehlentwicklungen und analytischen Erfordernissen anschaulich beschrieben:

„Die Freimaurerei, diejenige Gesellschaft, welche, so alt sie auch sein mag, doch erst jetzt seit etlichen zwanzig Jahren in mancherlei Bezug besonderes Aufsehen macht, ... wird nun, da sie anfängt, sich ihrer ... Auflösung zu nähern, ein *öffentlicher Gegenstand kritischer Untersuchungen, Geschichts-Vergleichungen und historischer Nachspürungen*, nachdem sie fast ein ganzes Jahrhundert von der einen Seite gepriesen, von der anderen verdammt wurde, und ihr Ursprung hier von Gott, dort vom Teufel hergeschrieben worden ist, ohne sich für beides auf historische Beweise einzulassen.“[112]

---

112 zitiert nach Hammermayer, Ludwig: *Der Wilhelmsbader*

Seit Ende des 18. Jahrhunderts etabliert sich die Forschung in der Freimaurerei. Sie hat große Bedeutung für die „Reformer“, wie nicht zuletzt Friedrich Ludwig Schröder, denn wenn die „Wiederherstellung der ursprünglichen Freimaurerei“ das Ziel war, so musste man wissen, was die „ursprüngliche Freimaurerei“ war. Neben die Forschung traten die konzeptionellen Denker. Vier Autoren vor allem sind hier von herausragendem Interesse:

- Gotthold Ephraim Lessing,
- Johann Gottfried Herder,
- Karl Christian Friedrich Krause und
- Johann Gottlieb Fichte.

Das „laute Denken“ dieser vier sowie die Rezeptionsgeschichte um sie herum kennzeichnet beinahe schon im Alleingang die gleichsam „goldene Epoche“ der Freimaurerdiskurse in Deutschland, deren Niveau kaum je wieder erreicht wurde.

Der „klassische Freimaurerdiskurs“ hat mindestens vier übereinstimmende Bezugspunkte:

- *erstens* die Faszination der Freimaurerei, die alle Autoren nicht loslässt,
- *zweitens* die Vielfalt, ja der desolate Zustand der Freimaurerei in der 2. Hälfte des 18. Jahrhunderts, der den Bund vor die Alternative Untergang oder Neukonzeption und Reform stellt,
- *drittens* das Gefühl der Formbarkeit der Freimaurerei (mit Fichtes Worten: der Wunsch „auf die tabula rasa der Freimaurerei etwas zu schreiben, was ihrer würdig ist“) und
- *viertens* das Bestreben, Freimaurerei in den Kontext des jeweils eigenen Denkens einzufügen.

Freimaurer-Konvent von 1782, Heidelberg 1980, S. 5.

Die Teilnehmer am Diskurs geben nun unterschiedliche Antworten in Bezug auf Institution und Funktion der Freimaurerei: *Fichte* – mitten im Reformprozess formulierend – bleibt am stärksten der institutionellen Freimaurerei verhaftet. Ihm geht es um die Frage, ob es einen überzeugenden Zweck für die Loge gibt, und er antwortet mit dem Hinweis auf den Auftrag der Loge, „durch Ausgehen von der Gesellschaft und Absonderung von ihr ... die Nachteile der Bildungsweise in der größeren Gesellschaft wieder aufzuheben und die einseitige Bildung für den besonderen Stand in die gemein menschliche Bildung, in die allseitige des ganzen Menschen, als Menschen zu verschmelzen".

Herder geht am weitesten über die institutionelle Freimaurerei hinaus: „Alle solche Symbole mögen einst gut und notwendig gewesen sein, sie sind aber, wie mich dünkt, nicht mehr für unsere Zeiten. Für unsere Zeiten ist das Gegenteil ihrer Methode nötig, reine helle offenbare Wahrheit." Später freilich – in der Zusammenarbeit mit Schröder – modifiziert er seine Auffassung.

Krause vertritt mit der Auffassung, „nach der Reinigung von einigen zunftmäßigen und kritikwürdigen Bestandteilen" könne das „ganze überlieferte Gebrauchtum" in den von ihm entworfenen „Menschheitsbund" eingearbeitet und damit zugleich aufbewahrt und überwunden werden, wiederum eine andere Variante des „Stufenmodells" der Freimaurerei.

Für *Lessing* bleibt Freimaurerei auch als Institution von Bedeutung, doch ihre Funktion geht über die Institution hinaus und ist bei Weitem wichtiger, beruht Freimaurerei für Lessing doch „im Grunde nicht auf äußerlichen Verbindungen, die so leicht in bürgerliche Anordnungen ausarten, sondern auf dem gemeinschaftlichen Gefühl sympathisierender Geister". Auch Lessing ist von der Faszination der Freimaurerei gefesselt. Auch er kritisiert die konkrete Form des Bundes, dessen „heutiges Schema ihm gar nicht zu Kopfe“ will. Auch ihn fordert heraus, die Wesenheit der Freimaurerei auf den bestimmten Begriff einer wahren Ontologie zu bringen und aufzuzeigen, „was und warum die Freimaurerei ist, wenn und wo sie gewesen, wie und wodurch sie befördert oder gehindert wird“. Er tut dies – vor allem, aber nicht nur in „Ernst und Falk“ – als Anwalt einer Kultur der Vermittlung, die Grenzen überschreitet, deren Medium und Ziel Freundschaft, Toleranz und Menschenliebe sind, und die sich in einem offenen Prozess der Wahrheitssuche realisiert.

Wer sind die Freimaurerforscher: Interne und externe Freimaurerforschung

Ursprünglich waren es meist Freimaurer gewesen, die sich der freimaurerischen Forschung verschrieben, und zwar in allen Ländern, in denen sich der Bund in seinen unterschiedlichen Formen entfalten konnte. Für die Geschichte der freimaurerischen Forschung in Deutschland ist eine ganze Anzahl von Namen zu nennen, die ihren Rang auch aus heutiger Sicht bewahren konnten. Ohne Anspruch auf Vollständigkeit sei hingewiesen auf Georg Kloß, Christian Carl von Nettelbladt, Wilhelm Keller, Josef Findel, Adolf Schiffmann, Ludwig Keller, Wilhelm Begemann, August Wolfstieg, Friedrich Kneisner, Ferdinand Runkel, Bernhard Beyer, Eugen Lennhoff, Oskar Posner und Adolf Pauls.

Diese Brüder waren aber nicht nur Forscher, sie kamen aus unterschiedlichen freimaurerischen Systemen, und sie hatten auch bestimmte Einstellungen dazu, was das „Wesen“ der Freimaurerei sei und wie man sie zu gestalten habe. So blieb es nicht aus, dass ihre Auffassungen des Öfteren voneinander abwichen und es zu gegenseitigen Vorwürfen der Einseitigkeit, der Voreingenommenheit, ja der Unwissenschaftlichkeit kam. Modern gesagt, die Autoren stellten sich wechselseitig unter „Ideologieverdacht".

Nun ist die Beeinflussung von Forschungsresultaten durch die „kognitiven Modelle" der Wissenschaftler ein allgemeines Phänomen der Forschung, insbesondere in den Geistes- und Sozialwissenschaften, wo individuelle und gruppenspezifische Bindungen an Denkschulen und Paradigmensysteme eher die Regel als die Ausnahme sind. Auch Freimaurerforscher, die nicht dem Bund angehören, können miteinander in den wissenschaftlichen Streit geraten, wie in jüngerer Zeit beispielsweise die Auseinandersetzung um die Thesen des amerikanischen Germanisten W. Daniel Wilson zu Goethes Mitgliedschaft im Freimaurer- und im Illuminatenbund gezeigt hat.

Für Forscher, die dem Bund angehören, besteht jedoch eine spezifische Versuchung, Analyse und Wertung zu vermischen und subjektiv Normatives („so *sehe ich* die Freimaurerei") als objektive Beschreibung der Wirklichkeit („so *ist* die Freimaurerei") auszugeben. Dieses „Ineinanderverwobensein" analytischer und normativer Sichtweisen bei Darstellungen durch Freimaurer ist der externen, d. h. der von Nichtfreimaurern betriebenen Forschung natürlich nicht verborgen geblieben. Die externen Forscherinnen und Forscher erkennen zwar an, dass der internen freimaurerischen Forschung durchaus wissenschaftlicher Wert zukommt. Die Forschungsergebnisse gelten aber oft als so sehr von den freimaurerischen Standorten der Autoren beeinflusst, als dass sie generell als verlässlich eingeschätzt werden könnten. (Dieselbe Standortgebundenheit gilt allerdings meist auch für das freimaurer*kritische* Schrifttum, selbst, wenn es sich wissenschaftlich ausgibt.

Koselleck und die (segensreichen) Folgen: Belebung der Forschung seit den 1950er Jahren

Als sich seit der Mitte des 20. Jahrhunderts immer mehr externe Forscher, vor allem Historiker, mit der Erforschung der Freimaurerei beschäftigten und/oder sie in weitere Kontexte ihrer Untersuchungen rückten, bekam die freimaurerische Forschung einen neuen Auftrieb. Ein wesentlicher Anstoß kam – ich wies bereits darauf hin – von Reinhart Koselleck, dem in Bielefeld lehrenden Neuhistoriker, der es in seiner, zuerst 1959 erschienenen bahnbrechenden Studie „Kritik und Krise. Ein Beitrag zur Pathogenese der bürgerlichen Welt" unternommen hatte, die Freimaurerlogen in den bürgerlichen Emanzipationsprozess des 18. Jahrhunderts einzuordnen und die bisher nur unzureichend berücksichtigte gesellschaftliche und politische Funktion der Freimaurerlogen herauszuarbeiten.

Die Ansätze Kosellecks sind inzwischen von anderen Wissenschaftlern weitergeführt, modifiziert und korrigiert worden. Neue Fokussierungen kamen hinzu. Ludwig Hammermayer und Monika Neugebauer-Wölk, selbst durch grundlegende Beiträge zur Freimaurerforschung ausgewiesen, haben wichtige Aspekte und Entwicklungsstufen der Geschichte der Freimaurerforschung beschrieben.

Heute erstreckt sich das Interesse der Forschung auf ein breites Spcktrum wissenschaftlicher Disziplinen. Nicht nur Historiker, sondern auch Literaturwissenschaftler, Religionswissenschaftler, Ritualforscher, Theaterwissenschaftler, Kommunikationsforscher, Politologen und Soziologen entdeckten im Kontext ihrer Forschungsfelder interessante Aspekte der Freimaurerei.

Die Zahl der wissenschaftlichen Veröffentlichungen wuchs an, die Zahl der Habilitationen, Dissertationen und Magisterarbeiten zu freimaurerischen oder zumindest freimaurerrelevanten Themen ist angestiegen. Es bildeten sich Brücken zwischen extern-universitärer und intern-freimaurerischer Forschung, die dem Ansehen der Bruderschaft zugute kommen, und bei denen in ihren Disziplinen ausgewiesene Forscher, die der Freimaurerei angehören, wie etwa die Frankfurter Philosophen Alfred Schmidt und Klaus-Jürgen Grün, der Aachener Philosoph Klaus Hammacher, die Historiker Helmut Reinalter (auch Herausgeber der „Zeitschrift für Internationale Freimaurer-Forschung“) und Martin Papenheim sowie – in aller Bescheidenheit – als Sozialwissenschaftler auch ich selber, eine impulsgebende Rolle spielten.

Unter den Habilitationsschriften sei insbesondere hingewiesen auf:

- Joachim Westerbarkey, Das Geheimnis. Zur funktionalen Ambivalenz von Kommunikationsstrukturen, Opladen 1991, sowie
- Linda Simonis, Die Kunst des Geheimen. Esoterische Kommunikation und ästhetische Darstellung im 18. Jahrhundert, Heidelberg 2000.

Unter den Dissertationenen sind von herausragender Qualität:

- Helmut Neuberger, Freimaurerei und Nationalsozialismus. Das Ende der deutschen Freimaurerei, Hamburg 1980,

- Michael Voges, Aufklärung und Geheimnis. Untersuchungen zur Vermittlung von Literatur- und Sozialgeschichte am Beispiel der Aneignung des Geheimbundmaterials im Roman des späten 18. Jahrhunderts, Tübingen 1987,
- Florian Maurice, Freimaurerei um 1800. Ignaz Aurelius Feßler und die Reform der Großloge Royal York in Berlin, Tübingen 1997,
- Ralf Melzer, Konflikt und Anpassung: Freimaurerei in der Weimarer Republik und im „Dritten Reich", Wien 1999,
- Stefan-Ludwig Hoffmann, Die Politik der Geselligkeit. Freimaurerlogen in der deutschen Bürgergesellschaft, 1840 – 1918, Göttingen 2000,
- Kristiane Hasselmann, Die Rituale der Freimaurer. Zur Konstitution eines bürgerlichen Habitus im England des 18. Jahrhunderts, Bielefeld 2009, sowie
- Marcus Meyer, Bruder und Bürger. Freimaurerei und Bürgerlichkeit in Bremen, Bremen 2010.

Wenn von externer Freimaurerforschung die Rede ist, so muss schließlich nachdrücklich auf die Arbeiten von Dieter Binder, Karheinz Gerlach, Reinhard Markner und Monika Neugebauer-Wölk hingewiesen werden.

In diesem Kontext ist dann nur konsequent, dass auch die Forschungsloge „Quatuor Coronati" seit einiger Zeit nach erfolgversprechenden Möglichkeiten sucht, sich gegenüber der externen Freimaurerforschung zu öffnen. Das Zusammenwirken mit Wissenschaftlern von Universitäten und Instituten, die nicht dem Freimaurerbund angehören, sich aber in Forschung und Lehre mit ihm beschäftigen, soll Kenntnisse und Impulse vermitteln, die – durch Tagungen,

Veröffentlichungen und Mitgliedschaft im Wissenschaftlichen Beirat der Forschungsloge – allen QC-Mitgliedern zu Gute kommen und auch für die deutsche Bruderschaft insgesamt nützlich sind.

Warum ist die erneuerte und erweiterte Kommunikation mit der „externen", insbesondere der universitären Freimaurerforschung so wichtig?

- Einmal wegen der *beachtlichen Forschungsergebnisse* seit der bereits erwähnten wissenschaftlichen „Wiederentdeckung" der Freimaurerei durch Reinhart Koselleck und der mittlerweile weit fortgeschrittenen Sozialkapital-, Kommunikations-, Geheimbund- und Ritualforschung;
- zum anderen wegen *methodisch-wissenschaftstheoretischer Aspekte:* nur so kann eine Rückbindung der wissenschaftlichen Arbeit von Forschern, die zugleich Freimaurer sind, an die Fachwissenschaft gelingen;
- zum dritten als *Mittel gegen innerhalb der Freimaurerei nicht selten anzutreffende apologetische Sichtweisen*, „Selbstideologisierungen" und Tabus.

Die Aufarbeitung der Problematik Freimaurerei und Nationalsozialismus etwa ist weitgehend der externen Forschung, insbesondere den Arbeiten von Helmut Neuberger und Ralf Melzer, zu verdanken. Neuerdings ist allerdings auch auf Arbeiten von mir zu verweisen. Die Freimaurerei benutzt Wissen von sich selbst ja eben nicht nur zum Zwecke der Erkenntnis, sondern auch zur Legitimation. Dies erfordert kritische Korrekturen. Nicht zuletzt wegen ihres großen historischen Legitimationsbedarfs kommt die Freimaurerei nicht an den Ergebnissen der externen Forschung vorbei, auch wenn diese unbequem, ja schmerzhaft sind.

- Schließlich braucht die Freimaurerei auch im Kontext „*Freimaurerei als Gestaltungsaufgabe*“ die Erkenntnise der externen Wissenschaft. Es besteht Bedarf an mehr und substanziellerer Forschung zur Entwicklung der Freimaurerei in der Gesellschaft von heute.

Es gilt, verlässliches Wissen zu erarbeiten, das als Handlungsgrundlage für die Gestaltung einer lebendigen Gegenwartsfreimaurerei dienen kann. Das ist der Grund dafür, dass im Rahmen der Forschungsloge „Quatuor Coronati“ auch eine praxisorientierte, anwendungsbezogene Freimaurerforschung betrieben werden soll.

Es ist freilich stets wichtig, zwischen analytischen Befunden und dem Gewünschten, Gewollten, Normativen zu unterscheiden. Freimaurerische Forschung kann den Wert der Freimaurerei und ihrer einzelnen „Lehrarten“ nicht beweisen. Kategorische Werturteile darf sie nicht fällen. Sie ist aber zur Formulierung „hypothetischer Werturteile“ berechtigt, wenn diese methodisch und empirisch begründet sind. Hypothetische Werturteile beziehen sich auf die Beurteilung alternativer Vorgehensweisen, die eingeschlagen werden können, wenn bestimmte vorgegebene Ziele erreicht werden sollen. Jede Begutachtungs- und Beratungstätigkeit beruht letztendlich auf dem Prinzip, wissenschaftlich zu erörtern, welche Handlungsoptionen zwecks Zielverwirklichung zur Verfügung stehen, wenn vorgegebene Ziele erreicht werden sollen.

Die Forschungsloge „Quatuor Coronati“ – unverzichtbar für das Profil der deutschen Freimaurerei

Die Forschungsgesellschaft (Forschungsloge) „Quatuor Coronati“ – gegründet im Jahre 1951 und heute über 1 200 persönliche Mitglieder zählend – will in drei Erscheinungsformen für die Bruderschaft der deutschen Freimaurer wirken: als Forschungsloge, als Wissensloge und als Kommunikationsloge.

Forschungsloge: Als Forschungsloge fasst „Quatuor Coronati“ Brüder aus allen deutschen und aus befreundeten europäischen Großlogen zusammen, die freimaurerische Forschung betreiben und/oder sich für die Ergebnisse freimaurerischer Forschung interessieren. Quatuor Coronati soll dafür den Rahmen schaffen, Kommunikationsmöglichkeiten öffnen (auch mit der „profanen“ – besser: „externen“ – Freimaurerforschung) und Publikationsorgane (*TAU*, *Quatuor-Coronati-Jahrbuch für Freimaurerforschung*) bereitstellen. Diese Forschung soll redlich und solide sein, denn Forschung ist nun einmal Forschung. Diese Forschung soll aber auch Freude machen, soll etwas vermitteln vom Charme jenes kreativen Spiels, das Freimaurerei als Königliche Kunst ja auch ist. Die Forschungsarbeit unserer Brüder soll sich auf viele Felder erstrecken, die für die Entwicklung der Freimaurerei von Bedeutung sind und die immer wieder neu abzustecken sind. Für mich als Sozialwissenschaftler sind dabei Fragen aus den Spannungsfeldern „Loge und Gesellschaft“ sowie „Bruder und Loge“ besonders wichtig, zumal wir zweifellos zu wenig darüber wissen.

Aber schon für die Gründer der Forschungsloge war

ganz klar, dass sich „Quatuor Coronati“ vor allem mit Geschichtsforschung zu befassen habe, wobei Ritualistik für mich Bestandteil geschichtlicher, genauer kulturgeschichtlicher Forschung ist. Warum ist historische Forschung so wichtig? Die Antwort kann nur lauten: Vor allem aus den Gegenwartsbedürfnissen der Freimaurerei heraus. Freimaurerei kann sich – gerade, wenn sie im Heute leben und kein erstarrtes Relikt der Vergangenheit sein will – nur von ihren historischen Fundamenten her, nur aus ihrer – zuweilen auch schmerzlich gebrochenen – Geschichte heraus entwickeln.

Nur Geschichte liefert der Gegenwartsfreimaurerei Legitimation, nur Geschichte schafft Identität, nur Geschichte bietet Zukunftsorientierung, Orientierung auch für die notwendigen Prozesse der Veränderung, vor denen wir stehen. Das Wort des Bielefelder Historikers Jörn Rüsen: „Historische Erinnerung ist ein Lebenselixier“, gilt für die Freimaurerei ebenso wie die Feststellung des englischen Historikers F. Powicke, dass Menschen ohne „konstruktiven Ausblick auf die Vergangenheit entweder dem Mystizismus oder dem Zynismus verfallen“. Wir Freimaurer brauchen weder dem Mystizismus noch dem Zynismus zu verfallen. Wenn wir historisch ausblicken, so können wir mit Stolz eine Feststellung des polnischen Philosophen Leszek Kolakowski auf unseren Bund beziehen: „Glücklich sind die, denen ihre eigene Tradition den Glauben an die Gemeinschaft der menschlichen Gattung, den Glauben an Toleranz, die Bereitschaft zum Zusammenwirken und den Kritizismus überliefert hat. Andere haben aus der Tradition den National- und Rassenhass, den Fanatismus, den Kult der Gewalt übernommen.“

Doch Geschichte als Lebenselixier, als Legitimationsgrundlage, als Identitätsstifter und als Gegenwartsorientierung kann nicht von uns nach dem jeweiligen Gegenwartszweck neu erfunden werden. Bedarfsgerecht gemalte historische Kulissen, zweckorientierte Geschichtslegenden und flache „Geschichtspolitik“ spenden ebenso wenig Kraft wie das unreflektierte Verbreiten von Listen mit den Namen prominenter Freimaurer. Kraft im Sinne von Lebenselixier entsteht nur durch ein solides und redliches Bemühen um historische Wahrheit.

Das hat Konsequenzen für unsere Arbeit: Wir müssen uns an wissenschaftliche Standards heranarbeiten, auch wenn diese vielleicht gelegentlich unbequem sind; wir sind zu ernsthafter Selbstprüfung und kritischem Diskurs innerhalb unserer Forschungsloge verpflichtet; wir müssen auf die Gefahren ideologischer Entstellungen der historischen Wahrheit hinweisen und zugleich Verzicht leisten, selbst Ideologien oder Legenden zu schaffen; wir brauchen das intensive Zusammenwirken mit der „profanen“ (externen) Forschung.

Wissensloge: Wenn es richtig ist, dass die Lebenskraft der Freimaurerei nicht zuletzt aus ihrem historischen Bewusstsein kommt, und wenn es wiederum zutrifft, dass historisches Bewusstsein auf geschichtliches Wissen und zwar richtiges, geprüftes Wissen angewiesen ist, dann folgt für mich daraus, dass „Quatuor Coronati“ gewissermaßen als „Wissenloge“ die Aufgabe hat, wesentlich daran mitzuwirken, ein solches Wissen in der deutschen Bruderschaft zu verbreiten. Das können wir über unsere Publikationen und unsere Tagungen (nicht zuletzt unsere Arbeitstagungen) tun, das kann über unsere örtlichen Arbeitszirkel erfolgen, das kann in den Logen über alle unsere Mitglieder geschehen, auch wenn nicht jeder von uns selbst aktiv forscht.

Seien wir ehrlich: Der Bestand an wirklich verlässlichem Wissen über das Wie und Woher der Freimaurerei ist in der deutschen Bruderschaft relativ niedrig. Historische Erinnerung als Lebenselixier – um noch einmal Jörn Rüsens Kennzeichnung zu verwenden – ereignet sich viel zu wenig. Das bedeutet aber auch, dass wir wesentliche Ressourcen unserer Lebens- und Überlebenskraft nur unzureichend nutzen: nämlich zu wissen, wer wir sind und wohin wir gehen, weil wir wissen, wer wir waren und woher wir kamen!

Es ist in der Vergangenheit oft die Frage gestellt worden, ob „Quatuor Coronati" „programmatisch" werden, ob die Forschungsloge Entwürfe freimaurerischer Zukunft liefern solle. Ich bin hier außerordentlich skeptisch, nicht nur, weil wir als Forschungsloge nicht in den Entscheidungsbereich von Logen und Großlogen eingreifen können und dürfen, sondern vor allem, weil nicht ein Defizit an Thesen, Programmen und Aufrufen für die in der Tat offenkundigen Entwicklungsprobleme der deutschen Freimaurerei verantwortlich ist, sondern die zu wenig kernige und kraftvolle Identität der deutschen Bruderschaft insgesamt.

Hier ist aber genau der Platz, wo wir als Quatuor Coronati-Brüder wirken können, wirken können als eine *zwar indirekte, aber doch wichtige Kraft* (wobei ich beides betone: „indirekt" und „Kraft"): durch unsere Beiträge zu einer produktiven Kultur des historischen Erinnerns, die Identität und Orientierung der deutschen Bruderschaft fördert; durch unsere Beiträge zu den bereits von Lessing unverbesserbar klargestellten Grund- und Lebensfragen unseres Bundes: „Was und Warum die Freimaurerei ist, wann und wo sie gewesen, wie und wodurch sie befördert oder gehindert wird“.

Kommunikationsloge: Schließlich, aber nicht zuletzt besteht die Arbeit der Forschungsloge im Vermitteln einer intensiven Kommunikation (Quatuor Coronati als „Kommunikationsloge“). Das bedeutet:

- *Kommunikation der Quatuor-Coronati-Brüder untereinander*: Durch Arbeitstagungen, durch das Wirken der Zirkel, durch Kommunikation im Internet. Insgesamt geht es um immer neue Ansätze zum „laut denken mit dem Freunde“ (Lessing). Die Parallelität von Forschungsloge und Forschungsgesellschaft, wie sie unsere neue Satzung vorsieht, und die Öffnung der Mitgliedschaft in der Forschungsgesellschaft über den Kreis der Freimaurermeister hinaus, führen hier zu neuen, bereichernden Möglichkeiten.
- *Kommunikation mit den Freimaurerinnen*: Seit der Zeit meines Vorsitzes hat die Forschungsloge ihre Tagungen und Publikationen für Freimaurerinnen geöffnet, vor allem aus dem Kreis der Schwestern der Frauengroßloge von Deutschland. Oft konnten wir Referentinnen, die ihr angehören, gewinnen, wobei der Altgroßmeisterin Sr. Helga Widmann besonderer Dank gebührt. Freimaurerei hat sich – historisch gesehen – zwar primär als Bruderbund entwickelt, doch ist sie im Prinzip weder männlich noch weiblich, *sondern menschlich*, und menschliche Offenheit muss wie überall in der Forschung auch den Charakter der Arbeit der Forschungsloge bestimmen.
- *Kommunikation zwischen QC und der deutschen Bruderschaft*: Hier geht es um das Wirken als „Wissens-

loge“, um Einsatz für Wissensvermittlung, um Sensibilisierung für zentrale Fragen unseres Bundes, um eine Erweiterung der Mitgliederbasis vor allem auch durch die jungen Meister; hier geht es darum, deutlich zu machen, dass die Forschungsloge mit ihrer Offenheit für Brüder aller Systeme, mit ihrem Verzicht auf jedes einengende Profil und ihrer Internationalität eine vorzügliche Stätte brüderlicher Begegnung und kreativer Nachdenklichkeit ist.

- *Kommunikation mit den Großlogen, die die VGLvD bilden, und den VGLvD selber*: Diese sollten mit uns gemeinsam überlegen, wie sie die „Ressource Quatuor Coronati“ noch besser nutzen können, von der sie keinerlei großlogenpolitischen Ehrgeiz zu befürchten haben. Es ist bedauerlich, wie unzureichend die Großlogenleitungen den Wert von „Quatuor Coronati“ erkennen. Es geht ihnen wohl immer noch mehr um Administration und Interessenbewahrung, als um inhaltlich-freimaurerische Arbeit. *Verwaltung geht offensichtlich vor Gestaltung*. Nur sehr selten sind QC-Vertreter zu Sitzungen des Senats der VGLvD eingeladen worden – obwohl die Forschungsloge mit ihren vielen Mitgliedern die drittgrößte Vereinigung innerhalb der VGLvD ist.
- *Kommunikation mit den Brüdern von Forschungslogen im Ausland*: Wie groß ist unsere Freude, so viele von ihnen immer wieder unter uns zu haben! Von der Forschung her zum Zusammenwachsen der europäischen Freimaurer beizutragen – auch hierin sehe ich einen wichtigen Aspekt der Arbeit von QC.
- *Kommunikation mit der „profanen“ (externen) Frei-*

maurerforschung: Wir brauchen diesen Kontakt zur inhaltlichen Bereicherung der Forschung und als kritisches Korrektiv in methodologischer Hinsicht. Wir brauchen diesen Kontakt auch, weil „externe" Forscher an manche Frage unbefangener herangehen können als wir selbst. Die Zusammenarbeit sollte über die Geschichtsforschung hinaus zu anderen Disziplinen ausgebaut werden.

- Schließlich *Kommunikation mit der Öffentlichkeit:* Durch das Veröffentlichen von Forschungsergebnissen, durch öffentliche Vorträge unserer Mitglieder, über eine geeignete Homepage im Internet usw. können wir zur dringend notwendigen Klärung des Freimaurerbildes in der deutschen Gesellschaft beitragen.

Über all dies möchte der Vorstand der Forschungsloge mit allen Brüdern im Gespräch bleiben. Es würde die verantwortlichen Brüder freuen, wenn das Forum brüderlich-schwesterlicher Begegnung, dass die Forschungsloge „Quatuor Coronati" bietet, noch besser genutzt würde. Kommt es doch darauf an, durch Forschung, durch das Wecken von Interesse an freimaurerischem Wissen und durch kreative Kommunikation einer erfolgreichen Entwicklung der deutschen Bruderschaft immer wieder neue Impulse zu vermitteln.

Neue Mitarbeiter und Mitarbeiterinnen sind hoch willkommen!

TEIL 4

Freimaurer feiern Feste

Das Feuer weitergeben: Freimaurerei als Zukunftswerkstatt

Zeichnung zur Freimaurerischen Festarbeit der Loge „St. Georg zur grünenden Fichte“ am 22. September 2018 im Haus der Patriotischen Gesellschaft zu Hamburg

„Das Beste, was wir von der Geschichte haben“, so schreibt Goethe in seinen „Maximen und Reflexionen“, „ist der Enthusiasmus, den sie erregt.“ Und kein Anlass wäre mehr geeignet, diesem Enthusiasmus reflektierend nachzuspüren als das Stiftungsfest einer Loge. Denn dieses Fest verknüpft wie kein anderes Ereignis im Leben unseres Bundes aus bewusst erlebter Gegenwart heraus Tradition und Zukunft.

Versetzen wir uns 275 Jahre zurück. Es ist der 24. September 1743. Die Brüder versammeln sich zur Einsetzung der zweiten Loge in Hamburg, der „Kaiserhofloge“, die dann als Loge „St. Georg zur grünenden Fichte“ auf eindrucksvolle Weise ihren Weg durch die Geschichte nahm. Es liegt kein Protokoll der ersten Arbeit vor und keine detaillierte Teilnehmerliste. Doch wir wissen, dass Namen mit einem guten Klang in Hamburg unter den Maurern der ersten Stunde sind und dass ein internationales Flair den Charakter der Gründung bestimmte.

Kaum vorstellen können wir uns, wie das Ritual gehandhabt wurde. Es ist anzunehmen, dass dabei viel kreative Improvisation geherrscht hat, und dass Mitglieder heutiger Ritualkollegien – zeitreisend 275 Jahre zurückversetzt – wohl runzelnd ihre Augenbrauen hochgezogen hätten. Doch wir können versichert sein, dass die *Regularität der Herzen* stimmte, dass der Zauber des Aufbruchs trug und dass eine ansteckende Freude die Stimmung beherrschte.

Die Hoffnung auf Aufklärung, auf Unterscheidungsfähigkeit „zwischen Hell und Dunkel, Licht und Finsternis" – so die spätere Definition des Weimarer Freimaurer-Bruders Christoph Martin Wieland –, die Erwartung einer durch Offenheit und Freiheit geprägten politisch-sozialen Zukunft, das Erlebnis menschlicher Gleichheit, die Möglichkeit, sich jenseits der Schranken von Stand, Nation und Bekenntnis als *bloße Menschen* zu begegnen: All das prägte Bewusstsein und Gefühl der Bruderschaft.

„Laut verkünde unsre Freude froher Instrumentenschall,
jedes Bruders Herz empfinde dieser Mauern Widerhall."

Gewiss, dieser Text nach Mozarts Noten wurde nicht in Hamburg anno 1743 angestimmt, sondern erst knapp 50 Jahre später in Wien. Doch Text und Ton der Kantate bringen wohl mehr als Dokumente jenen eigentümlichen Zusammenklang von Idee und Stimmung, von Intellektualität und Emotionalität zum Ausdruck, der kennzeichnend gewesen ist für die Frühzeit der modernen Freimaurerei und der auch die Atmosphäre in der „Kaiserhofloge" zu Hamburg bestimmt haben mag.

Der Schwung, mit dem die zweite Hamburger Loge begann, unterstreicht, wie sehr die Freimaurerei zum sozialen Erfolgsmodell des 18. Jahrhunderts geworden war. Bis zum Ende des Gründungsjahres wurden 16 Suchende, in den folgenden beiden Jahren 27 bzw. 25 Brüder aufgenommen. Dass die Freimaurerei zur „Mode des Jahrhunderts" geworden war – bekanntlich war es Friedrich der Große, der sie so beschrieb –, hatte mit dem Wandel von realer Geschichte und historischem Bewusstsein zu tun: Die zunehmende standesmäßige und berufliche Differenzierung der Gesellschaft, das allmähliche Entstehen von Bürgertum und modernen kapitalistischen Wirtschaftsformen, die funktionale und soziale Polarisierung auch in der Adelswelt, das erhöhte Bildungsangebot, die Urbanisierung sowie die sich unter dem Vorzeichen des europäischen, vor allem des britischen Kolonialismus auch international, ja interkontinental verstärkende räumliche Mobilität: All das führte dazu, dass die Menschen im alten Europa aus ihren traditionellen Bindungen und sozialen Verankerungen gelöst wurden und auch in der Wahrnehmung ihres eigenen Selbst über Generationen hinweg praktizierte Deutungsmuster ablegen mussten. Diese Veränderungen führten nicht nur zu Verunsicherungen, ja ausgesprochenen Krisen. Sie ließen auch eine ausgeprägte Neigung entstehen, neue Einstellungs-, Bindungs- und Verhaltensoptionen aufzuspüren und zu nutzen. Es entwickelte sich eine Nachfrage nach veränderten Formen von gesellschaftlichen Vernetzungen, nach neuen Ausprägungen von „sozialem Kapital“, und so wurde das 18. Jahrhundert zur *Epoche der Assoziationsbildung und Geselligkeit.*

Die Freimaurerei erwies sich nun offensichtlich als eine *besonders attraktive Form* neuer gesellschaftlicher Einbindung. Dies resultierte ebenso aus der breiten Nutzbarkeit des Bundes für die Befriedigung vieler unterschiedlicher sozialer und kultureller Bedürfnisse wie aus der Möglichkeit, die Logen und Logensysteme mit stets neuem Enthusiasmus weiterzuentwickeln und an sich wandelnde Strukturbedingungen und Interessenlagen anzupassen.

Heute – beim 275. Stiftungsfest der Loge – sollten wir nicht zuletzt versuchen, diese Stimmung des Aufbruchs und der Hoffnung nachzuempfinden, denn Erinnern bedeutet ja nicht nur das Bewusstmachen historischer Fakten, sondern auch das Nacherleben von Begeisterung und emotionalem Schwung.

Es war die Freude über eine neue Entdeckung des Menschen, und es war immer wieder dieser neu entdeckte Mensch selbst, der im Zentrum von Freimaurerei und Loge stand. Es war das Bekenntnis zur Humanität als Inbegriff von „Menschheit, Menschlichkeit, Menschenrechten, Menschenpflichten, Menschenwürde und Menschenliebe", wie der Freimaurer Herder sie mit dieser Reihung fast schon hymnisch bestimmt. Nicht um den Menschen als Träger nationaler, sozialer und religiöser Rollen ging es dabei, auch nicht um die Gattung Mensch in einem allgemeinen Sinn, um den Einzelmenschen, um den „bloßen" Menschen war es zu tun: Der Einzelmensch stand – und steht bis heute – im Mittelpunkt der maurerischen Initiation, der feierlichen Aufnahme des Freimaurers in den Bund, und der Einzelmensch bildete und blieb auch das Zentrum der freimaurerischen Idee. „Er ist Prinz", so gibt der Priester in Mozarts Zauberflöte vor Taminos Aufnahme zu bedenken, doch Sarastro erwidert: „Noch mehr, er ist Mensch", und Lessings Nathan wünscht: „Ah, wenn ich einen mehr in Euch gefunden hätte, dem es genügt, ein Mensch zu sein."

Telos und Pathos der Aufklärung bestimmen das Denken und Dichten der Freimaurer des 18. Jahrhunderts, sind Ausdruck der mit von ihnen entworfenen Utopie eines befreiten Menschen in einer nicht durch die Willkür weltlicher und religiöser Herrscher bestimmten, sondern von moralischen

Gesetzen geordneten sozialen Wirklichkeit, einer Bürgergesellschaft im besten und eigentlichen Sinne. Viele Wegbereiter einer besseren Zukunft – so erinnern wir uns ja gerne, manchmal vielleicht gar allzu gerne – gehörten den Logen an. Namen wie Lessing, Herder, Goethe, Stein, Hardenberg, Washington und Voltaire kennzeichneten das geistige Gewicht und die gesellschaftliche Kraft des Freimaurerbundes. Dass es die Logen verstanden, Träger der Verheißung einer besseren, einer menschlicheren Welt zu sein, machte ihr Angebot aus, gab ihnen Nimbus und Ausstrahlung und sicherte ihnen einen festen Platz im gesellschaftlichen, politischen und geistigen Leben ihrer Zeit.

Suchen wir nun einen Namen für den speziellen Glücksfall der Hamburger Freimaurer-Reform an der Wende vom 18. zum 19. Jahrhundert, so lautet er – wer unter uns würde daran zweifeln – Friedrich Ludwig Schröder. Schröder war der Schöpfer des nach ihm benannten Rituals. Doch gemeinsam damit schuf er zum ersten Mal in Deutschland eine überzeugende Gesamtkonzeption für die Freimaurerei, die über das Rituelle hinausgehend die Freimaurerei als eine moralisch-spirituelle Werkstatt begründet hat. Jedem Freimaurer, der sich in der Tradition von Humanismus und Aufklärung versteht, ist Schröders Konzept bis in die Gegenwart lieb und teuer geblieben, nicht zuletzt, weil die symbolische Werkstatt Schröders unmittelbar zur Zukunftswerkstatt der Freimaurerei unserer Tage führt.

Die mit der Initiation des Freimaurers verbundenen Erwartungen, die Schröder im Aufnahmeritual mit eindrucksvollen performativen Sprechfolgen begrifflich markiert, sind ja gültig geblieben bis in die Werte-Verwirrung der Gegenwart hinein und haben nicht nur für uns Freimaurer ihre wortwörtliche Bedeutung als Katechismus säkularer Ethik und Moral behalten.

Lassen wir Schröders Ritualerwartungen in uns aufklingen:

- Anmahnung der Erfüllung moralischer Pflichten.
- Festigung einer sittlichen Grundeinstellung des Menschen.
- Aufforderung zur Suche nach Wahrheit, insbesondere über die eigene Person.
- Beseitigung von Irrtümern, die der Humanität im Wege stehen, Überwindung von Vorurteilen.
- Selbsterziehung zu aufgeklärten und verantwortungsbewussten Menschen.
- Konzentration auf die Schätze des Geistes und des Herzens und (auf) keine andere Würde als diejenige, die ein Mensch sich selbst zu geben vermag.

Um diese ethisch-moralischen Vorstellungen habituell im Menschen zu verankern, hat das Ritual nachdrücklich, aber schlicht zu sein. Es findet im Werkraum, in der Bauhütte, nicht im Tempel statt. Die Arbeit beginnt nicht mit einem feierlich-zeremoniellen Einzug oder einer esoterischen „Vorloge“, sondern mit dem Hammerschlag des Meisters. Man arbeitet nach den Verirrungen der „Strikten Observanz“ ausschließlich in den drei Graden des Lehrlings, des Gesellen und des Meisters, weil nur dies im Sinne Schröders maurerisch sinnvoll ist.

Entscheidend ist für Schröder die Übereinstimmung in den Werten, zu denen sich der Freimaurer bekennt. Andere Forderungen nach Übereinstimmung, insbesondere solche religiöser Art, dürfen in der Loge keine Bedeutung haben. Schröder im Wortlaut dazu:

„Wir sind hier also blos Menschen;
wir suchen weiter nichts, als (das) was alle Menschen suchen sollten, kennen kein anderes Gesetz, als das, was alle Menschen verbindet, keine andere Richtschnur, als unsere Rechtschaffenheit, keine andere Würde, als die der Mensch sich selbst giebt. Alles, was wir sonst sind und suchen und glauben und haben, lassen wir vor der Thüre unserer Versammlung zurück."

Das Ritual verbindet die Menschen als Mitmenschen, es ist der Kitt, der die Bruderschaft zusammenhält, und als Kitt ist es das, was auch heute in einer streitsüchtigen und auseinanderdriftenden Gesellschaft wieder so nötig ist.

Der prägenden Kraft des Rituals verwandt ist die Wirkung des Liedgesangs, der in der Hamburger Freimauer-Geselligkeit zur Schröderzeit eine große Rolle spielte, und ich zitiere gern die folgende Strophe aus der Liedersammlung der Loge „Ferdinand zum Felsen" von 1790, weil sie zeitüberspannend das Maurerherz erfreut:

„Das Glück, das Tausende erkaufen,
ist nicht das Ziel, nach dem wir laufen,
wir handeln nicht um Rang und Werth;
Die Gaben, die wir selbst besitzen,
verbessernd für die Welt zu nützen,
das ists was unsre Kunst uns lehrt."

Ist das nicht wirklich schön gesungen, meine Brüder:

„Die Gaben, die wir selbst besitzen,
verbessernd für die Welt zu nützen,
das ists was unsre Kunst uns lehrt."

Doch so reich das Erbe unserer Tradition auch ist, wir dürfen nicht bei unserer Herkunft stehenbleiben, wir müssen nach Zukunft fragen, nicht zuletzt in der Tradition Schröders, der ja die Zukunftsfrage nach einer – wie er sagte – „vernünftigen Freimaurerei“ in Deutschland so hartnäckig gestellt hat.

Unsere vielfältigen Vergangenheiten, unsere Schatzkisten der Tradition – wie gehen wir heutigen Freimaurer damit um? Wie lassen wir aus Herkunft Zukunft werden? Was müssen wir bearbeiten, wenn Freimaurerei nicht nur Sammelplatz alter Kostbarkeiten bleiben, sondern zur Werkstatt kommender Aufgaben, zur Zukunftswerkstatt, werden soll.

Zunächst haben wir allen Grund, uns der skizzierten Traditionen mit inspirierendem Enthusiasmus zu erinnern, und es geschieht nicht ohne Stolz, wenn ich ein Wort des bedeutenden polnischen Philosophen Leszek Kolakowski auf unseren Bund beziehe: „Glücklich sind die“, so der polnische Philosoph, „denen ihre eigene Tradition den Glauben an die Gemeinschaft der menschlichen Gattung, den Glauben an Toleranz, die Bereitschaft zum Zusammenwirken und den Kritizismus überliefert hat. Andere haben aus der Tradition den National- und Rassenhaß, den Fanatismus, den Kult der Gewalt übernommen.“

Doch wir Freimaurer im Hier und Jetzt dürfen keine geschichtliche Denkmalspflege betreiben, und wir sollten keinesfalls der Gefahr erliegen, als Museum unserer selbst hinter eindrucksvollen historischen Kulissen unsichtbar zu werden. Herkunft ist wichtig, die Verankerung in Tradition ist unverzichtbar, doch *unser Hauptinteresse hat Gegenwart und Zukunft zu gelten*, denn hier allein ist der Raum für unsere weitere Existenz.

Das heißt, sich des Erbes zu erinnern, um den Gegenwartsauftrag, um das Angebot der Freimaurerei für die

Menschen unserer Zeit deutlich zu machen, darauf kommt es an. Oder – wie Horkheimer und Adorno es in der Vorrede zur „Dialektik der Aufklärung" so schön gesagt haben – „nicht um die Konservierung der Vergangenheit, sondern um die Einlösung der vergangenen Hoffnung ist es zu tun". Es geht um das beharrliche Bewahren der freimaurerischen Grundidee von Würde, Freiheit und Selbstbestimmung des Menschen, des einzelnen Menschen mit unaustauschbarer Individualität und unverlierbarem Eigenwert. Und zwar nicht als rhetorischer Denkfigur, sondern als Aufgabe der tagtäglichen Alltagspraxis. Wie heißt es doch so unübertroffen knapp und eindringlich bei Erich Kästner: „Es gibt nichts Gutes, außer man tut es!"

Wir suchen nach einem festen Platz in der Gesellschaft, einem Platz, wo man uns respektvoll wahrnimmt und unser Wesen nicht verkennt. Auf dem Wege dorthin sind wir bereits. Doch wir können weiter vorankommen, wenn wir wohlüberlegt daran arbeiten, die *Substanz- und Vermittlungsprobleme* zu überwinden, die uns immer wieder blockieren, wenn wir herausfinden, was unsere *freimaurerischen Hauptaufgaben* sind und uns hierauf konzentrieren, wenn wir flexibel genug sind, uns mit *kreativen Lösungen auf die gegenwärtigen Strukturen der Gesellschaft einzustellen*, Strukturen, die sich seit der klassischen Zeit der Freimaurerei ja so tiefgreifend verändert haben.

Freimaurerei ist ein Produkt der bürgerlichen Gesellschaft – so weit, so gut. Wie aber kann ein bürgerlicher Bund auch in einer nachbürgerlichen Zeit seine Lebendigkeit und Wachstumskraft behalten? Das ist die Grundfrage der heutigen Freimaurerei. Denn neben manchen hausgemachten Schwierigkeiten sind es ja ohne Zweifel eben diese *Strukturwandlungen der Gesellschaft*, die einer dynamischen Entwicklung der Freimaurerei im Wege stehen.

Ich gebe ein paar Beispiele dafür:

So haben die zunehmende *Heterogenität der Gesellschaft und der Wandel der sozialleitenden Werte* zur Notwendigkeit geführt, Profil und Identität Humanitärer Freimaurerei neu zu bestimmen. Doch wissen wir klar und in verständlicher Weise nach draußen vermittelbar, wer wir sind und wo wir stehen innerhalb der Gesellschaft? Wissen wir, wo unser Platz ist fest und selbstbewusst auch im Rahmen der deutschen Freimaurerei? Sind wir fähig zum Diskurs darüber ohne Opportunismus und ohne Angst vor Tabus?

So hat der gesellschaftliche Wandel die alten, sehr erfolgreichen *Rekrutierungsmuster* der Freimaurerei – Mitgliedergewinnung in vertrauten sozialen und familiären Milieus – weitgehend außer Kraft gesetzt. Welcher Ersatz steht dafür zur Verfügung? Haben wir ihn bereits gefunden? Ist das große Schleppnetz „Internet“ wirklich der Weisheit letzter Schluss? Was müssen wir beachten, um den damit verbundenen Gefahren zu entgehen?

So beeinträchtigt die zunehmende *freiwillige oder erzwungene Mobilität der Berufs- und Arbeitswelt* die Motivation zum Eintritt in den Lebensbund Loge. Die Vertreter einer „Generation Praktikum“, was mag sie zu langfristiger Logenmitgliedschaft motivieren?

So bringt die veränderte *Struktur der Geschlechterbeziehungen* die Freimaurerei als Männerbund unter Begründungs- und Anpassungszwang, denn sie beeinflusst ja nicht nur die Bindungsbereitschaft der Männer, sondern sie stellt auch die traditionellen *Legitimierungen des Modells „Män-*

nerbund" generell in Frage. Haben wir den Mut, Freimaurerei heute als einen „offenen Männerbund" zu leben? Gibt es überzeugende Konzepte für das Zusammenwirken mit den Logen der Freimaurerinnen?

So bringen die zunehmenden *Optionen, soziale Beziehungen einzugehen, sich unterhalten zu lassen und Geselligkeit zu erleben*, die Freimaurerei unter einen *erhöhten Konkurrenzdruck*. Hält das Programm der Loge diesem Konkurrenzdruck stand? Ist die Suche *nach immer neuen Erlebnissen und spektakulären „Events"* mit den Grundeigenschaften der Freimaurerei: Bereitschaft zu dauerhafter Bindung, Führung ethischer Diskurse und Praxis ritueller Einübung in ein wertorientiertes Verhalten, heutzutage vereinbar?

So führt – schließlich – die Kultur der heutigen Moderne mit ihrem Event- und Erlebnishunger auch zu *neuen Formen der Anti-Freimaurerei*. Das Dan-Brown-Syndrom geht um. Es beschert uns minderwertige Filme und füllt die Regale der Buchläden mit ausschweifenden Romanen und mit Sach- und Enthüllungsbüchern oft niedrigsten Niveaus. Haben wir Antworten in dieser neuen Situation? Widerstehen wir der Versuchung, auf der Fantasy-Welle mitzusurfen?

Diese Skala von Fragen und Bedenken sorgfältig abzuarbeiten scheint mir Voraussetzung für Erfolg bei der Umsetzung unserer Zukunftsziele und gehört sicher auch auf die Agenda unserer Meister-vom-Stuhl-Seminare.

Doch ich bin bei aller Skepsis fest davon überzeugt, dass es verfehlt wäre, in den unbeständig-flüchtigen Verhältnissen der Gegenwart *nicht auch günstige Voraussetzungen für die Arbeit der Logen* zu entdecken. Moderne heute bedeutet ja auch Individualisierung: Nicht alle Menschen sind gleich, und die Zahl derer, die sich den nivellierenden Trends und Tendenzen der Gesellschaft zumindest partiell entgegenstellen, ist groß genug, um die Mitgliederzahlen der Logen – wenn wir es nur richtig machen mit unserer Öffnung zur Gesellschaft – kräftig anwachsen zu lassen.

Viele Beobachtungen und Analysen zeigen es doch immer wieder:

- Menschen suchen auch, ja gerade heutzutage *Freundschaft, Einbindung und Orientierung*;
- Menschen interessieren sich für *Werte, Aufklärung und intelligenten Diskurs*;
- Menschen wollen ihre *persönlichen Verantwortungen* überdenken;
- Menschen sind aufgeschlossen für symbolische und rituelle Erfahrungen;
- Menschen wollen teilhaben an besonderen, *gruppengeschützten und gruppengestützten Erfahrungsmöglichkeiten* für gesellige Kultur und Lebenskunst.

Insgesamt, meine Brüder: Sie ist doch da, die Sehnsucht nach Nachdenklichkeit, nach Langsamkeit, nach einem anderen, weniger hektischen Begriff von Zeit, *kurz: nach Strukturelementen der Freimaurerei.*

Auf dieser Basis und im Hinblick auf diese Zielgruppe können wir Freimaurer unsere konzeptionellen Grundlagen überdenken, auf dieser Basis können wir die Stimmigkeit unserer inneren Strukturen überprüfen, und von hierher können wir auch unser *Verhältnis zu Politik und Gesellschaft* auf eine überzeugende Weise klären.

Angesichts der Tatsache, dass die von der Freimaurerei und um die Freimaurerei herum entwickelten Werte – Menschlichkeit, Brüderlichkeit, Toleranz, Gerechtigkeit und Friedensliebe – einerseits längst politisch-gesellschaftliches Allgemeingut geworden sind, andererseits aber oft in erschreckendem Maße mit den Füßen getreten werden, besteht die Aufgabe unseres Bundes nicht im Propagieren liebgewonnener Parolen. Sie besteht in der *Einübung in eine wertverpflichtete Praxis,* Praxis des einzelnen Bruders und Praxis der Logengemeinschaft. Freimaurerei ist, was Freimaurer tun – nicht weniger und nicht mehr!

Gewiss: Die Loge ist keine politische Aktionsgruppe, dabei muss es bleiben, aber sie kann – wie es im Ritual vermittelt wird – zu einer „sicheren Stätte" werden für Menschen, die in einem konzentrierten, sensiblen und wertorientierten Diskurs Klarheit über handlungsrelevante Fakten und Verhaltensoptionen in der Welt von heute und morgen suchen. Die Loge kann zum *Handlungsvorbereiter* werden und hierdurch auch an politischer Relevanz gewinnen. Sie kann, wenn sie ihr Potenzial ausschöpft, zur Entwicklung einer *politischen Kultur des gesellschaftlichen Miteinanders* beitragen, an der hierzulande doch wirklich Mangel herrscht, wie wir tagtäglich und zuweilen auf erschütternde Weise erleben.

Arkandisziplin heute hätte dann vor allem die Funktion, den Raum für einen solchen Prozess der Klärung und Abklärung unserer Positionen, der Stiftung einer lebenskräftigen freimaurerischen Identität abzusichern. Arkandisziplin ist insofern weit mehr als eine Angelegenheit des Verhüllens. Arkandisziplin ist eine *Angelegenheit des Vertrauens*, der Offenheit von Mensch zu Mensch. Das Geheimnis macht wenig Sinn, wenn es nicht zum *Heim* wird für uns und unsere Brüder.

Im *Verhältnis zu Medien und Öffentlichkeit* ist Redlichkeit am Platz: Es gab Licht und Schatten, Leistung und Versagen im Entwicklungsprozess der deutschen Freimaurerei. Dies einzuräumen, wirkt auf Außenstehende viel sympathischer und interessanter, als das unendlich langweilige Posieren als selbsternannte „Weltmeister in Sachen Humanität".

Allerdings: Für die Information nach außen wie für den Klärungsprozess im Inneren muss das freimaurerische Wissen in der Bruderschaft verbessert werden. Wer nach dem „wohin" der Freimaurerei fragt, muss über das „wie" und das „woher" der Freimaurerei gründlich Bescheid wissen.

Und ein Letztes: Wir Freimaurer hätten uns – ohne Überforderung eigener Möglichkeiten – viel öfter an den wichtigen *Diskursen der Gegenwart* zu beteiligen. Viele davon haben Beziehungen zur freimaurerischen Tradition, mögen sie sich auf die Weiterentwicklung der Aufklärung im Sinne einer „reflexiven Aufklärung", auf die „Ethosproblematik" (Stichwort „Weltethos"), auf die Aneignung und Umsetzung von Werten (Stichwort „Einübungsethik) beziehen, oder mögen sie auf Reflexionen über Lebenskunst konzentriert sein, denn wenn Freimaurerei sich seit jeher als eine „Königliche Kunst" verstand, so meinte sie damit doch vor allem die *Kunst, das Leben recht zu führen.* Also Mut zum Diskurs, zum hörbaren Wort. Es genügt nicht, die Stimmen anderer zu prämieren. Dazu kommen muss für uns Freimaurer, mit *eigener Stimme* im öffentlichen Raum vernehmbar zu sein, einer besonnenen Stimme, einer sensiblen Stimme, einer Stimme, die auf konstruktive Weise Gedanken vermittelt, die auf Parolen verzichtet und die als Gegengewicht wirkt gegen die schrillen Töne der Respektlosigkeit und des Rassismus.

Insgesamt hat – davon bin ich vollkommen überzeugt – die deutsche Bruderschaft viele Möglichkeiten, den alten Zauber des „Gesamtkunstwerks Freimaurerei“ trotz zuweilen kräftigen Zeitgeist-Gegenwinds auch zukünftig nach innen und außen wirken zu lassen.

Die Baustellen, auf denen Brüder und Logen zu diesem Zweck zu wirken hätten, lassen sich leicht benennen:

- Wir selbst *als Menschen* gehören dazu, die wir uns mit Fleiß und Ausdauer um Erwerb und Entwicklung wahrhaft freimaurerischer Eigenschaften zu bemühen haben.
- Die *Loge* gehört dazu, damit sie nicht nur in unseren Reden, sondern auch in der Wirklichkeit zur Heimat brüderlicher Gesinnung wird, zur Zukunftswerkstatt für humanitäres Handeln und zur sicheren Stätte für alle, die Wahrheit suchen.
- Unsere *freimaurerische Konzeption* gehört dazu, damit die Tradition von Humanismus und Aufklärung in ihrer heutigen Bedeutung und Lebenskraft zu erkennen ist und nicht immer wieder von schaler Rhetorik oder – schlimmer noch – von obskuren Missverständnissen überlagert wird.
- Unser *Wirken in der Gesellschaft* gehört dazu, damit die Bedeutung unseres Bundes nicht nur als kulturelles Erbe geschätzt wird, sondern als Gestaltungsfaktor der Gegenwart, als schlichte und unpathetische Wahrnehmung mitmenschlicher Pflichten zu erkennen ist.
- Schließlich: Unser *Ritual* gehört dazu, damit es in seiner besonderen Eigenschaft als spiritueller Erfahrungsraum auch in einem säkularen Umfeld erlebt und verstanden werden kann, und nicht mit Religion oder

– schlimmer noch – mit den Wahnvorstellungen der Verschwörungs„theoretiker“ verwechselt wird.

Eine erfolgreiche Freimaurerei lebt nun weitgehend von jenen Logen, die die zukunftsfähigen Strukturelemente der Freimaurerei überzeugend verkörpern, wo – salopp gesagt – das heute und morgen gesellschaftlich wirksame Angebot stimmt, wo es Freimaurer gibt, die der Suchende gern zu Freunden haben möchte, wo die Loge als Logengruppe so attraktiv ist, dass der Suchende gern dazugehören würde, und wo die Originalität der praktizierten freimaurerischen Konzepte den Suchenden sagen lässt: „Das überzeugt mich, das passt in die Zeit, und das vermittelt meinem Leben Sinn.“

Die Logen hier in Hamburg, darunter heute besonders hervorzuheben die Loge „St. Georg zur grünenden Fichte“, deren eindrucksvollem Gang durch die Geschichte wir dieses schöne Jubiläumsfest verdanken, gehören zu den Bauhütten in Deutschland, die uns nicht zweifeln lassen am Wert ihrer Arbeit und an ihren Erfolgen. Und wir alle wünschen diesen Logen – und wiederum besonders der alten und zugleich jungen „Kaiserhofloge“ – um ihretwillen aber auch zum Besten der Freimaurerei in Deutschland viel Glück auf ihren weiteren Wegen.

Freimaurerei – Tradition des Menschlichen

Festzeichnung zum 275. Stiftungsfest der Loge „Carl zur gekrönten Säule“ im Orient Braunschweig, 23. Februar 2019

Wurzeln und Flügel

Der Mensch – so hat Goethe einmal gemeint – brauche für seine Entwicklung Wurzeln und Flügel. Doch Wurzeln und Flügel brauchen auch die von Menschen geschaffenen Institutionen, zu denen ja auch die Freimaurerei gehört. Wurzeln braucht die Freimaurerei, weil sie sich – gerade, wenn sie im Heute leben und kein erstarrtes Relikt der Vergangenheit sein will – nur von ihren historischen Fundamenten her, nur aus ihrer Geschichte heraus entwickeln und erneuern kann: Dies gilt für ihre Ideen, dies gilt für ihre Symbole und Rituale, dies gilt für die Interdependenzen zwischen Freimaurerei, Gesellschaft, Kultur und politischer Entwicklung. Freimaurerei kann nicht neu erfunden werden: Nur Geschichte bietet Legitimation, nur Geschichte begründet Identität, nur Geschichte ermöglicht Zukunftsorientierung, Orientierung auch für notwendigen Wandel.

Wir Freimaurer sind Suchende. Das ist unsere Überzeugung, das entspricht unserem Menschenbild, und so lehren es immer wieder unsere Symbole und Rituale. Vollkommenheit ist unsere Sache nicht. Aber wir Freimaurer sind nicht nur Suchende. Wir sind auch Menschen, die gefunden haben. Wir haben Freunde gefunden. Wir haben Sinn gefunden, Sinn, der durch die alten Werte Menschlichkeit, Brüderlichkeit und Toleranz vermittelt wird, und wir haben im Tempel einen Raum der Innenschau gefunden, in dem wir uns selbst in der Beziehung zu unseren Brüdern neu und kreativ erleben können, einen Raum, wo wir dem auf die Spur kommen, was das Leben erfordert: Sicherheit der Orientierung, gelassene Kraft und inspirierende Freude! Auf diesem festen Fundament aber gilt wiederum – wie für den einzelnen Maurer, so auch für die Freimaurerei insgesamt – die Pflicht zum Aufbruch! Nur wenn wir uns verändern, können wir bleiben, was wir sind: eine alte und doch zukunftsfähige Bruderschaft.

Am Beginn der freimaurerischen Geschichte als historisch greifbarer Institution, am Beginn des 18. Jahrhunderts, vor mehr als 300 Jahren, standen vielfältige Motive und Erwartungen:

- Hoffnungen auf neue Formen gesellschaftlicher Einbindung in den die Menschen oft entwurzelnden Wandlungsprozessen des 18. Jahrhunderts;
- Hoffnungen auf das Erlebnis menschlicher Gleichheit jenseits aller Schranken von Stand, Nation und religiösem Bekenntnis;
- Hoffnungen auf eine dogmenfreie, lichte Religiosität;
- Hoffnungen auf einen sicheren Raum für Kritik und Reflexion in den repressiven Strukturen des Absolutismus, orientiert an der Utopie einer durch Offenheit und Freiheit geprägten politischen Zukunft.

„Laut verkünde unsre Freude froher Instrumentenschall, jedes Bruders Herz empfinde dieser Mauern Widerhall.“ Die Worte und Töne von Mozarts „Kleiner Freimaurer-Kantate“ bringen wohl mehr als Dokumente aus Papier allein jenen eigentümlichen Zusammenklang von Idee und Stimmung, von Intellektualität und Emotionalität zum Ausdruck, der kennzeichnend gewesen ist für die Frühzeit der modernen Freimaurerei und der auch die Atmosphäre der Loge „Carl zur gekrönten Säule“ bestimmt haben mag, die vor 275 Jahren in der ersten großen Gründungswelle der deutschen Logengeschichte hier in Braunschweig konstituiert wurde, die mit Stolz die Matrikelnummer 15 trägt und deren Stiftungsfest wir heute feiern.

Es geht um jeden einzelnen Menschen

Es war die Freude über eine neue Entdeckung des Menschen, und es war immer wieder dieser neu entdeckte Mensch selbst, der im Zentrum von Freimaurerei und Loge stand. Nicht um den Menschen als Träger nationaler, sozialer und religiöser Rollen ging es dabei, auch nicht um die Gattung Mensch in einem allgemeinen Sinn. Um den *Einzelmenschen* war es zu tun: Der Einzelmensch stand – und steht bis heute – im Mittelpunkt der maurerischen Initiation, der feierlichen Aufnahme des Freimaurers in den Bund, und der Einzelmensch bildete und blieb auch das Zentrum der freimaurerischen Idee. „Er ist Prinz“, so gibt der besorgte Priester vor Taminos Aufnahme zu bedenken, doch Sarastro hat das bessere Argument, wenn er feststellt: „Noch mehr, er ist Mensch“, und Lessings Nathan wünscht: „Ah, wenn ich einen mehr in Euch gefunden hätte, dem es genügt, ein Mensch zu sein.“

Die politisch-soziale Systematik zum Vorrang des Einzelmenschen findet sich dann in Lessings programmatischer Freimaurerschrift „Ernst und Falk, Gespräche für Freimäurer“ aus dem Jahre 1778, geschrieben in bester Braunschweiger Nachbarschaft: „Die Staaten“, so heißt es dort, „vereinigen die Menschen, damit durch diese und in dieser Vereinigung *jeder einzelne Mensch* seinen Teil von Glückseligkeit desto besser und sichrer genießen könne. Das Totale der einzelnen Glückseligkeiten aller Glieder ist die Glückseligkeit des Staats. Außer dieser gibt es gar keine. Jede andere Glückseligkeit des Staats, bei welcher auch noch so wenig einzelne Glieder leiden und leiden müssen, ist Bemäntelung der Tyrannei. Anders nichts!“ Und an einer anderen Stelle von „Ernst und Falk“ heißt es scharf anti-ideologisch pointierend, dass die Natur nicht „die Glückseligkeit eines abgezogenen Begriffs – wie Staat, Vaterland und dergleichen“ zur Absicht gehabt hätte, „sondern die Glückseligkeit *jedes wirklichen einzelnen* Wesens“.

Es war die Aufklärung, die vor mancherlei Irrwegen im späten 18. Jahrhundert – Stichwort „Strikte Observanz“ – weitgehend das Denken und das Dichten der Freimaurer bestimmte. Die Texte der Lessing, Wieland und Herder, lebendig geblieben bis in unsere Zeit, sind Ausdruck der in ihnen entworfenen Utopie eines befreiten Menschen in einer nicht durch die Willkür weltlicher und religiöser Herrscher bestimmten, sondern von moralischen Gesetzen geordneten sozialen Wirklichkeit, einer Bürgergesellschaft im besten und eigentlichen Sinne. „Die Freimaurerei ist ihrem Wesen nach ebenso alt wie die bürgerliche Gesellschaft. Beide konnten nicht anders als miteinander entstehen – wenn nicht gar die bürgerliche Gesellschaft nur ein Sprössling der

Freimaurerei ist.“ Dies sind noch einmal Worte Lessings zur Bedeutung, die der Freimaurerbund im 18. Jahrhundert als fortschrittliche soziale Kraft besessen hat. Die moderne Aufklärungsforschung bestätigt diesen Befund, so wenn etwa der Bielefelder Historiker Reinhart Koselleck die Logen in seiner epochemachenden Schrift „Kritik und Krise“ von 1959 als das „stärkste Sozialinstitut der moralischen Welt im achtzehnten Jahrhundert“ bezeichnet.

Das Angebot der Freimaurerei

Damals war das Angebot der Freimaurerei ebenso eindeutig wie attraktiv. Damals schlossen sich Bürgerliche und aufgeklärte Adelige über trennende gesellschaftliche Schranken hinweg in den Logen zusammen, um als „bloße Menschen“ am Gerüst einer besseren Welt zu „arbeiten“. Ihre Ziele waren gesellschaftliche Gleichheit, menschliche Aufgeschlossenheit und Toleranz, Selbstbefreiung durch Erkenntnis und Wissen, Frieden und Weltbürgertum. Die Logen verstanden sich dabei nicht als politische Aktionsgruppen. Sie bildeten in ihrem informellen Verbund vielmehr eine „moralische Internationale“ (auch dies ein Wort Kosellecks), wie ja auch schon im Jahre 1723 die erste der alten Freimaurerpflichten gefordert hatte: „Der Maurer ist als Maurer verpflichtet, das Sittengesetz zu befolgen.“ Doch diese Verpflichtung allein auf moralische Maßstäbe, vermittelt durch das individuelle Gewissen, machte die Freimaurer bald den reaktionären Kräften in etablierter Politik und Religion verdächtig, führte zu Verboten und Verfolgungen und veranlasste die Freimaurer wiederum, sich durch Verschwiegenheit vor dem Zugriff der absolutistischen Staaten und der Kirchen zu schützen.

Das Logengeheimnis hatte eine doppelte Funktion: Es schützte vor Verfolgung und bewirkte eine festere Integration der Logenmitglieder, denn – so der Freimaurer Goethe – „auf Schweigen und Vertrauen ist der Tempel aufgebaut". Das Geheimnis der Freimaurer hatte zugleich einen dialektischen Charakter: Im Geheimen bereitete sich Öffentlichkeit vor. Die Logen waren, nach der Kennzeichnung des Historikers und Philosophen Jürgen Habermas, „Enklaven bürgerlichen Gemeinsinns". „Die Freiheit im Geheimen", so wiederum Koselleck, „wurde zum Geheimnis der Freiheit", jener Freiheit nämlich, die bald als breiter Strom die europäische und nordamerikanische Geschichte erfassen sollte.

Viele Wegbereiter einer besseren Zukunft gehörten dem Freimaurerbund an. Dass es die Logen verstanden, Träger der Verheißung einer besseren, einer menschlicheren Welt zu sein, machte ihr Angebot aus, gab ihnen Nimbus und Ausstrahlung und sicherte ihnen als „Mode des Jahrhunderts", so der Preußenkönig Friedrich, einen festen Platz im gesellschaftlichen, politischen und geistigen Leben ihrer Zeit. Doch Freimaurer waren nicht nur Verkünder von Ideen, sie waren auch Träger und Gestalter von Kultur, und Namen wie Lessing, Goethe und Mozart markieren *Haltepunkte auf einem Spannungsbogen der Schönheit*, der Sinn und Sinnlichkeit, Prinzip und Lebensfreude, Kunst und Kultur miteinander verbindet.

So weit, so gut.

Aber ist diese Geschichte heute noch lebendig? Reicht der umschriebene Spannungsbogen freimaurerischer Tradition kraftvoll in die Gegenwart hinein? Hat der Freimaurerbund auch heute noch eine Funktion in der Gesellschaft?

Wir Freimaurer wissen, dass wir uns diesen Fragen zu stellen haben, immer wieder und nicht zuletzt an Haltepunkten unserer Geschichte, wie Stiftungsfeste sie darstellen. Wir müssen nach Antworten suchen, um fähig zu sein, unsere eigene Zukunft zu gestalten und um andere Menschen dazu einzuladen, unseren Weg mitzugehen. Dabei hängen Klärung nach innen und Auskunft nach außen untrennbar zusammen: Uns Freimaurern kann an unserem Bund immer nur das deutlich werden, was sich in klarer Sprache nach außen vermitteln lässt.

Was ist der Freimaurerbund in der Gesellschaft von heute?

Zunächst: Was ist er nicht? Er ist nicht, was alte und neue Fehlbeurteilungen in ihm sehen: Er ist keine politische Bewegung, er ist keine Macht im Verborgenen, er ist weder Geheimbund noch Verschwörung, er ist nicht Ersatzreligion, Nebenkirche oder esoterische Sekte. Er ist ein alter, aus bester europäischer Tradition hervorgegangener Freundschaftsbund freier, sozial aufgeschlossener, einander zugewandter Menschen, die nicht mehr, aber auch nicht weniger wollen, als der alten Idee des Menschen, seines Lebensrechts, der Entfaltung seiner Kreativität und der Bewahrung seiner Würde unter den veränderten Bedingungen der Gegenwart und angesichts vieler neuer Gefahren und Herausforderungen *etwas mehr Geltung in der tagtäglichen Realität* zu verschaffen.

Dabei wirken wir nicht durch das Propagieren unserer tradierten humanitären Leitvorstellungen, die heute auch bei vielen anderen politischen und sozialen Gruppierungen anzutreffen sind, wir paradieren nicht unter den Spruchbändern der Propaganda, und wir wirken schon gar nicht durch politische Profilierung und Radikalität, der sich die Freimaurerei bewusst versagt. Wir wirken vielmehr durch eine schlichte, aber wirksame Methode: Wir versuchen ganz einfach, den Menschen, *so wie er ist, ernst zu nehmen* in seiner dreifachen Eigenschaft als einer *sozialen*, einer *moralischen* und einer *emotionalen* Persönlichkeit, die in jeder dieser Eigenschaften ganz spezifische Bedürfnisse hat, und wir bemühen uns in unseren Logen darum, diesen Bedürfnissen gleichzeitig zu entsprechen.

Wie können wir das?

Ganz einfach durch den besonderen, auf drei Säulen ruhenden Charakter des Freimaurerbundes:

- als *Gemeinschaft brüderlich verbundener Menschen*;
- als *ethisch-moralisch ausgerichteter Bund*, der sich an bleibend gültigen Werten und Überzeugungen orientiert und schließlich, aber nicht zuletzt
- als *symbolischer Werkbund*, der sein überliefertes Brauchtum, seine Symbole und seine Rituale zur gefühlsmäßigen, erlebnishaften Vertiefung seiner Überzeugungen nutzt.

Dieses dreifache Angebot, von dem wir Freimaurer meinen, das es der Grundsituation des Menschen als dem fragenden, dem suchenden Wesen entspricht, scheint uns nun durchaus aktuell zu sein in der heutigen Zeit der gesellschaftlichen Umschichtung, des Wandels vieler sozialleitender Werte und des Aufkommens zahlreicher neuer Bedrohungen der Menschlichkeit sowohl in der individuellen

Lebenswirklichkeit jedes Einzelnen von uns als auch in gesamtgesellschaftlicher, ja globaler Dimension.

Die drei genannten Säulen – Gemeinschaft, ethisch-moralische Orientierung und rituelles Brauchtum – gehören untrennbar zusammen und stehen doch in einem Spannungsverhältnis zueinander. Freimaurerei gelingt immer da, wo die Spannung zwischen Idee und Gemeinschaft, zwischen Nachdenken und Handeln, zwischen Verstand und Gefühl, zwischen der Geschlossenheit des Bruderbundes und seiner prinzipiellen Offenheit für neue Menschen, neue Ideen und neue Erfahrungen kraftvoll ausgehalten wird.

Erste Säule: Freimaurerei als Freundschaftsbund

Zunächst: Als *Gemeinschaft brüderlich verbundener Menschen* wollen die Freimaurerlogen der Gefahr einer Isolierung des Einzelmenschen in der modernen Konsum- und Industriegesellschaft entgegenwirken. Sie folgen damit ihrer speziellen Tradition, Trennendes zu überwinden, Gegensätze abzubauen, Verständigung und Verständnis zu fördern sowie Menschen zu verbinden, die sich nach Herkunft und Interessenlage sonst nicht begegnen würden. Gerade in der heutigen Zeit sind durch Spezialisierung und Funktionsteilung der modernen Berufs- und Arbeitswelt, durch die Digitalisierung, durch die Ausdifferenzierung des Konsum- und Freizeitverhaltens und durch die Folgeerscheinungen der Migration neue Schranken zwischen den Menschen entstanden. All diesen Spaltungen gegenüber wollen die auf Freundschaft gegründeten Logen Stätten menschlicher Begegnung über alle sozialen und politischen Schranken hinweg sein, sie wollen als „Kitt“ wirken, der die Gesellschaft zusammenhält und der so nötig ist in einer Gesellschaft, die auseinander zu treiben scheint.

Die Logen und die Menschen in ihnen wollen sich miteinander und mit anderen Menschen vernetzen, denn nur durch eine solche Vernetzung von Mensch zu Mensch können in modernen komplexen Gesellschaften mit ihrer Tendenz zu diffuser Anonymität und Aggressivität übersichtliche und humane Lebenswelten geschaffen und erhalten werden. Allerdings: Lebendig sind die Logen nur dann, wenn die Brüder sich und ihren Bund als Freimaurer ernst nehmen. *Freimaurerei ist, was Freimaurer tun* – nicht weniger und nicht mehr. Nichts ist wichtiger als durch engagierte Mitmenschlichkeit glaubwürdig zu sein.

Zweite Säule:
Freimaurerei als Wertegemeinschaft

Freimaurer wissen, dass der Mensch ohne Lebenssinn und moralische Orientierung nicht leben kann. Der Mensch will wissen, was Gut und Böse ist, – so konstatierte bekanntlich schon das Buch Genesis. Er braucht Werte. Dieser Grundnotwendigkeit menschlicher Existenz wollen die Freimaurer Rechnung tragen. Sie versuchen auch heute, sich an den *alten und zugleich stets aktuellen Werten ihrer besten Tradition* zu orientieren: *Menschlichkeit, Brüderlichkeit, Toleranz, Friedensliebe und soziale Gerechtigkeit.*

Die Allgemeinheit dieser Wertvorstellungen darf nicht irritieren, auch nicht die Tatsache, dass die Freimaurerei diese Werte mit anderen Gruppen teilt. Zum einen sehen wir durchaus einen Vorteil darin, mit anderen Menschen und Gruppen guten Willens in bestimmten Kernwerten übereinzustimmen, Kernwerten, ohne die keine individuelle und soziale Existenz gelingen kann. Und wir haben es durchaus als Bestätigung erlebt, als ein großes geistiges Vorhaben der jüngeren Vergangenheit, wie das von Hans Küng propagierte Projekt „Weltethos" sich vielfältig mit freimaurerischem Gedankengut berührte.

Zum anderen kommt es uns nicht auf das Propagieren, sondern auf das Umsetzen ethisch-moralischer Positionen an. Und so besteht Freimaurerei nicht zuletzt im Praktizieren ganz bestimmter Methoden zur Einübung und Umsetzung der genannten Kernwerte: „Einübungsethik" ist deshalb die Ethik der Freimaurerei vom Aachener Philosophen und Freimaurer Klaus Hammacher zu Recht einmal genannt worden.

Auf ein ganz persönliches und individuelles *Einüben von Umgangsstilen* vor allem ist sie angelegt:

- Stile des Umgangs mit sich selbst,
- Stile des Umgangs mit dem Mitmenschen,
- Stile des Umgangs mit den Dingen der Welt und mit Transzendenz.

Im Rahmen dieser „Einübungsethik" kommt neben dem alten Bauhüttenbrauchtum dem brüderlichen Gespräch große Bedeutung zu. Auch hier hat Lessing das Leitmotiv angegeben: „Nichts geht über das laut denken mit einem Freunde." Ein Diskurs unter Freunden soll Möglichkeiten schaffen, sich zu orientieren, die Welt klarer zu erkennen, sich gemeinsam aus Vorurteilen herauszudenken und sich im Miteinander suchender Menschen zum humanitären Handeln zu motivieren.

Vor allem muss es uns darauf ankommen, eine *neue Sensibilität* zu entwickeln. Freimaurer sollten sich um die Einsicht bemühen, dass richtiges Fragen wichtiger ist als vorschnelles, zu kurz gegriffenes Antworten. Damit dies gelingen kann, ist Offenheit erforderlich:

- Offenheit für das Wahrnehmen zeitbestimmender, möglicherweise zukunftsgefährdender Trends,
- Offenheit für innovative Lösungen,
- Offenheit für den Mitmenschen im unvermeidbaren Lösungskonflikt, wozu auch die Bereitschaft gehört, eigene Interessen lediglich maßvoll zu vertreten.

Nicht zuletzt aber ist die strikte *Verpflichtung zu einer kritisch-selbstkritischen Haltung* erforderlich. Eine solche fällt, so wie wir Menschen nun einmal sind, nicht leicht. Rechthaberei ist auch den Freimaurern nicht fremd. Doch um Abhilfe zu schaffen, kann auch hier an Traditionen der Aufklärung und an altes freimaurerisches Denken angeknüpft werden, an die Einsicht nämlich, dass selbst das Bekenntnis zu Menschlichkeit und Brüderlichkeit zum Dogma erstarren kann, wo die Bereitschaft fehlt, auf kritische Argumente zu hören und von der Erfahrung zu lernen.

Es geht um die einmal von Karl Raimund Popper formulierte Erkenntnis, dass zur Lösung vieler Probleme eine Einstellung gehört, „die zugibt“, so Popper, „dass ich mich irren kann, dass du recht haben kannst, und dass wir zusammen vielleicht der Wahrheit auf die Spur kommen werden.“

Hier ist auch abermals an ein Wort und eine Warnung Lessings zu erinnern, „dass nicht die Wahrheit, sondern die Mühe der Wahrheitssuche den Wert des Menschen ausmacht“, und dass „nicht der Irrtum, sondern der sektiererische Irrtum, ja sogar die sektiererische Wahrheit das Unglück der Menschen machen oder machen würden, wenn die Wahrheit eine Sekte stiften wollte".

Dritte Säule: Freimaurerei als symbolischer, als ritueller Werkbund

Wenn der Freimaurerbund sich schließlich als Symbolgemeinschaft eines überlieferten Bauhüttenbrauchtums – präziser: Brauchtums eines moralischen Bauens – und noch älterer, kulturgeschichtlich tradierter Symbole bedient, wenn er versucht, archaische Mythen in rituellen Handlungen seelisch erlebbar zu machen, so will er damit einem einseitigen Vordringen rationaler Tendenzen und dem damit verbundenen Zurückdrängen der emotionalen Seite menschlicher Existenz entgegenwirken. Die „Entzauberung der Welt" (Max Weber) durch den technischen Fortschritt und die von ihm geprägte Unrast des zivilisatorischen Daseins bedarf der Ergänzung und der Korrektur durch einen *Raum der Besinnung*, der Kontemplation, der Stille, der Suche nach einem ganz anderen und zugleich ganz wesentlichen Sein.

Freimaurer verschließen sich nicht den modernen technischen Lebens- und Arbeitsformen, zu deren Vermenschlichung sie beitragen wollen. Sie sehen aber in der tätigen Daseinsbewältigung nur eine Seite menschlicher Existenz, die der Ergänzung bedarf. Im freimaurerischen Brauchtum wird diese Ergänzung vermittelt, werden Wege aufgezeigt in das oft verschüttete Universum in uns selbst.

Zunächst: Die Zugänge des einzelnen Freimaurers zu Symbolen und Ritualen können *durchaus unterschiedlich* sein:

- Diesen mag vor allem die kontemplative Seite des Brauchtums ansprechen, das Ruhe-Finden, das Zu-Sich-Kommen.
- Jener mag in erster Linie vom esoterischen Gehalt des Brauchtums angezogen werden, vom behutsamen Ansprechen der Beziehungen Mensch – Welt, Mensch – Kosmos, Immanenz – Transzendenz.
- Ein anderer wiederum schätzt vor allem die ethisch-erzieherische Qualität des Rituals: tauglicher zu werden als moralischer Baustein in seiner ganz konkreten Lebenswelt.

Daraus folgt, dass auch im Umgang mit Symbolen und Brauchtum „Offenheit“ eine zentrale Kategorie der Freimaurerei ist. Auch im Ritualverständnis ist dem Freimaurerbund *jeder sektiererische Fundamentalismus fremd*: Freimaurerei als geordnete Freiheit – dies gilt auch hier.

Was vermitteln Rituale, warum sind sie dem Freimaurer lieb und teuer? Wieder müssen Skizzen und Impressionen genügen:

Da ist einmal der geschlossene Logenraum, die Bauhütte, der Tempel, in der wir einen Teil unserer Veranstaltungen abhalten, als *Stätte der Ruhe, der Besinnung, der Selbsterfahrung*. Freimaurerlogen sind keine Fluchtburgen vor den Pflichten des Alltags, keine Schutzwälle, hinter denen sich lebensuntüchtige Männer mit dem Rücken zur Gegenwart in die vermeintlich heile Welt des Mittelalters zurückträumen. Bauhütten wollen aber Plätze der Nachdenklichkeit sein, des Sammelns von Kraft für die Anforderungen, die das Leben täglich an jeden einzelnen von uns stellt.

Da ist weiter die rituelle „Arbeit“ als *Ordnung der Zeit.* „Die Riten sind in der Zeit, was das Heim im Raum“ ist, betont der französische Dichter Antoine des Saint-Exupéry. Dies wird von ihm weiter erläutert: „Denn es ist gut, wenn uns die verrinnende Zeit nicht als etwas erscheint, das uns verbraucht und zerstört, sondern als etwas, das uns vollendet. Es ist gut, wenn die Zeit ein Bauwerk ist.“ Das Mittel, die Zeit zu gestalten, ist ihre Gliederung durch herausgehobene Haltepunkte. Unsere Tempelarbeit soll ein solcher Haltepunkt sein, kein Ausstieg, wohl aber eine Atempause im Strom der geschäftigen Zeit, ein festliches „Moratorium des Alltags“ (Odo Marquard). Freimaurer verstehen es, Feste zu feiern! Vielleicht macht auch dies einen Teil der von ihnen angestrebten und praktizierten Menschlichkeit aus.

Ein Weiteres: Freimaurerisches Brauchtum ist *Mittel der Erziehung.* Viele Symbole unseres Bundes sind Maßstäbe kritischer Prüfung: der rechte Winkel als Maß richtigen, gerechten Handelns, der vierundzwanzigzöllige Maßstab als Mahnung sinnvoller Zeiteinteilung, der Hammer als Symbol produktiven Schaffens, die Kette als erlebter Auftrag zur Brüderlichkeit.

Ein Viertes: Wesentlich ist auch, dass freimaurerisches Brauchtum bildhaftes *Erleben menschlicher Entwicklung* vermittelt. „Rites des passages“, Übergangsriten, symbolische Reisen verdeutlichen menschliche Entwicklung, zeigen die Gefährdung des Menschen, seine Einsamkeit, ja seinen Tod, seine Verwiesenheit auf Gemeinschaft und die Pflicht der Gemeinschaft zu helfen.

Auch die freimaurerischen Grade des Lehrlings, des Gesellen und des Meisters symbolisieren menschliche Entwicklungspotenziale. Nicht in dem Sinne, dass irgendein

Freimaurer Meisterschaft für sich beanspruchen könnte, wohl aber als Erfahrung der inneren Weiterentwicklung, der Selbstverwirklichung, des „Werde, der Du bist“. Hier wirkt ein *positives Menschenbild*, das Sicherheit gibt und Selbstvertrauen stärkt.

Letztlich vermittelt das freimaurerische Brauchtum auch Hinweise auf eine höhere Verantwortung des Menschen, auf seinen *Bezug zur Transzendenz*. Wenn wir Freimaurer das Symbol des Großen Baumeisters aller Welten als Zeichen für ein höheres Ordnungsprinzip verwenden, so erinnern wir uns daran, dass sinnvolles Leben wohl nur dann gelingen kann, wenn sich der Mensch einem übergeordneten Prinzip, einer transzendenten Seinsschicht, einem „supreme being“ (so nennt es die englische Freimaurerei) verantwortlich und auf diese rückbezogen fühlt. Freimauerei ist keine Ersatzreligion, und die Logen sind keine Konkurrenz- oder Nebenkirchen. Die Bauhütte mit ihrer Symbolik ist jedoch eine Stätte, die den Menschen – einerlei ob er glaubt, ob er Agnostiker ist oder Atheist – in höhere, umgreifende Zusammenhänge stellt, die ein Fenster offenhält zur Transzendenz, nicht weniger, aber auch nicht mehr.

All diese Wirkungen unserer Symbole und Rituale werden nun dadurch vermittelt, dass sich die Brüder Freimaurer in der Geschichte ihres Bundes vier große Symbolkomplexe geschaffen haben, vier Gruppen von masonischen Lebensmetaphern sozusagen, die Freundschaft, Ethik und Ritual zusammenbinden und das Gedachte und Gewollte in unsere Person einschreiben, damit es wirken und unser Denken und Handeln bestimmen kann: Die *Metaphern des Lichtes*, die für Wahrheit, Aufklärung und Transzendenz stehen, die *Metaphern des Wanderns, des Reisens*, die uns deutlich machen, dass wir unterwegs sind, dass wir Aufgaben haben, dass uns Gefahren drohen, dass wir darauf achthaben müssen, dass uns die Zeit nicht nutzlos verrinnt, die *Metaphern des Bauens*, die uns auffordern, tätig zu sein zum Besseren der eigenen Person und zum Besseren der uns umgebenden Welt und die uns anmahnen, dafür zu sorgen, dass der Tempel der Humanität, dessem Weiterbau wir uns ja verschrieben haben, nicht vorzeitig zur Bauruine wird. Schließlich die *Metaphern der Brüderlichkeit, der Mitmenschlichkeit, der Liebe*. Wir gehen nicht allein, wir handeln gemeinsam, wir erfahren Rat und Hilfe von anderen. Aber wir müssen Acht haben auf unseren Umgang miteinander, damit es wirklich bleibt bei dem, was wir mit unserem Bruder Wolfgang Amadeus so gern singen: „Unsrer Freundschaft Harmonien dauern ewig fest und schön."

Ich komme zum Schluss:

- Freimaurerei als Gemeinschaft brüderlich verbundener Menschen,
- Freimaurerei als Ethos und als Bindung an unverändert gültige Werte,
- Freimaurerei als Symbolbund:

Dies zusammen in spannend-spannungsvoller Einheit – als „Gesamtkunstwerk" gleichsam – bildet Reichtum und Wesen unserer Überlieferung. Freimaurerei ist keine Ideologie, sie stellt kein flächendeckendes Programm dar und bedeutet schon gar nicht politischen Aktionismus. Die Radikalität des Freimaurers, wenn es denn überhaupt eine solche gibt, ist die stille, zugleich aber nachhaltige Radikalität beständigen Fragens, Prüfens und Bereitseins. Freimaurerei in diesem Sinne lebendig zu halten und hineinwirken zu lassen in die Gegenwart, engagiert und redlich, mit klaren Gedanken und ausgeprägter Identität, ohne Kleinmut, aber auch ohne Überheblichkeit und in guten Stunden gar mit dem ganzen Charme eines zutiefst menschlichen Spiels, das ist unsere Aufgabe, das ist der Auftrag der humanitären Freimaurerei, die dem Menschen dienen will, die vom Menschen ausgeht und in freier Selbstbestimmung von in Freundschaft verbundenen Menschen getragen und gestaltet wird.

Wir wissen um Herkunft und Auftrag. Wir sind uns bewusst, dass es mehr denn je auf den verantwortlichen Menschen ankommt, aber auch auf den ganzen Menschen, der Vernunft und Emotionalität, Eigenständigkeit und Hinwendung zur Gemeinschaft verbindet.

Für diesen Menschen haben wir ein Angebot, ein Angebot, von dem wir meinen, dass es nicht überholt, sondern durchaus aktuell ist: das Angebot Freimaurerei!

Wir Freimaurer wissen dabei, dass wir heute eine Gruppe unter vielen sind, die sich um Leben, um Frieden, um Menschlichkeit bemühen, und wir wissen auch, dass viele dazu beitragen müssen, um Wege aus der Gefahr zu finden und dieser Welt eine verlässliche Zukunft zu sichern.

Wir wollen unseren Beitrag leisten, denn unsere Überzeugungen und unsere Symbole fordern uns dazu auf. Lösungen erfordern freilich Ausdauer. Unerlässlich bei der Suche nach Lösungen ist ein „unentmutigter Starrsinn, der", so der Schriftsteller Siegfried Lenz anlässlich der Verleihung des Literaturpreises deutscher Freimaurer an ihn, „auch angesichts großer Wirkungslosigkeit nicht aufhört, seine Fragen an die Welt zu stellen."

Und Lenz schloss mit Worten, die heute auch meine Schlussworte sind:

„Die alten Symbole Winkelmaß, Wasserwaage und Senkblei zeugen von der Beharrlichkeit einer Hoffnung, die sich durch nichts widerlegt sehen will: Vor der etablierten Ungerechtigkeit nach Gerechtigkeit zu verlangen, in Zeiten der Ungleichheit Gleichheit zu fordern, angesichts tätiger Feindseligkeit geduldig zur Brüderlichkeit zu überreden."

Prof. Dr. Hans-Hermann Höhmann

Ehrenvorsitzender der Freimaurerischen Forschungsgesellschaft *Quatuor Coronati* und Redner der *Großloge der Alten Freien und Angenommenen Maurer von Deutschland.* Geboren wurde Höhmann 1933 in Kassel, er studierte Wirtschafts- und Sozialwissenschaften sowie Osteuropakunde in Marburg/Lahn und Berlin, wurde in Frankfurt am Main promoviert und war Gastwissenschaftler an der Harvard Universität, am George F. Kennan-Institut in Washington und an der University of California, Berkely. Ab 1988 war Höhmann Honorarprofessor für Politikwissenschaften an der Universität zu Köln. Gleichzeitig war er

Hans-Hermann Höhmann 2017 (Foto: Carlos Urban)

leitend an einem Beratungsinstitut der Bundesregierung tätig. Von 1998 bis 2004 Mitarbeiter der Universität Bremen, ist er seitdem freiberuflicher wissenschaftlicher Publizist. Höhmann veröffentlichte zahlreiche Arbeiten auf den Gebieten Osteuropawissenschaften, Transformationsforschung und Freimaurerforschung. 2011 erschien sein Buch *Freimaurerei. Analysen, Überlegungen, Perspektiven* (als eBook im Salier Verlag erhältlich). 2013 veröffentlichte er im Salier Verlag die Schrift *Zwischen Aufklärung und Esoterik. Humanistische Freimaurerei als Projekt für das 21. Jahrhundert*, 2014 *Identität und Gedächtnis. Die „völkische Freimaurerei" in Deutschland und wie man sich nach 1945 an sie erinnerte*, 2016 *Das Ritual in der Humanistischen Freimaurerei* sowie 2017 *Freimaurerei in Deutschland. Aspekte der Vergangenheit, Aufgaben für die Zukunft.*

Editorische Notiz

Hans-Hermann Höhmann gehört zu den wichtigsten Denkern und Vordenkern der *Humanitären Freimaurerei* unserer Zeit. Unzufrieden mit der Begriffsbestimmung und den unterschiedlichen Konzeptionen und Ausprägungen, die in den einzelnen Systemen zu finden sind, entwickelte er das Konzept der *Humanistischen Freimaurerei.* Im Dialog mit seinen Zuhörern und Lesern hat er in zahlreichen Vorträgen und Buchveröffentlichungen dieses Konzept stets weiterentwickelt, ergänzt und auf alle möglichen Facetten des freimaurerischen Lebensstils angewendet. Getreu dem Lessingschen Wort vom „laut denken mit einem Freunde". Hans-Hermann Höhmann hat das verinnerlicht, und so korrespondiert auch seine Arbeit mit seiner für die *Humanistische Freimaurerei* postulierten Vorgabe, sie habe sich aus der tätigen Praxis von Aufklärung und Humanität zu ergeben. Sie ist also kein theoretisches Konstrukt, sondern eine Tätigkeit, vergleichbar mit der Werkmaurerei. Der „Tempel der Humanität" steht in dieser Konzeption nicht mehr nur als ein Symbol, als eine Art „Luftschloss der Freimaurer", sondern als ein ganz konkret miteinander zu errichtendes Werk innerhalb der Gesellschaft.

In diesem Band versammelt sind Hans-Hermann Höhmanns Reden, Aufsätze und Zeichnungen aus den vergangenen zehn Jahren. Das Buch ist somit als Forsetzung und Weiterführung seines inzwischen zum Standardwerk und Klassiker der Freimaurerliteratur avancierten Werkes *Freimaurerei. Analysen, Überlegungen, Pespektiven* zu verstehen, das zunächst bei Temmen als Hardcover erschienen und nunmehr im Salier Verlag als eBook erhältlich ist. Als Grundlage für den Leser, der sich für das Konzept der *Humanistischen Freimaurerei* interessiert, empfiehlt sich nach wie vor das Taschenbuch *Zwischen Aufklärung und Esoterik. Humanistische Freimaurerei als Projekt für das 21. Jahrhundert*, 2013 ebenfalls im Salier Verlag erschienen. Darin skizziert Höhmann seine Konzeption und führt sie in den nachfolgenden Bänden unter verschiedenen Gesichtspunken (Ritual, freimaurerische Forschung usw.) weiter aus.

Hans-Hermann Höhmann gibt zu, dass er sich in seinen Aufsätzen und Reden, auch denen, die in diesem Sammelband zu vinden sind, häufig selbst zitiert. Diese Redundanz mag den Leser an mancher Stelle verwundern, doch sie ist gewollt: Durch sie werden alle Beiträge im Buch aus sich selbst heraus verständlich und können auch ohne weitere Vorkenntnisse rezipiert und vorgetragen werden.

Zunächst war das Buch als eBook konzipiert und sollte lediglich auf elektronischem Wege veröffentlicht werden. Doch der Salier Verlag hat sich auf vielfachen Wunsch entschlossen, das Buch auch in einer gedruckten Fassung zur Verfügung zu stellen.

Salier Verlag

Hans-Hermann Höhmann

Zwischen Aufklärung und Esoterik

Humanistische Freimaurerei als Projekt
für das 21. Jahrhundert

ISBN 978-3-939611-91-2
Salier Verlag, 2013
Softcover
74 Seiten, 12 x 19 cm
EUR 7,00

Hans-Hermann Höhmann, Freimaurer und Freimaurerforscher, entwickelt das Projekt einer Humanistischen Freimaurerei. Bezugspunkte seiner Konzeption sind die Anforderungen der Gegenwart sowie die Traditionen von Humanismus, Aufklärung und humanitärer Freimaurerei. Geselligkeit, ethische Orientierung und Ritual bestimmen die freimaurerische Praxis. Nicht das Streben nach esoterischer Erkenntnis ist Inhalt der maurerischen Arbeit, sondern das Bemühen um Einübung in eine Lebenskunst, die dem Freimaurer für seine Bewährung im Alltag Orientierung, Motivation und Kraft verleiht. Der Autor will nicht die Freimaurerei neu erfinden. Er erhofft sich jedoch Raum für ein Profil des Bundes, das die Identität der Logen stärkt und in der Öffentlichkeit wahrgenommen wird. Zustimmung freut ihn, doch auch Kritik ist für ihn ein Element des Fortschritts in einem vielfach von Unklarheit und Erstarrung bedrohten Bund.

SALIER VERLAG

Hans-Hermann Höhmann

Das Ritual in der Humanistischen Freimaurerei

Funktion, Struktur, Praxis

ISBN 978-3-943539-42-4
Salier Verlag, 2016
Softcover
112 Seiten, 12 x 19 cm
EUR 9,00

Mit der Erörterung der Rolle des Rituals setzt Hans-Hermann Höhmann seine Studien und Vorschläge zu einer Humanistischen Freimaurerei fort. Im Rahmen dieser Konzeption ist das Ritual für ihn keineswegs die ganze Freimaurerei. Doch es ist das, was Freimaurerei von anderen Bünden unterscheidbar macht. Das Ritual besitzt keinen Offenbarungscharakter, vermittelt keine Heilslehren und hat keine magische Qualität. Es begründet keine Religion und sollte auch keine ersatzreligiösen Funktionen übernehmen. Das Ritual ist ein spezifisches Medium der Kommunikation. Es vermittelt Denkanstöße, öffnet das Bewusstsein des Maurers für ein Wahrnehmen bisher verborgen gebliebener Schichten der Persönlichkeit, lehrt durch Symbole und rituelle Handlungen und vermittelt der sozialen und diskursethischen Praxis der Loge eine die Gesamtperson des Bruders erfassende spirituelle Grundlage. Resultat ist eine Freimaurerei, die Gemeinschaft, Ethik und Ritual als Einheit umfasst. Insbesondere Gedankenwelt und Ritual stehen sich in der Humanistischen Freimaurerei nicht mehr unvermittelt gegenüber.

Hans-Hermann Höhmann

Freimaurerei in Deutschland

Aspekte der Vergangenheit – Aufgaben für die Zukunft

ISBN 978-3-943539-81-3
Salier Verlag, 2017
Softcover
180 Seiten, 12 x 19 cm
EUR 12,00

Mit einer Studie zur historischen Entwicklung der Freimaurerei in Deutschland und zu den Aufgaben, die sich dem Bund in Zukunft stellen, setzt Hans-Hermann Höhmann seine Publikationen über den „Bruderbund der Menschlichkeit" fort. Kernanliegen seiner Analyse im Jubiläumsjahr der Weltfreimaurerei 2017 ist es herauszuarbeiten, wie sehr Herkunft und Zukunft zusammengehören: Einerseits beeinflusst die Vergangenheit auf nachhaltige Weise die Freimaurerei der Gegenwart, andererseits lassen sich die zukünftigen Aufgaben des Freimaurerbundes nur bestimmen, wenn bekannt ist, auf welche Herkunft sich die angestrebte Weiterentwicklung bezieht. Dem Autor ist für die Zukunft der Freimaurerei vor allem an einer Orientierung des Bundes an den Traditionen von Humanismus und Aufklärung gelegen. Ihm gelingt es, diese Traditionen in der Vergangenheit der deutschen Freimaurerei aufzuspüren und zu zeigen, mit welchen anderen, davon abweichenden Traditionslinien es die Freimaurerei in Deutschland zu tun hatte. Daraus entwickelt er schließlich ein klares Konzept für eine „Humanitäre Freimaurerei". Neben den Prinzipien der Freimaurerei werden vom Autor auch die politischen und gesellschaftlichen Verwerfungen der Gegenwart behandelt, mit denen sich der Bruderbund auf absehbare Zeit auseinanderzusetzen hat.

Salier Verlag

Hans-Hermann Höhmann

Freimaurerei

Analysen, Überlegungen, Perspektiven

ISBN 978-3-96285-147-7
Salier Verlag
nur als eBook
1. Auflage 2020
(Originalausgabe: Edition Temmen, Bremen, 2011)
EUR 14,99

Hans-Hermann Höhmanns bekannteste freimaurerische Publikation stellt einen umfangreichen Sammelband aus Aufsätzen, Artikeln, Reden und Interviews dar, dessen zentralen Themenschwerpunkt der Titel bereits signalisiert: „Freimaurerei. Analysen. Überlegungen. Perspektiven". Es ist ein wichtiger Schritt, die zentralen Schriften eines der renommiertesten Freimaurerforscher und vormaligen Vorsitzenden der Forschungsloge „Quatuor Coronati" in einem Band zu versammeln, der es erstmals erlaubt, das umfangreiche Werk des Autors in chronologischer Kontinuität zu verfolgen. Zwei große Abschnitte gliedern den Band, der insgesamt 26 Beiträge umfasst. Der im Umfang breiter ausgefallene erste Teil widmet sich in aktualisierter und erweiterter Form der neueren Geschichte der Freimaurerei in Deutschland in zwei gründlichen Artikeln, wendet die Methodik der sozialwissenschaftlichen Analyse auf die Freimaurerei an, führt einen Diskurs zum Verhältnis zwischen Freimaurerei, Politik, Kultur und Gesellschaft, um mit Analysen und Überlegungen zum Ritual der Freimaurer abzuschließen.